本书列入"十一五"国家重点图书出版规划

北大高等教育文库·大学之道丛书（第三辑）

ACADEMIC FREEDOM
IN THE AGE OF THE UNIVERSITY

美国大学时代的学术自由

沃特·梅兹格（Walter P. Metzger） 著
李子江 罗慧芳 译

北京大学出版社
PEKING UNIVERSITY PRESS

北京市版权局著作权合同登记号　图字：01-2006-2487
图书在版编目(CIP)数据

美国大学时代的学术自由/(美)沃特·梅兹格著;李子江,罗慧芳译.—北京：北京大学出版社,2010.11
（北大高等教育文库·大学之道丛书·第3辑）
ISBN 978-7-301-17774-7

Ⅰ.美… Ⅱ.①梅…②李…③罗… Ⅲ.①高等学校－学术工作－研究－美国　Ⅳ.G649.712

中国版本图书馆CIP数据核字(2010)第176457号

英文版权声明：
ACADEMIC FREEDOM IN THE AGE OF THE UNIVERSITY by Walter P. Metzger
Copyright © 1955 by Columbia University Press
Simplified Chinese translation copyright © 2010 by Peking University Press
Published by arrangement with Columbia University Press
ALL RIGHTS RESERVED

书　　　名：	美国大学时代的学术自由
著作责任者：	［美］沃特·梅兹格　著　李子江　罗慧芳　译
丛 书 策 划：	周雁翎
丛 书 主 持：	周志刚
责 任 编 辑：	刘　军
标 准 书 号：	ISBN 978-7-301-17774-7/G·2947
出 版 发 行：	北京大学出版社
地　　　址：	北京市海淀区成府路205号　100871
网　　　站：	http://www.jycb.org　http://www.pup.cn
电 子 信 箱：	zyl@pup.pku.edu.cn
电　　　话：	邮购部 62752015　发行部 62750672　编辑部 62767346
	出版部 62754962
印 　刷 　者：	北京汇林印务有限公司
经 　销 　者：	新华书店
	650毫米×980毫米　16开本　17.5印张　180千字
	2010年11月第1版　2010年11月第1次印刷
定　　价：	39.00元

未经许可,不得以任何方式复制或抄袭本书之部分或全部内容。
版权所有,侵权必究
举报电话：(010)62752024　电子信箱：fd@pup.pku.edu.cn

目 录

序言 …………………………………………………………… (1)

第一章　旧学院体制和教育变革 …………………………… (1)
　　第一节　旧学院体制下的教育理念 ………………… (3)
　　第二节　旧学院体制下的科学 ……………………… (8)
　　第三节　没有教派偏见的虔诚 ……………………… (20)
　　第四节　管理无序与财政赤字 ……………………… (30)

第二章　达尔文进化论与新教育体制 ……………………… (49)
　　第一节　导火线 ……………………………………… (50)
　　第二节　对宗教权威的抨击 ………………………… (79)
　　第三节　新的学术自由理论 ………………………… (100)

第三章　德国的影响 ………………………………………… (106)
　　第一节　学术研究 …………………………………… (109)
　　第二节　学习自由和教学自由 ……………………… (125)
　　第三节　美国学术自由思想 ………………………… (151)

第四章　学术自由与商业大亨 ……………………………… (158)
　　第一节　正面交锋 …………………………………… (159)
　　第二节　阴谋论 ……………………………………… (167)

第三节　文化冲突论 ………………………………… (201)
第五章　组织、忠诚与战争 ……………………………… (220)
　　第一节　美国大学教授协会的建立 ………………… (221)
　　第二节　美国大学教授协会在制定学术职业
　　　　　　标准方面取得的成就 ……………………… (234)
　　第三节　美国大学教授协会在调查处理学术
　　　　　　自由事件方面取得的成就 ………………… (247)
　　第四节　第一次世界大战、忠诚和美国大学教授协会 …… (252)
译后记 ……………………………………………………… (265)

序　言[①]

学术自由一直是我们这个时代的重要问题之一。本书的目的是描述自美国第一所学院建立直到近期为止美国大学和学院中的学术自由问题。在试图对当前高等教育捍卫理智自由进行历史审视的同时，我们也尽量避免犯这种错误，即完全站在当前问题的立场上去解释过去存在的问题。我们的任务是进行历史分析，而不是大张旗鼓地为学术自由进行辩护。我们不愿意掩盖我们必然存在的对思想自由的偏爱，但是我们希望这个研究尊重客观史实，而不要主观臆断。我们对自由的热爱毫无疑问在许多方面影响了我们对待这个问题的态度，但是，我们的主要意图是对于学术职业发展的历史以及学术研究的复杂环境有新的见解，我们相信加深对学术职业的理解将有助于捍卫学术自由。

我们最初决定写这本书的一个想法就是不能仅仅对"事件"进行简单描述。如果整本书只是讲述侵犯学术自由的突出事件，就等于把学术自由的历史完全看成是学术受到压制的历史。在某种

[①] 这个序言是理查德·霍夫施塔特（Richard Hofstader）和沃特·梅兹格（Walter P. Metzger）合著的《美国学术自由的发展》一书的序言，该书由两部分组成，第一部分"学院时代的学术自由"由霍夫施塔特撰写，第二部分"大学时代的学术自由"由梅兹格撰写。后来该书出版了《学院时代的学术自由》和《大学时代的学术自由》两个单行本，后者即为本书。

意义上,事件只是极端形式。这样做歪曲了事实,其错误无异于劳工运动历史研究只讲述工人罢工,科学史研究只看到宗教迫害,政治民主历史研究只看到失败。当然,了解哪些社会力量加入到反对教学和研究自由的阵营以及他们的阴谋是否得逞,这也是我们关注的重要内容。但是,我们同样感兴趣的是了解自由对于一代代学者究竟意味着什么,他们究竟获得了多大程度的自由,以及在学术生活和美国文化中有哪些因素产生了自由的需要并保护了自由。我们认为,说明为什么需要自由,以及为什么要限制自由,都是我们工作的重要组成部分。

事件所起的作用在于帮助理解学术自由的性质,但不能完全揭示学术自由的含义。学者为什么需要自由?为什么学者宣称的自由在其他人看来是不合适的或危险的?支持或反对自由的各自主张是什么?解决这个问题的根源是什么?从大学到支持大学和帮助大学制定发展目标以及管理大学(至少在美国)的社区都在思考上述这些问题。这些问题使我们必须在宗教、理智、政治的问题背景下展开我们的故事,从而使学术论争更具必要性和更加广泛的社会意义。这样一来,我们不仅要讨论诸如建立美国学术管理体制和学者的专业组织等方面的问题,而且要探讨宗教派别的教育政策、神学论争的历史、美国思想史上达尔文主义的产生以及商人与学者之间的关系等问题。

虽然讨论的范围比较广泛,我们仍然没有涉及这个主题的每个方面。我们主要讨论了大学教师的自由,只是在讨论教师自由需要涉及学生的时候,才讨论学生的自由问题。我们认为学生自由和学生教育的历史也非常重要,但是这是一个比较大的问题,并且在许多方面是一个独立的问题,值得作为一个专题加以研究。我们研究的对象也主要限定在大学和学院。那些对大学以下程度的学校教学自由的历史感兴趣的人,可以阅读霍华德·比尔(Howard K. Beale)早期的两本书,一本是《美国学校教学自由的历史》(1941年),另一本是《美国的教师自由吗?》(1936年)。最后,除了偶尔提及,我们这本书没有讲述现代学术自由的情况。不过,这本书的姊妹篇《美国当代的学术自由》一书对这个问题进行了分析,这本书由"美国学术自由研究计划"资助,罗伯特·麦基弗(Robert M. MacIver)教授撰写。

本书分为两个部分,每个部分讨论的主要问题不同。第一部分主要讨论自美国建立学院到美国内战期间的美国近代大学。这一时代被宗教和神学问题的阴影所笼罩。第二部分所讨论的时代充斥着科学和社会问题。第一部分首先在引言中讨论了宗教改革时期西欧大学理智自由的历史阶段。读者不要错误地认为这个部分的内容就是欧洲大学理智自由的简史(这可能需要写几本书才行),但是为了引出这个问题的漫长历史,以及了解自由的各种不同形式,对于那些主要关注当前情况和美国情况的读者来说,介绍这段历史背景似乎是必要的。而且,很明显,对于宗教改革以前的学术自由问题,我们的研究仍然非常不全面和不充分。我们不希望自己陷于这样一种俗套,即学术自由问题是在1636年美国哈佛学院建立以后产生的,因此我们的研究也要从那时开始。

第一部分的其他内容讨论了美国学术自由的史前史。这个时期的学院还处于教派的控制下,几乎还不存在今天意义上的大学。在教派学院时代,几乎还没有出现我们今天意义上的学术自由问题。因为从总体上看,学院的创建者并不打算让学院成为理智完全自由的场所,学院的多数教师对于理智自由也没有多少热情。我们对于旧学院时期自由所受到的严格限制进行批评,并不意味着完全否定学院在服务学生和社区方面的作用以及学院存在的必要性。但是，在美国内战以前，教派学院不仅没有给予学院的教师和学生多少自由，而且学院的朋友和创办人始终对于试图建立更大规模的学院以便支持学术发展和保障大学自由条件的努力进行打击、迫害和破坏。尽管存在这些方面的不足，内战前的学院教育也存在优点，并且不时开展关于学术自由问题的重要争论。这个时期也是教育动荡时期，最超前的思想家预言大学发展的时代即将来临。

由于宗教信仰和教派偏见对旧学院的约束阻碍了早期大学的发展，因此在本书的第一部分，宗教领袖是学术自由最主要的敌人。我们希望读者不要因此认为这部分的作者是一个十足的世俗主义者。尽管仍然存在因为宗教利益而限制世俗思想表达自由的情况，我们也认识到现在可能存在世俗主义者潜意识中对正常的宗教信仰的偏见，但是经常是社会思想的贫乏影响了真正虔敬的学生和学者的充分发展。我们也没有忘记一百年以前因为漠视或反对理智自由受到谴责的那些教派，在近些年产生了一些最有热情和影响力的发言人。

第二部分主要涉及美国现代大学的产生，这个时代，情况已经发生了完全的变化。大学——而不是学院——成为高等教育的模式。由于战前教派学院占据了牢固的地位，因此限制和阻碍了大学的产生，后期大学的发展在某种程度上重塑了几乎最落后的学院。大学的产生简直就是美国的一场教育革命。研究与教学一起成为大学的主要功能，科学方法和观念取代了宗教权威，大学教师职业有史以来第一次体现出自身的特点、使命和学术职业标准。大学不断增长的财富、日益丰富的活动以及越来越多的教师导致了大学管理的官僚化制度——终身教职制度、解聘和晋升教师的正当程序、专家代表制度。学术自由思想开始成为人们的自觉意识，并形成了比较成熟的理论体系,以适应新的大学生活的实际需要。只有教派学院时期的先驱者和反叛者才追求的理智自由,现在则得到了教育界有影响人物的理解和认可。虽然与从前一样,现代大学自由在现实中的情况并不理想,但是那些反对和限制自由的人士有史以来第一次遭到人们道德和理智上的谴责。通过分析当前的学术自由问题,我们认识到现在仍受到批评的学术自由并不是远古遗留下来的特权,而是近年来争取到的权利。

我无法列出所有学者的名字来表示我们最真诚的感谢,他们几乎有60人之多。他们利用空余时间阅读书稿,提出批评建议,发现存在的错误,并为我们提供参考资料。如果没有他们的帮助,这项研究是无法完成的。我们特别要感谢路易斯·拉比诺维茨(Louis M. Rabinowitz),是他构想了"美国学术自由研究计划",不仅提供了充足的经费,而且倾注了浓厚的兴趣,投入了全部身心。我们非常感谢与罗伯特·麦基弗的合作,他作为"美国学术自由研究计划"的负责人,多次提出了有价值的批评和建议。他始终表现出作为学术研究计划管理者所具有的智慧和热忱的品质——对于不同作者个性和独立性的尊重。最后,如果没有我们的助手弗朗西斯·威尔逊·史密斯(Francis Wilson Smith)、约瑟夫·卡兹(Joseph Katz)、胡安·林茨(Juan Linz)的帮助,这项工作也许要花更长的时间,本书的内容也不会如此丰富。

关于我们合作的情况简单说一句。虽然每位作者为各自撰写的部分承担全部责任——理查德·霍夫施塔特撰写第一部分,沃特·梅兹格负责第二部分,但是我们经常讨论全书的结构和写作中出现的主要问题,同时也一直对书稿的内容进行相互批评。因此,除了不强求语言表达方面的一致外,本书完全是合作的产物。对于大多数不太明确的问题,作者自始至终在讨论中坚持以事实为主要依据。如果书中的内容和风格仍然存在少数不一致的地方,这并非因为我们的疏忽,而是因为我们不愿意为了不必要的统一而掩盖作者的个性。

理查德·霍夫施塔特

沃特·梅兹格

纽约市哥伦比亚大学　1955年3月

第一章

旧学院体制和教育变革

> 学者们比以往任何时候都更强烈地呼吁保护大学的学术自由。他们提出真理是不断被发现的,并且是暂时正确的,从而对美国高等教育中存在的宗派主义进行了抨击。通过引进德国大学的教学方法和学术自由的理念,他们对学院中束缚教师和学生的"父母式"的管理方法进行了批判。最后,他们在长期的学习、专业训练以及与自身领域工作人员的密切联系中所养成的专业精神,可以保护他们免受专横的管理者的侵害。

在1865至1890年间,美国高等教育发生了一场变革,内战前刊物上激烈争论的问题,诸如选修制、研究生教育、科学课程等在高等教育领域已变成现实。康奈尔、约翰·霍普金斯、克拉克、斯坦福、芝加哥等大学新建的教学大楼,比在任何其他国家所看到的都要壮丽。哈佛、哥伦比亚、耶鲁、普林斯顿、威斯康星、密歇根、伊利诺伊等大学也不断新建高楼。随着新学院的建立和传统学院的变革,学院实行新的教育目标。批判、推广和传播现有的文化传统成为教育的主要职能,这完全不同于旨在进行文化保存的教育制度。满足整个社会各种不同的需要成为教育的强烈愿望,这是对以主要满足学术领域有限需要的教育制度的重要变革。我们知道,学术自由的含义及地位与教育制度、教育目的是密切相关的。因此,在这个时期,学术自由问题不可避免地会随着环境的变化而发生巨大的改变。①

每个变革都是在旧体制中孕育的,虽然旧体制忠于崇高的理念,但是这种理念逐步被日常的平淡所泯灭。大学变革也是如此,大学变革也源于旧学院体制的教派学院。由热心的教徒建立的教派学院利用基督教徒的虔诚和人道主义抵制启蒙运动的批判理性主义精神。教派学院作为边疆拓荒者的文化中心,致力于向混乱的社会灌输宗教的价值和理念。总之,教派学院在完成这些艰巨任务方面绝不能说没有成功之处。但和其他旧的机构一样,教派学院在1800—1860年期间面临两大自身无法解决的困难,一是内部无序问题,二是财政拮据问题。在试图解决这些问题的过程中采取的措施和方法反而削弱了其自身的威信和团结。

---

① 需要指出的是这个时期有关教育制度和学术自由理念之间关系的研究不够深入,有必要对这个领域中未能研究的许多历史问题予以更多的关注,而比勒(Howard K. Beale) *A History of Freedom of Teaching in American Schools* (New York,1941)一书很好地弥补了这一空白。

为了防止经常发生的学生骚乱而导致了教师(与董事会相对)对课程和教学的控制,为了抵消财政上的赤字,校友开始进入学校的慈善机构。结果却事与愿违,事实证明这些措施反而损害了所要巩固的体制。采取的第一条措施,通过扩大教育职责,最后破坏了学院整体的教育目的;采取的第二条措施,通过争取世俗的支持,最后削弱了学院的宗教思想。这些措施都没能解决学院适应社会多样化需求这一基本问题。旧学院时期学术自由的故事情节表现为这些重要理念、无法解决的问题和弄巧成拙的解决措施。

第一节 旧学院体制下的教育理念

19世纪上半叶,美国的学院以传统为中心,依靠远古的思维方式,视基督教的信条为生活的准则。学院强化知识对心智的训练,但限制知识探究。和大多数注重传统的学院一样,内战前的美国学院[①]也具有家长制作风和专制主义倾向。学院推崇过去而贬低现在[②],从而得出这种可疑的结论,即年龄充分反映了智慧,年轻人应该放弃自己的风格。学生学习必修课程;死记硬背课堂上所学的知识;教师们则扮演着校长、训导员、监狱看守的角色。美国这

---

① "内战前(ante-bellum)的学院"指的是 1800 年至 1860 年这段时期的所有学院,"教派(denominational)学院"指的是州立大学以外的其他学院。

② 尽管允许课程中出现代语言、现代科学和现代历史,但是这种哲学观的显著特征在于鄙视当前的兴趣和成就。诺亚·波特(Noah Porter)指出:"我们坚持认为应该保留或有效调整古典课程,而不是单纯考虑学院经济方面的效益。困惑这个国家的问题是:我们究竟是作为一个继续推崇高尚的过去的民族而存在,还是应该屈服于这个易变、浅薄、常常是错误的时代的引导?"*The American Colleges and the American Public*(New Haven,1870),p.273.

个时期的教育死气沉沉，几乎不可能受到超验论哲学（transcendentalism）的浪漫主义和杰克逊主义（Jacksonianism）的民主精神的影响。尽管外界的世俗生活中世界一体（ideal of perfectibility）的观点占了上风，学院仍然坚信原罪说，只有思想虔诚才能赎罪获得新生。"人生而自由，而枷锁无处不在"，以及超验主义代表爱默生（Emerson）所说的"真正的人一定是一个不墨守成规的人"，这些都没有成为学院的座右铭。耶鲁和普林斯顿（教育界的腓尼基）完善了学院教育的思想，并把这种思想通过一代代的毕业生传播出去。如果你读过1828年的《耶鲁报告》（Yale Report）或者诺亚·波特（Noah Porter）的《美国学院和美国公众》（The American Colleges and the American Public，1870）这两本书，你会发现书中始终如一地流露出这样一些思想观点：宗教能够培养感知能力；古典学科能够训练心智；最重要的是，由于年轻人比较固执和幼稚，因此需要用规则和纪律来管教。①

　　三个方面的错误观念——因循守旧的教育目标，强迫压制的教育方法，不把年轻人当做成年人看待——严重阻碍了内战前学院对学术自由的渴望。首先，由于强调传统学科和机械训练，从而打击了教授在课堂上对当时有争议的问题的探讨。唯一例外的，就是在18世纪末道德哲学作为伦理学课程代替了宗教神学。② 这门学

---

　　① "Original Papers in Relation to a Course of Liberal Education," *American Journal of Science and Arts*, XV (January, 1829), 297-351; Porter, *American Colleges*, p. 98 and *passim*. 前一篇文章阐述了政策，后一篇文章据此做了辩护，因此两篇文章的不同之处在于强调的重点不同。前一篇文章不太关注宗教信仰在大学的发展，而只是说明它是可靠的；晚于达尔文之后写作的波特，就比较好理解。有大量的文献讨论这两篇重要教育的论文。对《耶鲁报告》进行简要阐述和分析的文献包括：R. Freeman Butts, *The College Charts Its Course*: *Historical Conceptions and Current Proposals* (New York, 1939), pp. 118-125. 波特则比较倾向于保守派的观点，见于George W. Pierson 的耶鲁史, *Yale College*: *An Educational History*, 1871—1921 (New Haven, 1952), pp. 57ff.

　　② L. L. Bernard and J. S. Bernard, "A Century of Progress in the Social Sciences," *Social Forces*, XI (5, 1933), 488-505.

科及其分支学科,包括法制史①、政治哲学②、政治经济学③,开始涉及现实生活的问题,特别是大学校长讲授这些课程。④但是道德哲学对于高年级学生来说更像是饱餐希腊语、逻辑学、英文语法之后的一道甜点,显得无足轻重。只有那些睿智而又良知的教师才会在课堂中委婉地讲述一些生活的难题。此外,学院不仅对学生的虔诚行为有严格的要求,而且对教师的举止也有非常严格的规定。既然学院是学生道德的监护人,教授就必须是良好行为的示范者。只要学生处在教师家长式的管理之下,教师为了加强对学生的管理就必须住校或住在学院附近。⑤家长制管理也限制了专制者自己:享有家长的权利,就必须履行家长的责任。学术自由需要一种不受惯例习俗约束的自在环境,而内战前学院的清规戒律是这种自在环境的永远敌人。

这个时期的特点是狂热的教派斗争。公共议题如共和主义与

---

① 1825年后,全国和各州的各种法律文件的发布促进了这门学科的发展。由于宪法学及法制史等学科数量的增长,关于法律和政府的论文也越来越多。

② 政治哲学领域两部杰出的著作分别是:Francis Lieber, *Political Ethics*(1838); Frederick Grimke, *Nature and Tendency in Free Institutions*(1848)。

③ 1817年,哥伦比亚大学首先开设了这门学科,随后在南卡罗来纳、迪金森学院、威廉玛丽学院也有了这门学科。一些比较著名的学者都曾教授过这门课,例如哥伦比亚大学的 John McVickar、南卡罗来纳大学的 Thomas Cooper、迪金森学院的 Henry Vethake、威廉玛丽学院的 Thomas R. Dew 以及 George Tucker。涉及的问题包括税务、货币、流通、金融等。

④ Gladys Bryson, "The Comparable Interests of the Old Moral Philosophy and the Modern Social Sciences," *Social Forces*, XI(October, 1932), 19-27; George P. Schmidt, *The Old Time College President*(New York, 1930), pp. 108-145.

⑤ 对教师必须住校这一规定的怨恨,可以从爱德华·埃弗雷特(Edward Everett)不满意在坎布里奇(Cambridge,哈佛大学所在地)被迫过着隔离的生活反映出来。他从德国回国后,非常希望能够留在波士顿这种学术氛围比较浓厚的惬意的环境中,去坎布里奇只是为了教课。蒂克纳(Ticknor)通过特许,获得了这个权利。不过到1822年,哈佛大学董事会批准了埃弗雷特的申请,并表示"违反长期以来实行的教授必须住校的做法,这非常不利于大学自身利益。从本质上看,教授办公室应该是大学生学习必不可少的组成部分"。尽管埃弗雷特对这种规定非常不满,但仍然留在了哈佛,一直到后来他进入国会才离开哈佛。Paul Revere Frothingham, *Edward Everett: Orator and Statesman*(Boston, 1925), pp. 72-75. 大多数美国教师所在的学校处在孤僻的小村落中,无疑都会认为哈佛大学这样做是不可思议的。

联邦主义、废奴主义与奴隶制、自由贸易与保护主义等问题的讨论几乎都充满着宗教的情感。尤其值得注意的是这一时期的大学教师案例很少涉及教师校内言论自由问题。例如,1856年,北卡罗来纳的本杰明·赫德里克(Benjiamin Hedrick)教授因为支持弗里蒙特(Fremont)被学校解聘,而不是因为他在课堂上发表的看法而被指控①;弗朗西斯·鲍恩(Francis Bowen)没有被哈佛监事会聘用,主要因为他发表文章支持1850年的和解,以及反对匈牙利人的独立,而不是因为他犯有强迫学生接受他的观点的罪行而被指控。②可以肯定,课堂上的言论不太可能像庭审供词那样被记录下来,然而发表演讲和论文却在众目睽睽之下。但是,在人们的印象中,教师们还是不太情愿以普通公民的身份谈论时政,其中部分原因是学院的教育准则。具有争议的南卡罗来纳学院的托马斯·库珀事件,是反宗教主义的导火索,他反复发誓说自己绝对没有试图影响学生的宗教观。③ 迈阿密大学的校长罗伯特·汉密尔顿(Robert Hamilton)主教,抵制学院长老会董事反对奴隶制的看法,表示可以容忍他们的观点,但是不会加入学院反对奴隶制的社团。④ 阿默斯特学院(Amherst)的教师反对废除奴隶制却赞成非洲黑人定居,他们认为允许学生们组织废奴主义者或者殖民协会都是不合适的。⑤ 弗朗

---

① Kemp P. Battle, *History of the University of North Carolina*, 1789—1909 (2 vols; Raleigh,1912), I, 654-659. 也可以参见 Clement Eaton, *Freedom of Thought in the Old South* (New York,1951), p. 203。

② Samuel Eliot Morison, "Francis Bowen, An Early Test of Academic Freedom in Massachusetts," *Proceedings of the Massachusetts Historical Society*, LXVI (February, 1936), 507-511.

③ Dumas Malone, *The Public Life of Thomas Cooper*, 1783—1839 (New Haven, 1926), p. 338.

④ James H. Rodabaugh, "Miami University, Calvinism and the Anti-Slavery Movement," *Ohio State Archaeological and Historical Quarterly*, XLVIII (1939), 66-73.

⑤ Claude M. Fuess, *Amherst, the Story of a New England College* (Boston,1935), pp. 110-111.

西斯·利伯（Francis Lieber）私下坚决反对奴隶制，他在给卡尔霍恩（Calhoun）的信中表示他没有权利"利用自己的教席宣称个人的某些观点"。①

教师的自由和学生的自由是紧密结合在一起的，这期间发生的一件学术自由事件说明了这一点。1833年，辛辛那提市莱恩神学院（Lane Theological Seminary in Cincinnati）的学生和几个教师成立了反奴隶制的协会。但是完全由商人和部分牧师组成的董事会，取缔了该协会，并宣称"年轻人在还没有接受完学校教育之前，不适合介入现实生活问题"。这是学院董事会对待学生主动参加思想领域的活动的普遍反应。然而，这份声明的不当之处在于这样一个事实，这个事件中所谓的"年轻人"刚好年龄比较大，其中30个学生的年纪超过了26岁。无论是情感上还是理智上，他们都无法接受董事们的刁难。他们宣称："自由讨论既是一种责任，因此也是一种权利，并且是与生俱来的不可剥夺的权利。这是我们的权利，在我们进入神学院之前就已经拥有它，我们可能曾经放弃过这些特权，我们可能曾经享受过它所带来的好处。但这种权利学校'既给不了，也拿不走'。"在对学院董事会进行猛烈抨击之后，学生集体迁徙到欧柏林，在那里教师们（包括一个被莱恩学院解聘的教授）获得了可以不受董事会干涉管理学生的权利。② 可惜，这个案例并不具有代表性。其他地方的学生似乎更多是为了抗议学校的饭菜质量，而不是为了抗议学校对言论自由的压制。这类大规模的学生抗议活动令人想起了中世纪的大学，但

---

① Joseph Dorman & Rexford G. Tugwell, "Francis Lieber: German Scholar in America," *Columbia University Quarterly*, XXX(1938), 169. Frank Freidel, *Francis Lieber: Nineteenth Century Liberal* (Baton Rouge, 1947), pp. 115-143.

② Robert S. Fletcher, *A History of Oberlin College* (Oberlin, Ohio, 1943), I, 150-178.

历史从来不可能重演。这个案例所蕴含的教学自由和学习自由紧密结合的观念,并不是学院家长式的教授愿意尽快了解和付诸实施的。

概言之,当时流行的教育心理观念妨碍了课堂上的自由讨论,阻碍了大胆的知识探究。一方面,学生被看做是道德不完善、不成熟的个体,学院教师必须对自己提出的问题作出明确的回答。这个重要责任阻止了教师对已为人们所接受的观点进行更深入的探索。另一方面,认为学生在智力上不成熟并且易受影响——这种看法又被荒谬地与学生是堕落的看法联系在一起。为了使学生不被教师误导或被引上邪路,必须加强对他们的看护。只要认为学生是易受骗的和堕落的,美国的学院就不会成为思想交流的场所。这种结论是必然的:因为如果学生固执己见或轻信他人,让他们接触有争议的问题不是浪费时间,就是轻率之举。

第二节 旧学院体制下的科学

我们前面提到课堂教学领域需要学术自由,现在我们发现研究领域的学术自由同样也没有引起足够的重视。当我们了解科学研究在美国内战前学院中的地位,可以发现在研究领域也存在诸多阻碍学术自由发展的因素。

即使在古典课程占主导地位、宗教兴趣统领一切的时候,美国大学的课程也从来没有完全把科学排斥在外。[①] 早在 1642 年,哈

---

① 见第四章。

佛校长邓斯特(Dunster)就开始提供天文学课程,在后来一个半世纪中物理学、化学、地理学等大量的新课程不断进入哈佛大学课程体系,这些都证明了宗教与科学共存于新教体系中。① 的确,从宾夕法尼亚大学和国王学院的课程设置可以看出,在宗教主导的时期,启蒙运动的浓厚科学兴趣有所降低。不过在19世纪初,矿物学、化学、地质学、植物学、动物学已经成为大学学习的课程。② 在这个最为保守的世纪中,也同样教授"自然哲学"和"博物学"。③ 阿默斯特(Amherst)和联合学院(Union)首先倡导同时开设古典课程和科学课程。④ 蒂莫西·德怀特(Timothy Dwight)是反对一切异端的基督徒,却把本杰明·西利曼(Benjamin Silliman)推上了耶鲁大学化学系主任的位置。⑤ 1840年以后,开始对科学课程进行区分,并允许适当程度的专业化。19世纪早期的学院课程绝不像后来的改革者们所认为的那样陈旧、死板,科学课程的比例也没有其追随者通常所说的那么低。

但是,重要的事实是,出乎一些院校和人们的预料,科学学科进入大学课程并没有带来科学研究的自由繁荣。教学采用训导式和教义问答式的方法,要不然课堂演示只会让人觉得奇怪

---

① Theodore Hornberger, *Scientific Thought in the American Colleges, 1638—1800* (Austin, Texas, 1945).

② Louis Franklin Snow, *The College Curriculum in the United States* (New York, 1907).

③ 伦威克(James Renwick)的文章 Outlines of Natural Philosophy (New York, 1826)说明了在典型的自然哲学中包含的各种学科。在哥伦比亚,伦威克半年内先后教授了力学、弹道学、流体静力学、气候学和天文学。而关于自然历史学所包含的各种学科,皮克(William Dandridge Peck)提到了哈佛的植物学、鸟类学、鱼类学和昆虫学,参见 W. and M. Smallwood 关于皮克的"自然历史学讲座"的讨论,见 *Natural History and the American Mind* (New York, 1941), pp. 302ff。

④ George P. Schmidt, "Intellectual Crosscurrents in American Colleges," *American Historical Review*, XLII (October, 1936), 46-47. Fuess, *Amherst*, p. 99.

⑤ Charles E. Cuningham, *Timothy Dwight, 1752—1817* (New York, 1942), pp. 198ff.

和可笑。① 科学思考不是被导向已有固定概念范畴的自然神学,就是被引向概念内涵不十分明确的调查、分类、发明等内容。简而言之,科学研究要与大学保守的教育目标相一致,虽然科学研究有助于知识的组织,但是从总体上看没有促进学术的争鸣。

内战前有三大因素阻碍了学院的科学研究的发展。首先,三大因素中影响最小的因素是当时普遍盛行的强调功利性和实用性的倾向。在18世纪,"发展实用知识"远远没有成为科学研究的唯一理由。从美国哲学学会的全知全能的理想,本杰明·拉什(Benjamin Rush)、戴维·利特豪斯(David Rittenhouse)和本杰明·弗兰克林(Benjamin Franklin)等人的百科全书般的兴趣,卡德瓦拉德·科尔登(Cadwallader Colden)、约瑟夫·普里斯特利(Joseph Priestley)和托马斯·库珀的思辨唯物主义,可以看出人们不仅对探索自然规律感兴趣,而且对科学技术感兴趣。② 然而,1830年以后,人们对实用性学科有了更大的热情。在美国社会转型的杰克逊时代,贵族风气开始衰落,创业者的热情得到解放,荒野的美洲大陆

---

① 在教学和研究中,实验室技术发展滞后就是一个很好的例子。1845年,切坦顿(Russell H. Chittenden)描述了大学经验主义的状况:"在这个时期,美国的物理学和自然科学研究相当简单和基础。科学研究不面向本科生,因为那个时期的研究生实际上也很无知,仅仅是通过教师的讲解和演示获得有限的书本知识。他们没有像我们今天这样的实验室,因此也没有机会从事科学研究实验,得出满意的实验结果……从这里我们不难看出,甚至许多教师在任教初期也从来没有做过科学实验。"*History of the Sheffield Scientific School of Yale University*,1896—1922(2 vols.;New Haven,1928),I,25-26. 也可以参见 John F. Fulton,"Science in American Universities, with Particular Reference to Harvard and Yale," *Bulletin of the History of Medicine*,XX(July,1946),97-110.

② 过度关注实用性学科,这种所有理论最终要应用到实践中的狂热理念,导致理论和基础研究被忽视。参见 I. Bernard Cohen,"How Practical Was Benjamin Franklin's Science?" *Pennsylvania Magazine of History and Biography*,LXIX(October,1945),284-293;Richard H. Shryock,"American Indifference to Basic Science during the Nineteenth Century," *Archives Internationales d'Histoire des Science*,V(1948),50-65;Harold A. Larrabee,"Naturalism in America," in *Naturalism and the Human Spirit* (New York,1944), pp. 331-338;Richard H. Shryock,"Factors Affecting Medical Research in the United States,1800—1900," *Bulletin of the Chicago Society of Medical History*,V(July,1943),7.

不断地被开垦。以追求利润和效率为目的的新的商业阶级的产生，成为知识的好奇心和社会主导价值观的敌人。① 从此，社会慈善捐赠主要投向那些实用学科领域，例如医院、工程学，而不是医学实验室或基础物理学。政府资助也偏爱那些具有开发潜力的学科领域——更愿意资助地质勘察，而不是地质学理论的研究；更愿意资助军事院校的工程学，而不是美国科学促进协会（National Institution for the Promotion of Science）的科学发展。②

从某种意义上说，美国内战前的学院能够抵制这些功利主义的压力，因为他们深受亚里士多德学派轻视工业追求利润思想的影响，而不愿意把他们的学校变成应用科学的场所。③ 美国东部的一些学院增加了工程学等实用性的课程，但是哈佛学院与当时盛行的注重实用技术的风气截然不同，无论哈佛的工程学院还是一般的科学学院都可以申请资助（1847）④，而且还大量保留以"自然哲学"命名的教席。⑤

---

① 直到1900年，商业领袖才开始更清楚地认识到基础研究对于科学技术的意义。贝尔纳（Bernal）对于科学是一门理论学科还是实用学科的尖锐对立的看法，以及他的名言"科学发展的历史表明，无论是科学研究的动力还是科学研究赖以实现的手段都是物质需要或者物质手段"，都没有反映出抽象思维在促进科学研究及其应用中的重要性。J. D. Bernal, *The Social Function of Science* (London, 1939), p. 5.

② 政府对地质勘察的资助几乎全部给了采矿和可利用资源的开发，而不是地质理论研究。参见 Charles S. Sydnor, "State Geological Surveys in the Old South," in David Kell ed., *Ameican Studies in Honor of William Kenneth Boyd* (Durham, N. C., 1940), pp. 86-109, 一些例外必须提到：Lardner Vanuxem 的地层对比（南卡罗来纳）及 William Barton Roger 对阿巴拉契亚山脉形成的研究（弗吉尼亚）。参见 George P. Merrill, *The First One Hundred Years of American Geology* (New Haven, 1924).

③ Madge E. Pickard, "Government and Science in the United States: Historical Background," *Journal of the History of Medicine*, I (April, 1946), 254.

④ Samuel E. Morison, *Three Centuries of Harvard* (Cambridge, Mass., 1936), pp. 279-280.

⑤ 西利曼是化学和自然哲学教授，丹尼森特德是耶鲁大学自然哲学和天文学教授。格登·索顿斯托尔教授是阿拉巴马数学和自然哲学教授（1831—1833）；1837年，巴纳德在同一院校获得了数学、自然哲学和天文学的教授职位；希区柯克是阿姆斯特学院自然神学和地质学教授。参见 Howard Mumford Jones, *Ideas in America* (Cambridge, Mass., 1944), p. 283n.

然而，相对于科学研究，学院确实更偏爱实用科学课程。正如内科医生面对临床的需要，必然相对忽视医学基础研究一样。学院的科学家出于教育、教学的要求，科学研究的兴趣相应也会受到削弱。由于他们要与学生共同生活在"宿舍"和晨祷的环境中，学院的科学家远离了科学社团的学术氛围。加之，学者的声誉主要取决于他作为教师角色的好坏，而不是科学研究的成果，因此他们缺乏开展系统性调查研究的精力和时间，这种系统性调查研究而不是偶尔的调查研究是科学研究必不可少的方法。事实上，学院有相当多的行政官员认为研究必然会削弱学校的教学工作。到1857年，哥伦比亚大学董事会的一个委员会指出，3名教授从事"著述"活动可能是造成大学状态不佳的因素之一。① 当然，也不能说是普林斯顿的约瑟夫·亨利(Joseph Henry)、艾伯特·多德(Albert B. Dod)和斯蒂芬·亚历山大(Stephen Alexander)，耶鲁的西利曼(Silliman)、奥姆斯特德(Almsted)和达纳(Dana)，以及哈佛的阿加西(Agassiz)、格雷(Gray)都对研究反感。然而，即使像耶鲁、哈佛、普林斯顿等这些自1840年一直在美国物理科学和自然科学研究领域遥遥领先的学院，仍然把教学放在首位。1869年，哈佛的新任校长查尔斯·艾略特(Charles W. Eliot)宣称，他的学院没有打算"单列一笔资金保证学者开展基础研究的闲暇和费用，除了资助建立天文台这个唯一的例外"，"目前美国大学教授的主要职责仍然是专心地完成常规教学任务"。② 不过这个想法并未实行——一个崭新的大学科学研究的时代即将到来——查尔斯·艾略特优先考虑教学工作反映了当时主要的情况。

---

① Frederick Paul Keppel, *Columbia* (New York, 1914), p. 7.
② Charles W. Eliot, "Inaugural Address," in *Educational Reform: Essays and Addresses* (New York, 1898), p. 27.

如果说学院追求实用科学的倾向限制了科学研究的领域，那么学院的教条伦理主义对科学发展的阻碍作用更大，成为影响科学发展的第二大因素。我们经常用这句话作为讨论这两种看法的主题，虽然这两种看法没有经常得到明确的承认，但是在这个时期这两种看法几乎一直没有改变。

教条伦理主义的信条之一就是人的品行是信仰作用的结果。老蒂莫西·德怀特在文章中写道："如果一个人不信仰任何宗教，那么他必然是品行不端的人。"[①]圣保罗（St. Paul）也持相同的观点，他认为任何人如果没有宗教信仰，那么他也必然难以信仰其他事物。至今，一些世俗大学仍然坚持这个观点，很显然"不忠诚"成为"无信仰"的代名词。根据上述两种观点，一个人如果不信正统的宗教，而信仰其他的宗教，那么他就不适合从事公职的工作。不过，美国内战前这种观念的影响作用和范围要比现在大（认为个人信仰决定了个人的品行）。因此，这种看法被运用到学院的教授聘用，作为学院拒绝聘用具有不同宗教信仰教授的理由，即使在那些不允许公开进行宗教信仰审查的院校。蒂莫西·德怀特反对耶鲁医学院聘用当时一位杰出的医生纳森·史密斯（Nathan Smith）博士，直到他宣布不再怀疑神圣的《圣经》的真实性[②]；弗吉尼亚的长老派教徒一直反对托马斯·库珀进入州立大学，因为他们认为他的固执的宗教怀疑主义必然导致一些过激言行。[③] 简言之，只要信仰是衡量一个人品行的主要标准，那么信仰必然成为聘用教师的审查标准。其实，聘用教师不应该以卑鄙的教派主义为标准，而应该以高尚的公正为准绳。

---

① Timothy Dwight, *The Duty of Americans at the Present Crisis* (New Haven, 1798).
② Cuningham, *Timothy Dwight*, pp. 216-219.
③ Malone, *Public Life of Thomas Cooper*, pp. 240-241.

教条伦理主义的信条之二认为判断思想观点正确与否的标准是看它是否产生了有利的道德后果,这种道德实用主义的观念深深影响着内战前美国学院的科学家的思想,对科学发展产生了更为消极的影响。被称为美国科学先驱的本杰明·西利曼反对一位具有开拓性的化学家詹姆斯·伍德豪斯(James Woodhouse)的理论的态度就说明了这一点。西利曼认为伍德豪斯的理论将导致对神的不敬这一有害的后果,因此是错误的。他特别反对伍德豪斯"草率和荒谬地"对待人们一直深信不疑的"黄热病是上帝对人类罪恶的惩罚的观念"。伍德豪斯不应该忘记"身体的疾病是神对灵魂罪恶的惩罚"。① 在回顾罗伯特·钱伯斯(Robert Chamber)的《创世纪的历史痕迹》(*Vestiges of the National History of Creation*)这本被称为进化论前期的著作时,普林斯顿的数学家艾伯特·多德教授写道:"我们认为这本书对于任何清楚地表明其无神论本质特点的思想体系进行了有力的驳斥。"② 而且,现今在许多方面都可以看到思想观念要接受它所产生的道德后果的检验,抨击的语言也有所改变——现在如果认为某种思想体系是"社会主义的"、"共产主义的"、"全球主义的"、"颠覆性的",就意味着对这种思想体系的有力批评。然而,看起来内战前那些具有明确的基督教信仰的学院,教条伦理主义仍然是他们处事的原则。

内战前阻碍美国学院科学发展的第三大因素是自然神学对科学的限制。1820年以后,随着唯物论和自然神论的衰落,科学和神学把"预定论"作为他们和平共处的原则,从而缓解了二者之间的

---

① George P. Fisher, *Life of Benjamin Silliman* (2 vols.; New York, 1866), I, 101.
② Thomas J. Wertenbaker, *Princeton, 1746—1896* (Princeton, N. J., 1946), p. 233.

理智冲突。这个原则可以满足科学和神学各自的利益。科学主要解决自然现象中经验领域的问题,而神学的任务则是解释自然现象中超自然力量的问题。科学和神学的关系开始缓和,人们经常用"和谐"来形容他们之间的关系,尽管这种"和谐"的意义与过去有所不同。在启蒙运动的哲学家看来,"和谐"通常意味着自然界的一致性和规律性,理性的普遍性以及人类道德和智力上的共性。在自然神论者看来,它代表了一种启蒙运动的思想,同时它明确反对导致各种主要宗教产生分歧的信条。① 内战前科学所说的"和谐",已经被赋予了不同的含义,它意味着:基督教的启示也赞同各种理性思想;西奈山(基督教《圣经》中记载的上帝授摩西十诫之处)的信条源于自然法则;对《创世记》(Book of Genesis)中的传说进行正确的解释,得到了人类化石的印证。自然界不仅体现了智慧和仁慈上帝的完美意图——启蒙运动从来没有否认这一点,现在自然界也为基督教的创世说提供了绝妙的证据。

"预定论"的流行带来的后果之一就是神学和科学之间的界线变得模糊:牧师在历史悠久的马瑟(Mather)传统之下,可以从事科学教学②;科学家们也可以以《圣经》为依据进行布道活动。③ 从现

---

① Arthur O. Lovejoy,"The Parallel of Deism and Classicism,"in *Essays in the History of Ideas* (Baltimore, 1948), pp. 78-98.

② 这个时期的一些著名神职人员同时也是科学课程的教师,例如,阿默斯特学院的校长(1845—1854)爱德华·希区柯克(Edward Hitchcock),既是公理会教友,也是地质学家和古生物学家;威廉斯学院的数学和自然哲学教授(1870—1827)切斯特·杜威(Chester Dewey),不仅是公理会教友,还是罗彻斯特大学化学和自然科学教授(1850—1861);达特茅斯学院的化学教授(1827—1835)本杰明·海尔(Benjamin Hale),后来任日内瓦(霍巴特)学院的校长(1836—1858),不仅是美国圣公会教徒,也是地质学家和矿物学家;波登(Bowdoin)学院的心理学和道德哲学教授(1824—1867)查尔斯·厄普翰(Charles Cogswell Upham)不仅是公理会教友,还是心理学家。不幸的是,没有人对科学领域中神职人员的职业生涯发展进行研究,来回答一些基本问题,例如,这些跨学科的兴趣是否是促使大量公理会教友投身到自然科学之中的社会和个人动机,并影响到他们对美国科学研究的目的性的偏爱。

③ 这是英美科学家一种常见的做法。参见 Faraday, Sir David Brewster, William Whewell, Sir Charles Bell, James D. Dana, William Maclure, Louis Agassiz, Benjamin Silliman, Asa Garay 等人的生平。

在的观点来看,这种"自然论"与"超自然论"之间表面上的和谐关系,其实是暴风雨来临前的平静,是黎明到来前的黑暗。① 达尔文主义就是要把"预定论"掩盖下的各种对抗力量释放出来,从而演变成一场"超自然选择"的教义与"自然选择"假说之间的斗争,一场"上帝干预论"与"上帝共生论"之间的冲突。当科学和神学不一致时,上帝的创造者和上帝的统治者之间急剧分化。在这个时期,科学同时崇拜着主动的上帝和被动的上帝。

科学与神学的和谐并非始终对科学思想产生不利影响。例如,基督教的"预定论"就为地质科学免受责难提供了体面的保护伞。西利曼通过引述"上帝所说的万物之间和谐相处",驳斥了原教旨主义者对安多弗神学院的摩西斯·图尔特(Moses Stuart)的攻击。② 詹姆斯·德怀特·达纳(James Dwight Dana)强调自然界收获的每个真理都被证明是上帝的杰作,从而成功地抨击了泰勒·刘易斯(Tayler Lewis)等蒙昧主义神学家对科学的偏见。③ 如果他们不消除人们的疑虑并平息反对者的怒气,内战前的美国科学家就不可能使地质学获得长足的发展。在方法论上,地质学和以前的旧科学不同,它探索自然发展的规律,提出万物是怎么产生的问题,而不是万物如何运行的这个对宗教来说更安全的问题。实际上,地质学要解决《圣经》中描述的问题,这是科学第一次有组织地

---

① 1876 年,在丹尼尔·吉尔曼对美国最初一个世纪的教育的调查中,发现"这个国家的宗教团体和神学教师从来没有明显地表露出对科学研究和科学教学的反对"。"Education in America, 1775—1876," *North American Review*, CXXII (January, 1876), 224.

② 参见 Moses Stuart, "Remarks on a 'Critical Examination of Some Passages in Genesis 1'," *American Journal of Science*, XXX (1836), 114-130; Fisher, *Life of Benjamin Silliman*, II, 132-160。

③ Tayler Lewis, *The Six Days of Creation, or the Scriptural Cosmology* (Schenectady, 1855); James D. Dana, "A Review of Six Days of Creation," *Bibliotheca Sacra*, XIII (January,1856), 80-129, and XIV (July, 1857), 461-524. 也可以参阅阿加西赞同达纳的反驳,见 Daniel C. Gilman, *The Life of James Dwight Dana* (New York and London, 1899), p. 324。

论述上帝的成果和上帝的箴言。从地质学的基本观点来看,地质学的发展逐渐构成了对自然神学和天启神学的潜在威胁。这种威胁激发了科学家理性能力的发展并促使科学与神学之间的相互妥协,不过这并没有阻止科学前进的步伐。西利曼在探索地质学问题时尽量避免与摩西宇宙进化论冲突,但是当岩石水成论者的洪荒之灾理论的事实依据被批驳得站不住脚的时候,他转向研究同《圣经》唱反调的热月学家的地球形成理论。① 为了科学和神学之间能和平相处,爱德华·希区柯克勇敢地放弃了《圣经》的字面解释。他在1851年写道:"要正确理解科学的事实,不应该与正确解释的天启论相抵触。"②因此,当"正确理解"时,地质学提供了无可辩驳的证据说明了人类产生较晚,物种的永恒性以及上帝的特殊庇佑,从而在最重要的问题上支持了天启神学和预定论。另一方面,当"正确解释"时,《旧约全书》的前五卷就是生动揭示地质学真相的读本,科学要分析出其中蕴涵的意义。因此,上帝创造世界花了六天的时间,应该看成是一个地质周期的时间,而科学上争论的普通洪水,应该被看成是当地发生的水灾。③ 甚至,莱尔(Lyell)的均变论排除了在无机物发展的整个领域存在超自然力量的干预,因此他在美国受到传讯。④ 虽然直到达尔文时代,最流行的理论如居维叶(Cuvier)的地球灾变形成论,还是比较符合《圣经》上的说法。⑤

---

① Dirk J. Struik, *Yankee Science in the Making* (Boston, 1948), pp. 300-301. 关于英国发展方面的研究具有参考价值的著作,参见 Charles Coulston Gillipie *Genesis and Geology* (Cambridge, 1951), passim.

② Edward Hitchook, *The Religion of Geology* (Boston, 1851), p. 4.

③ Ibid., *passim*.

④ Struik, *Yankee Science*, pp. 302-303; W. N. Rice, "The Contributions of America to Geology," *Science*, XXV (1907), 161-175.

⑤ C. Wright, "The Religion of Geology," *New England Quarterly*, XLI (1941), 335-348.

即便如此,地质学的发展仍然是神学论者最不能忍受的。就生物学来说,科学家在得出结论时总是显得很谨慎,不是出于实证主义者的慎重,而是考虑是否会与神学上既定教条相矛盾以及是否会产生不良的道德后果。正如亚瑟·洛夫乔伊(Arthur O. Lovejoy)指出的,除了没有提出生物自然选择的主要观点以外,拉马克(Lamarck)、圣提雷尔(St. Hilaire),尤其是罗伯特·钱伯斯在他们的著作中就已经提出了生物进化的主要证据。① 先于达尔文15年,罗伯特·钱伯斯已经整理出支持进化论的证据:进化论与其他的科学理论,尤其是地质学均变论在总体上的一致性,动物身上未完全进化的器官,以及证明生物在不断进化的古生物化石的存在。但是,当罗伯特·钱伯斯在1844年提出这一理论时,却遭到了科学界的无情抨击。如果承认万物的演变是为了适应而不是为了拥有漂亮和完美的外观,以及生命的发展是盲目选择和机械法则作用的结果,就会与帕里安(Paleyan)的观点相抵触。放弃对上帝的信仰将危及道德赖以存在基石的信仰体系。② 正是由于害怕冒这种风险,科学思想又退回到并不太可信的"创世纪论"的理论窠臼,以及一系列长时间间隔的奇迹。在科学思想发展的关键时期,这种天佑论和道德观遏制了科学的发展。

综上所述,可以发现科学研究中对学术自由的威胁主要来自科学自身存在的局限性,而不是科学以外的敌对势力的作用。理性主义史学家德雷珀(Draper)和怀特后来认为科学与宗教以及科学

---

① Arthur O. Lovejoy, "The Agrument for Organic Evolution before 'The Origin of Species'," *Popular Science Monthly*, LXXV (November and December, 1909), 499-514, 537-549.

② 可以肯定的是,有非神学方面的理由驳斥钱伯斯——他的神秘主义,偶尔的误差,其他背离科学正当性的过失。但是,正如洛夫乔伊指出的,钱伯斯书中存在的引起科学家尖锐批评的逻辑和证据上的许多不足,同样存在于达尔文的著作中。即使不对这个理论假说进行特别渲染,至少应该接受这个理论假说,但科学家将这个作者及其观点批评得一无是处。Lovejoy, "The Argument for Organic Evolution," pp. 502, and passim.

与神学之间是一种内在的、多发的敌对关系,他们可能故意回避或误读了内战前的记录。① 当本杰明·西利曼先生,一位向神学妥协的主要代表人物,把上帝造物说添加到地质学课本时②;当约翰·麦克维卡(John McVickar)教授完美地阐述了教条伦理主义的原则,并宣称"只要宗教上指责是错的,政治经济学中也会认为是不恰当的,应该加以抵制"时③;当路易斯·阿加西在他的生物起源说中没有总结出在今天看来具有明显的进化论思想时④——他们并没立即做出一致的姿态。感到恐惧的宗教势力采用诸如审查、异端审判、经济制裁、逐出教会等武器来捍卫自己陈腐的观念,不过这些武器并没有用来对付内战前的科学家。科学和神学之所以没有发生公开的冲突,并非仅仅因为科学思想不具有挑衅性的特征,事实证明宗教也开始认为科学探究对社会是十分有益的,并且慢慢地遵从科学的一些权威性结论,同时相信自然法则也会在一定程度上支持宗教的一些基本看法。直到达尔文促使科学界接受变异论,科学探究是否必然具有局限性,权威是否必须来自正统,自然法则是否就是裁决一切的准则等问题,才成为科学论争的主题。

---

① John William Draper, *History of the Conflict between Religion and Science* (New York, 1874); Andrew Dickson White, *A History of the Warfare of Science with Theology* (2 vols.; New York, 1896).

② 相比较罗伯特·贝克韦尔(Robert Bakewell)关于西利曼 *an Introduction to Geology*, first American ed. (New Haven, 1829)一书。西利曼更进一步,在第二版中指出"现代地质学的探索和上帝的创造说和洪水说有紧密的关系"(1833),托马斯·库珀斥责这种安抚神学的做法损害了科学发展。参见 *On the Connection between Geology and the Pentateuch* (Boston, 1833).

③ Gladys Bryson, "The Emergence of the Social Sciences from Moral Philosophy," *International Journal of Ethics*, XLII (April, 1932), 311.

④ 在 *Contributions to the Natural History of the United States* (Boston, 1852)第一卷中的论文"Essay on Classification"中,阿加西所提出的理论后来发展成为著名的生物起源说。"动物胚胎发展期间的变化和过去地质年代中同类型化石的顺序相吻合。"令人吃惊的是,阿加西可以阐明这样一个原则,却强烈反对进化论。

第三节 没有教派偏见的虔诚

内战前美国学院实行宗教信仰教育的目的,究竟在多大程度上影响了教学和科学研究对学术自由的需求?宗教正统思想在何种程度上具有派系斗争的特性?教派学院的官方声明总是宣称他们信教但不存在教派斗争,并且为了证实这一点,他们一再强调学院几乎不对学生进行宗教审查[①],有些学院的章程也禁止对教师进行宗教审查[②],学院也不存在形式上的教派控制。[③] 但是宗教审查与其说是为了挑选学生,不如说是为了选择教师,因为学生的学费收入是缓解学院经常性财政赤字的重要因素[④];与其说是为了遵守和实现学院章程的规定和目标——章程是学院制定的政治文件,目的是消除教派之间的敌视和怀疑,实现各个

---

① 在艾略特和钱伯斯调研的 19 个公立院校和 32 个私立院校中,就有 10 所公立院校和 16 所私立院校在中世纪就已经存在。仔细了解这 26 个院校的章程,里面没有任何一处规定允许因为宗教方面的原因而不接收学生。Edward C. Elliott and M. M. Chambers, *Charters and Basic Laws of Selected American Universities and Colleges* (New York, 1934), passim. 另一方面,4 个私立院校(哥伦比亚、普林斯顿、布朗、诺克斯)以及艾略特和钱伯斯涉及的所有公立院校章程都规定禁止进行宗教审查。我们有理由相信这是关于这个时期学生入学的具有代表性的章程规定。

② 如上,艾略特和钱伯斯所调查的 26 所院校中,有 4 所公立院校和 6 所私立院校的章程明确规定不对教师进行宗教审查。在院校列表中,仅有耶鲁在章程中规定管理部门可以让教师进行宗教宣誓。

③ 公理会主要依靠与学院的情感联系,而不是正式的控制。公理会促进西部学院和神学教育协会(Congregational Society for the Promotion of Collegiate and Theological Education at the West)支持私立院校的自主权,宁愿通过资金资助来实现公理会的理想。长老会也通过他们的教育委员对学院实行非常宽松的控制。直到 1883 年,中央资助委员会章程规定,每个学校接受的资助要用于教会相关的事项,或者有 2/3 的学校董事会成员是教徒。另一方面,路德会、浸信会、卫理公会也是通过接受教会的资助从而控制院校。参见 Paul M. Limbert, *Denominational Policies in the Support and Supervision of Higher Education* (New York, 1929)。

④ 见第五章。

教派的联合①,不如说是为了促使建立更多的学院,以及体现各个学院的宗教风格和教学特色。除了哈佛、宾夕法尼亚、联合学院以及某些州立大学,内战前美国的学院所宣扬的没有教派偏见的虔诚,在早期并没有得到很好的实行。

19世纪上半叶促使美国教派学院大量建立的动机是多方面的。学院的创建者的主要目的包括:把上帝的福音和拯救人类灵魂的机会带到边疆;抵制美国独立革命和启蒙运动产生新的宗教异端;培养公民行使自己的权利和职责;给贫困地区的年轻人提供就业机会;扩大通识教育所带来的好处。然而更重要的长远的动机是为了扩展教派的势力。美国独立革命后,虽然教会与国家分离,但并没有与学院分离。恰恰相反,教会与国家分离,结束了受到偏爱的教派的垄断地位,加剧了各个教派在教育领域的激烈竞争。在美国东部,殖民时期教派建立的学院在弗吉尼亚、马萨诸塞、康涅狄格、新罕布什尔、纽约州具有至高无上的地位,这些州的独立地位以及政教分离政策,允许那些在竞争中受到压抑的院校可以随意发表自己的看法。② 在西部,尤其当各个教派认识到需要培养牧师并授予牧师职位时,他们就会以极大的热忱投入到院校建设中。如同各个帝国主义国家在政治领域的竞争一

---

① 尽管当时建立了大量的院校,但是国家立法机构所通过的学校章程无不遭到大众或者宗教的反对。因此,他们用言语伪装掩盖了政治目的。例如佐治亚州浸信会不同寻常地坦白道,原本想叫他们的大学佐治亚州浸会学院,最后策略性地用了梅西大学(Mercer University)这个不太挑衅性的名称。Albea Godbold, *The Church College of the Old South* (Durham, N.C.,1944)。章程里几乎很少会体现出董事会中的宗派主义。例如,普林斯顿大学宪章指定管理部门由12个长老派成员和其他11人组成,这11人中只有2人是教友派成员,1人是圣公会成员,章程并没有明确指出该院校受长老会控制。参见 Willard W. Smith, "The Relation of College and State in Colonial America", unpublished Ph. D. dissertation (Columbia University, 1949).

② 参见 G. Bush, *History of Education in Massachusetts* (Washington, D. C., 1891), pp. 225-279; G. Bush, *History of Education in New Hampshire* (Washington, D. C. M 1989); Thomas Le Duc, *Piety and Intellect at Amherst*, 1865—1912 (New York, 1946), pp. 1-5.

样,各教派在教育领域也展开了激烈的竞争。他们一样要推销商品,开拓市场,拓展未开垦的新领域,不断扩大势力范围。除了公理会和长老会按照联盟计划(Plan of Union)共同建立了 10 所学院,这个计划自 1801 年延续至 1852 年。其他各个教派都各自为战,拓展自己的势力范围,各自服务于同一个上帝和特定的教义。①

学院很少允许或公开承认存在教派倾向性。比较典型的声明是,公理会的玛里埃塔学院董事会宣称:"学院可以向学生反复灌输基督教的基本教义及职责,但是绝不允许向学生传授任何特定教派的教义。"②不过关于"传授"一词的范围和限定词"教派"的定义是很含糊的。仿效殖民时期的院校,玛里埃塔学院和这时期新建立的所有院校一样,主要是"为了培养能够胜任教学的教师以及布道的牧师"。③ 1816 至 1840 年,学院毕业生从事牧师职业的数量远远高于其他行业。据估计,1836 至 1840 年间高峰时期,大约有 1/3 的毕业生当了牧师。④ 1857 年,公理会创办的学院这一比例高达 1/4。⑤ 此外,教会组织还大力资助那些毕业后愿意从事牧师职业的学习勤奋的学生。尽管这些新建立的教派学院开始时开设

---

① 见第五章关于独立革命后教派学院体系发展的更全面的阐述。
② Charles F. Thwing, *A History of Higher Education in America* (New York, 1906), p. 231.
③ *Seventh Report of the Society for the Promotion of Collegiate and Theological Education at the West* (1850), p. 61; 摘自 Donald G. Tewksbury, *The Founding of American Colleges and Universities before the Civil War* (New York, 1932), p. 83.
④ 根据伯瑞特(Burritt)对具有代表性的 37 所学院和大学毕业生分配情况的统计,除 1661 年至 1695 年期间,直到 1720 年,毕业生担任牧师的比例从来没有低于 50%。从 1721 年至 1745 年,这个比例保持在 40% 左右,直到 1791 年至 1795 年间降到最低点 20.8%,低于当时从事律师的比例。之后这个比例又逐步提高了,在 1836 年至 1840 年期间达到 32.8%。Bailey B. Burritt, "Professional Distribution of College and University Graduates," *Bulletin of United States Bureau of Education*, XIX (Washington, D. C., 1912), 74-83, 142-144.
⑤ C. Van Rensselaer, "Commencement Address at Carroll College" (1857), in *Pamphlets on College Education* (Columbia University Library), Vol. VII, No. 9, p. 387.

了区别于其他课程的神学课程,但是直到这个时期的后期,当独立的神学院开始创立①,学生中愿意将来从事牧师行业的比例下降到1/5②,这些学院才不再像神学院。另外,教义的灌输不仅仅限于教室里。符号和标志也加以利用:大厅、街道是用教会的先知们和殉道者的名字来命名的。③ 仪式和典礼也加以利用:星期日的礼拜活动、每天晨祷仪式等都对学生进行着神性的熏陶。④ 有时候在礼拜活动和宗教仪式中可以允许存在两种教义,例如,1802 年,普林斯顿董事会表决通过印发"威斯敏斯特的精简问答集和教会册子"。⑤此外,尽管为了所有虔诚的基督教徒的利益鼓励宗教复兴,但各种变化表明这种思想只是披在教派学院身上的外衣。⑥ 无论如何,那些希望保持孩子在家庭中的宗教信仰的父母们,不难判断学院在那一边上持"中立"立场。尽管学院一再宣扬不存在教派的倾向性,契尼(Cheyney)注意到:在这个世纪头十年,费城的长老派教徒

---

① 在18 世纪的后半期,学院开始建立独立的专业神学院。19 世纪早期,安多弗神学院和普林斯顿神学院占据了重要的位置。1819 年,哈佛学院的神学研究独立出来,成立了专门的神学院。1822 年,耶鲁大学也建立了神学院。到 1876 年,神学院达到了 113 个。然而,直到 19 世纪中叶,还有许多学院希望保持神学与自由文科之间的密切联系。Robert Kelly, *Theological Education in America*(New York, 1924).

② Burritt, "Professional Distribution of College and University Graduates," p.75.

③ 埃默里大学(Emory College)就是以卫理公会的一个主教的名字来命名的,他们的街道也是为了纪念韦斯利(Wesley)、阿斯波利(Asbury)和科克(Coke)。Godbold, *Church College of the Old South*, pp. 62-63.

④ 德怀特(Dwight)认为,耶鲁大学是严谨的,但反对学生参加圣公会礼拜活动,虽然 40 年前克拉普(Clap)校长允许学生参加。哈佛允许学生在附近教堂做礼拜,布朗许可犹太教徒在安息日进行祭祀活动。但实际上,在其他地方礼拜的自由是受到限制的。学院当局不鼓励学生离开学校行动。如果不是因为其他方面的压力,学生为了方便普遍愿意在学校做礼拜。参见 Samuel Eliot Morison, *Three Centuries of Harvard*, p. 88; Walter C. Bronson, *History of Brown University*, 1764—1914 (Providence, R. I., 1914), pp. 98-99.

⑤ 这是董事会解释教师关于允许学生"根据他所属教派选择教义问答书"的决议的方式。John Maclean, *History of the College of New Jersey* (Philadelphia, 1877), II, 50-51.

⑥ 因此,1848 年普林斯顿大学的宗教复兴有 25 人皈依宗教,其中 18 人加入长老会(学院的资助者),6 人加入圣公会(在普林斯顿,少数教会同样得到承认),只有 1 人加入卫理公会。Maclean, *History of the College of New Jersey*, II,20.

们对狄金森学院和普林斯顿学院表现出明显的偏好；圣公会教徒更倾向于哥伦比亚学院和威廉玛丽学院；而当地十分方便、真正没有教派区分的费城大学却备受冷落。①

学院的教派倾向性思想还体现在对教员的聘用上。9/10 的学院院长来自牧师②，牧师担任学术职务通常由资助学院的教会委任。施密德(Schmidt)说："学院根本不存在没有宗教信仰的校长，校长必须反映他所属教派的教义并为之服务。"③在教授的宗教信仰方面，由于统计资料不完全和不容易获得，所以统计结果也不太准确。一项分别对 1800—1860 年期间哈佛学院、威廉玛丽学院、迈阿密学院、欧柏林学院、拉法耶特学院、普林斯顿学院、米德伯瑞(Middlebury)学院等校教师花名册的调查发现，35％的教师是牧师，这充分说明学院在聘用教师时存在教派倾向性。④ 这些院校的变化进一步表明，公理会教派在执行这一标准上不像其他教派那么严格。⑤ 我们也发现影响教授聘用的决定性因素是教授所属的宗教派别，而不是教授的专业水平——当教授不得不从事专业领域以外的教学任务时，专业能力不是起决定性作用的因素。1831 年，哈佛夸耀自己有一支不同教派组成的来源多样化的教师队伍，其中有 6 位来自唯一神教派，3 位是罗马天主教徒，1 位是路德教徒，

---

① Edward P. Cheyney, *History of the University of Pennsylvania* (Philadelphia, 1940), pp. 176-177.

② Schmidt, *The Old Time College President*, pp. 184-186.

③ Ibid., pp. 187-188.

④ 这个比例来自 S. J. Coffin, *The Men of Lafayette*, 1826—1893 (Easton, Pa., 1891), pp. 23-33, 113-120, 125-129; *Catalogue of Miami University*, 1809—1892 (Oxford, Ohio, 1892), pp. xii—xxii; *Third and Fourth Triennial Catalogues for Miami*, 1840 and 1843; *Annual Circulars for Miami*, 1847, pp. 55, 58, 59; Edgar J. Wiley, *Catalogue of the Officers and Students of Middlebury College... 1800—1915* (Middlebury, Vt., 1917), pp. ii-xix, xxvii-xxix, xxx-xxxv; Maclean, *History of the College of New Jersey*, II; *The History of the College of William and Mary from Its Foundation*, 1600—1874 (Richmond, 1874), pp. 80-81.

⑤ 参见第五章, "Presbyterians and Partians."

1位是新教圣公会教徒，1位教友派教徒，还有1位桑德曼派——所有教授中只有神学教授要通过宗教审查。① 浸礼会教友创办的布朗大学始终为自己毫无偏见地选择教师而自豪。② 从另一个极端来看，长老派教会的迈阿密大学1831年聘用的3位教授全是长老派教会的神学家。③ 长老派教会的匹兹堡学院与之相近，不过显得稍微温和一些，该学院1831年聘用的5位教授中有4位是长老派教会的牧师，1位天主教牧师。④

教派的政治活动甚至进入到名义上中立的州立大学。美国内战前生存下来的州立大学有21所。⑤ 对那些比较激进的教派来说，这些大学似乎是为了蛊惑年轻人的思想，使他们变成撒旦或者恺撒。教会有时把大学看做胜利的奖品，有时又当做要铲除的敌人。教会为了控制这些大学，在大学的董事会中安排自己的代表，或者建立新的大学与之竞争。好斗的教派阻碍了整个时期州立大学的发展。⑥ 在这个变化时期，北加利福尼亚、田纳西、佛蒙特、肯

---

① Morison, *Three Centuries of Harvard*, p. 242.
② Bronson, *History of Brown University*, pp. 100-101.
③ W. L. Tobey and W. O. Thompson, *Diamond University Volume: Miami University* (Oxford, Ohio, 1899), pp. 192-198.
④ Agnes Lynch Starrett, *Through One Hundred and Fifty Years* (Pittsburgh, 1937).
⑤ 按照建立的日期，这些学校分别是 Georgia (1785), North Carolina (1789), Vermont (1791), Tennessee (1794), Ohio (1802), South Carolina (1805), Miami (1809), Maryland (1812), Virginia (1816), Alabama (1821), Indiana (1828), Delaware (1833), Kentucky (1837), Michigan (1837), Missouri (1839), Mississippi (1844), Iowa (1847), Wisconsin (1848), Minnesota (1851), Louisiana State (1853), California (1855)。这些学校的校名现在还在用，建校日期是大致的时间。参见 Tewksbury, *Founding of American Colleges and Universities*, pp. 133-207. 其中的一些学校建立之初是教派学院，之后逐渐失去了与教会的联系。
⑥ 如果大学的董事身份能够自我延续，而不是由政府控制，某些教派更容易取得和保持对董事会的控制。最初建立的北卡罗来纳、特拉华、佛蒙特、特兰西瓦尼亚、田纳西（坎伯兰和东田纳西州大学）、迈阿密、印第安纳（文森斯）、密西西比和加利福尼亚学院（加州学院），这些学院成立了私立的董事会，鼓励某个教派，通常是长老会，从一开始控制董事会。在达特茅斯学院之后，政府开始经常介入，拥有修订学校章程的权力。经过长时间的斗争，最终政府获得了控制权。

塔基、特兰西瓦尼亚、迈阿密、印第安纳、亚拉巴马等大学先后受到不同教派的直接影响和控制。① 几个教派也在竞相争夺密苏里、密西西比、密歇根州立大学。② 由于教派学院的竞争，佐治亚、俄亥俄、密苏里、衣阿华大学的发展受到阻碍。③ 在东北部各州以及南部和西部的六个州，由于教会的反对，直到美国内战后才创立州立大学。④

州立大学并不是不重视宗教，他们从建立之日起，就通过读经课、每天的祷告、强制的礼拜活动和信仰复兴运动等方式，对学生进行宗教信仰的教育。⑤ 它们不会忽略学生从他们的校长和教授的背景中获得的精神熏陶，有三分之一的校长和教授来自教会。⑥ 即使在杰斐逊计划创办的弗吉尼亚大学，这所远比其他大学更加世俗化的大学，仍然允许学生有一定的自由时间同他们的牧师一

---

① 参见 D. H. Gilpatrick, *Jeffersonian Democracy in North Carolina*, *1789—1816* (New York, 1931), p.129; L. S. Meriam, *Higher Education in Tennessee* (Washington, D. C., 1893), pp.160-261; G. W. Knight and J. R. Commons, *The History of Higher Education in Ohio* (Washington, D. C., 1891), p.34; David D. Banta, "History of Indiana University," in *Indiana University*, *1820—1920*: *Centennial Memorial Volume* (1921), pp.103-107.

② E. Mayes, *History of Education in Mississippi* (Washington, D. C., 1899), pp.25-117; Wilfred Shaw, *The University of Michigan* (New York, 1920), p.40; Jonas Viles, *University of Missouri* (Columbia, Mo., 1939), p.23.

③ E. M. Coulter, *College Life in the Old South* (Athens, Ga., 1928), Chap. VIII; Knight and Commons, *Higher Education in Ohio*, p.23, 55-58; Viles, *University of Missouri*, Chap. III; L. F. Parker, *Higher Education in Iowa* (Washington, D. C., 1893), Chap. IX.

④ Tewksbury, *Founding of American Colleges and Universities*, pp.169-174.

⑤ Earle D. Ross, "Religious Influences in the Development of State Colleges and Universities," *Indiana Magazine of History*, XLVI (December, 1950), 343-362.

⑥ Ross, "Religious Influences," p.349; Curti and Carstensen, *The University of Wisconsin* (Madison, Wis., 1948), pp.17-19; Coulter, *College Life in the Old South*, p.19. 例如,1804年至1860年间,南卡罗来纳大学8位校长中有4位是牧师,38名教授中有10名是牧师。M. LaBorde, *History of the South Carolina College* (Charleston, S. C., 1874), pp.527-528 and passim; Edwin L. Green, *A history of the University of South Carolina* (Columbia, S. C., 1916), p.210 and passim. 1800至1860年间,北卡罗来纳大学3位校长中有2位是牧师,29位教授中有9位是牧师。Battle, *History of the University of North Carolina*, I, 51-54, 67-72, 79-80.

起做礼拜,提供大学设施供校外的神学院使用,要求伦理学教授重视宗教信仰的价值。只是因为杰斐逊害怕引起教派之间的冲突,他才禁止正式的神学教学,反对聘用神职人员担任教授以及任何形式的教派控制。然而就是这种有限程度的世俗化,使弗吉尼亚大学招致了"无神论"的恶名以及内战前整个时期激进教派对它的极端仇视。① 可见,是大学对待教派的政治态度而不是大学的宗教信仰引起了教会的愤恨。

教会也从来不承认存在任何狭隘的宗派主义目的,实际上他们常常宣称并没有真正实行宗派主义的政策。同样,这是一个如何解释的问题,而不是一个蓄意欺骗的问题。从宗教的语义来说,只要不对那些容易引起分歧的问题——诸如允许自愿接受基督教洗礼的问题——发表看法,而只是宣讲灵魂是不朽的,《圣经》是绝对可靠的,或者甚至存在三位一体,这不是宗派主义。相反,如果像索齐尼派(Socinian)、唯一神论者(Unitarian)和自然神论者(Deistic)一样,怀疑一切基督教教义,这是宗派主义。因此,教会通过宣称自己具有包容性的立场,从而在与敌人的斗争中转败为胜。关于上述问题,贺拉斯·霍利(Horace Holley)事件是一个很有趣的恰当的例子。② 肯塔基州的列克星敦市(Lexington)的长老会迫使特兰西瓦尼(Transylvania)学院的校长辞职,因为他证明自己是一个"极端的宗派主义者"。他向学生灌输自己的思想,给肯塔基州的长老会报纸《西部名人》(Western Luminary)的一位编辑写信,这位编辑在宗教信仰方面"承认自己不信任何宗教,并且表现出鄙视

---

① Philip Alexander Bruce, *History of the University of Virginia* (5 vols.; New York, 1920—1922), III, 13-47. 希尔(D. H. Hill)教授在其任戴维森学院数学教授的就职演说中声称,根据杰斐逊派的思想建立的弗吉尼亚大学是"国家的恐怖活动,是对教育事业的祸害,实际上是滋生罪恶的温床"。Godbold, *Church College of the Old South*, p.15.

② 参见第五章。

其他所有教派的宗派主义"。① 宗派主义也不掩饰自己的反驳只是玩文字游戏。有人坚信防止宗派偏袒的唯一办法，就是根据各个教派在各自社区的影响力大小，确定各自在州立大学中教授职位的比例。这种宗教改革的论调——"谁统治就信谁的宗教"——被认为违反美国的民主实践。一个浸礼教徒占多数的州，教师就不能只由公理会教友来担任；正如一个民主党占优势的州，就不能只有辉格党的代表。弗吉尼亚大学曾以杰斐逊式的冷漠态度雇用了一位天主教和一位犹太教的教师，后来又不得不通过增加一位激进的圣公会牧师保持平衡。② 因为只要任何一个宗派都不具有明显的优势，可以推定在这种势均力敌的情况下就不会出现带有宗派倾向的课程。由于认为只要大学中同时存在各种宗派，就不会产生宗派主义，所以密歇根大学多年来一直实行一项貌似公平的不公正政策，即聘用不同教派的牧师担任各科的教授。③

联邦法律对宗派主义比较严重的大学很少给予保护，宪法规定禁止对教授进行任何形式的宗教考核，然而实际上大学各部门仍然存在不同形式的宗教审查。④ "教会与国家之间的高墙"，既有效地阻止了国家试图废除私立的教派学院的特许状的企图⑤，也防止了教会对州立大学的控制。

不过，基督教的统治并非固若金汤，也不是毫无阻力。基督教分离主义喜忧参半，既打破了知识的整体性，也促成了学术的多样

---

① Robert Peter and Johanna Peter, *Transylvania University, Its Organ, Rise, Decline, and Fall* (Louisville, Ky., 1896), p.141.
② Bruce, *History of the University of Virginia*, III, 133-135.
③ Shaw, *University of Michigan*, p.40.
④ Banta, "History of Indiana University," pp.72-73.
⑤ 参见 *Trustees of Dartmouth College vs. Woodward* ("The Dartmouth College Case"), 4 Wheaton 514, 712 (1819)。

化。一方面,各个教派在创建学院时的竞争演变成争夺学院控制权的内部冲突。战前由长老派教会控制的 49 所学院中,3 所学院为卫理公会教派所控制;有 3 所学院成为州立大学;7 所落到了公理会教派手中;1 所学院开始是由圣公会创立的,后又暂时被长老会教派控制,最终走向独立;1 所与长老会教派相联系的半州立化的学院,后被浸礼教会接管;8 所学院逐渐获得实质性的独立;1 所学院(特兰西瓦尼)先后多次经历了不同教派的控制,先是由浸理会教徒控制,然后过渡到新圣公会教徒,再到长老会教徒、卫理公会教徒,最后到由基督教会教友派控制。① 此外,由于长老会教派分裂产生了"旧光派"与"新光派"之间的冲突以及教会分裂成为南北教派,长老会掌控的 26 所院校面临着各种内部矛盾。② 教派学院创立之初是作为某个特定教派的神殿,现在则面对一连串的教义而感到无所适从。

教派争夺学院控制权的斗争,严重威胁到学院的正常生活和教育的连续性,从而引发了反对整个宗派体制的斗争。由于迈阿密大学与长老会教派有着密切的联系,导致其陷入内部的激烈争斗,最终于 19 世纪 30 年代断绝了与长老会教派的联系。校长罗伯特·汉密尔顿主教认识到教派之间的冲突无论是对教会还是对学院都是有害的,因此在学院中努力寻求教会的和谐以及思想自由。③ 伊利诺伊学院的一位忠实的基督徒斯德文特(J. M. Sturtevant),曾经是伊利诺伊州耶鲁乐队(Illinois Yale Band)的成员,他对于长老会派宗教会议调查他的教学活动的行为十分恼怒,因此成为一个声讨教育中"狂热的、偏执的、顽固的"宗派主义制度

---

① Tewksbury, *Founding of American Colleges and Universities*, pp. 91-102.
② R. E. Thompson, *History of the Presbyterian Church in the United States* (American Church History Series, Vol. VI [New York, 1895]).
③ James H. Rodabaugh, "Miami University," pp. 66-73.

的斗士。① 他在一篇文章中写道:"我们不能断言基督教统治的境况多么糟糕,也不能断言这种统治不会取得有用的重要成果。但是我们敢断言这种统治不会长久。这种统治必然引起越来越多的少数人的不满,这些人与那些占统治地位的多数人在思想感情上存在不可调和的矛盾;一旦出现这种情况,就会引起动乱和分裂……教派就会不顾社会的实际需求大量建立新的院校,从而导致我们的学院陷于穷困潦倒的境地。教派的褊狭思想使他们不断提高一些小型教派的地位,把他们的特定教义作为是否适合从事最为高尚的、庄严的活动的标准。教会倾向于让最没有才能和学识的人担任我们最为重要的教学岗位,因为这些人被认为符合教派的条件,从而极大地影响了学院在履行职能中的效率。"② 查尔斯·艾略特曾声称:"一所大学绝不能建立在宗派的基础之上",并且内战后一直坚持这一办学指导原则。在此前的几十年中,教派创办的学院中反对宗派主义的斗争不断高涨。

第四节 管理无序与财政赤字

我们已经看到旧体制下的教育理念,即因循守旧、独裁主义、家长作风、教条伦理主义以及教派主义的观念打击了学者对教学自由和研究自由的渴望。用"打击"而不是"压制"一词是经过认真考虑的。渴望自由,自由才有机会发展。这种教育理念有效地阻止

---

① Charles Henry Rammelkamp, *Illinois College, A Centennial History:1892—1929* (New Haven, 1928), pp. 119-126; J. M. Sturtevant, *An Autobiography* (New York, 1896), pp. 188, 198-199, 245-249.

② "Denominational Colleges," *The New Englander*, XVIII (FEBRUARY, 1860), 82.

了激情的释放,但是这种教育理念不能体现整个学院生活,也不是与我们的教育目的相关的唯一的制度因素。学院不仅是一个进行正规的教学和学习的场所,而且也是政府的一个机构、一个经济实体和社会关系的汇集点。学院如何发挥这些作用,影响着学术冲突发生的时机,影响着纵情享受的愿望和自作主张的倾向性,这一切激发了对自由的渴望。从战前学院所发挥的各种作用来看,学院的特点不仅仅是教化和顺从。这个时期还充斥着学生对清规戒律的反对,教师对自身地位和作用的不满,以及因为摆脱不了的穷困促进了学院的改革。总的说来,战前学院存在着两种敌对的力量:一种是大学应成为一个整体机构的教育思想,第二种是学院内部不断高涨的反对力量和改革势力,不断挑战学院的专制主义体制,并最终成为摧毁这一制度的力量。

今天的学者有这样一个强烈的印象:学校董事会赋予他们的权力越来越少、越来越弱,甚至有从过去教授自治的黄金时代退化为目前的从属地位的趋势。雅克·巴尊(Jacques Barzun)教授用诙谐而又讽刺的语气说"过去我们是牧师,现在我们从属于牧师"。事实上,整个17、18世纪教授在与董事会的关系中一直处于劣势和不利地位,19世纪早期达到最低点。殖民地学院后期形成的由校外人士组成的董事会管理学校的制度,逐步演化为由非官方的、爱管闲事的、常常是专横的董事会管理学校的学术管理体制。学院董事会有权规定课堂教学工作,制定学生的管理纪律,决定课程的设置,检查监督教师的私人生活。这点可以用19世纪早期普林斯顿大学的董事会作为生动的例子。一位研究早期普林斯顿大学的历史学家写道,"当董事会开始仔细检查学院的'会议记录'时","它严厉地指出,记录本没有标明页码,有些地方没有写明日期,还有一些地方存在文法错误……然而比这更糟的是,据了解一个教师刚外出旅行,另一个就已经在他的房间里接待朋友……所有这些表明迫切需要适当的纪律"。①

董事会对于教师如此轻视,这在今天看来是不可思议的。这也不是一个独特的例子:宾夕法尼亚学院董事会在关注学院的细枝末节问题上丝毫不逊色于普林斯顿学院董事会②,汉密尔顿学院和拉法耶特学院董事会对教师的轻视也好不到哪儿去。③

解释这种现象如果仅仅归结为僧侣政治的作用导致大学董事会成为牧师的一统天下,并且把对教师的严密监视当做董事会的一种责任,那是远远不够的。实际上,在19世纪早期的学院董事会中,牧师很少占主导地位④,董事会成员几乎全是非神职的世俗

---

① Varnum Lansing Collins, *Princeton* (New York, 1914), pp. 116-117.
② Cheyney, *University of Pennsylvania*, p. 178.
③ Joseph D. Ibbotson and S. N. D. North, eds., *Documentary History of Hamilton College* (Clinton, N. Y., 1922), pp. 181, 185, 193, 195-226; David Bishop Skillman, *The Biography of a College* (vols 2., Easton, Pa., 1932), I, 172-178.
④ 比尔德在《美国文明的崛起》中提出牧师在董事会中占主导地位。Beard, *Rise of American Civilization* (New York, 1942), Ⅱ, 470. 施密特用数据提出了相反的意见:"直到1861年,记录显示威廉姆斯学院有33个牧师和43个世俗人士……1861年联合学院的数据显示有19个牧师和48个世俗人士……而对于阿默斯特学院当年的数据为24个牧师和38个世俗人士."Schmidt, *The Old Time College President*, p. 51. 以下的数据进一步论证了非教会人士在董事会中占主导地位的观点。拉法耶特学院的36个董事全是非教会人士。从1830年到1860年,拉法耶特学院董事会中有33个牧师,有46个非教会人士(Coffin, *Men of Lafayettelay*)。明德学院(Middlebury)从1801年到1829年,有17个牧师和15个非教会人士;从1830年到1860年,有25个牧师和23个非教会人士(Wiley, *Catalogue of the Officers and Students of Middlebury College*)。在迈阿密大学,从1824年到1829年,有10个牧师和14个非教会人士;从1830年到1836年,有16个牧师和70个非教会人士(*Catalogue of Miami University, 1809—1892*)。最后,麦格拉思(McGrath)研究了13个私立院校——威廉姆斯学院、瓦巴士学院、诺克斯学院、耶鲁大学、宾夕法尼亚大学、普林斯顿大学、达特茅斯学院、拉法耶特学院、阿默斯特学院、卫斯理大学、汉密尔顿学院、圣劳伦斯学院和毕洛伊特学院,得出结论为:1860年有39.1%的董事成员是教会人士。Earl J. McGrath, "The Control of Higher Education in America," *Educational Record*, XVII (April, 1936), 259-272. 当然,这些并未否定教会人士是董事会非常重要的组成部分。

人士。① 似乎要更加关注于学院中存在的各种势力的地位和相互关系。校长、教授、助教是无法与董事会的决策人物相抗衡的。殖民地时期,助教的地位从来就没有得到足够的重视,后来助教逐步退出了19世纪学院的历史舞台②;教授也并没有受到高度的尊重,他们靠学生的学费生存,充当学生道德的监督者,他们没有多大的权力,有点类似"保姆"的角色;对教师权利最大的危害莫过于校长器量狭小,校长作为董事会中当然的成员,以及学校信仰的监护人,教师团体的"领头羊",占有重要的战略地位。但是各种宗教正统势力却设法阻止校长发挥其作用,使他们在任期内无法成为独立的、真正拔尖的著名人物。③ 许多很有影响的校长,如佐治亚大学的约西亚·梅格斯(Josiah Meigs)、特兰西瓦尼亚大学的贺瑞斯·霍利(Horace Holley)被迫辞职,普林斯顿大学的约翰·威瑟斯庞(John Witherspoon)以及宾夕法尼亚大学的威廉·史密斯(William Smith)等著名校长被能力较差但顺从的人所接替。这个世纪的头20年,阿默斯特学院、鲍登学院、哥伦比亚大学、达特茅斯大学、佛蒙特学院和威廉姆斯学院都没有出现有影响力的校长。

---

① 弗吉尼亚大学的董事会是一个鲜明的例子,董事会不顾学校的杰斐逊民主主义的思想倾向,严格控制教师行为。"教师和学生一样,在课堂教学中受到密切的监督。系主任必须报告:(1)教师有多长时间没有按要求讲课;(2)他有多长时间忽略了向学生提问;(3)他在讲座和考试上花费了多少时间;(4)他有多长时间没有在课堂上公布学生缺席人数、学生上课及学习进步情况。"这个大学董事会中没有教会人士。Bruce, *History of the University of Virginia*, II, 132.

② 从1820年到1850年,东部地区高校助教占全体教师的比例有逐渐减少的趋势。在哈佛、耶鲁、哥伦比亚、威廉姆斯、联合学院、汉密尔顿和阿默斯特,1820年占30%,1830年占27%,1840年占25%,1850年占23%。逐渐下降的趋势很显著,这也体现了教师的地位和关系的变化。西部高校助教比东部要少,未婚青年教师并没有好好继承这一传统。数据见:New York Public Library for Clarence F. Birdseye, *Individual Training in Our Colleges* (New York, 1907), p. 135.

③ 也有个别的例外:例如耶鲁大学的德怀特(Dwight,1795—1817),科尔比(Colby)学院的耶利米·卓别林(Jeremiah Chaplin,1820—1833),哈佛大学的约翰·科克兰德(John Kirkland,1810—1829),北卡罗来纳的约瑟夫·考德威尔(Joseph Caldwell,1804—1812,1817—1835),联合学院的伊利菲尔特·诺特(Eliphalet Nott,1804—1866)。

在大学专业人士与董事会中外行世俗势力争夺治校权的斗争中，校长具有决定性的作用。如果校长的声音是响亮和清晰的，它可以"穿透众人的耳朵"。遗憾的是除了极少数的例外①，大多数情况下，听不到校长的声音。

接下来的几十年，教师经过一步步的努力和争取，逐步摆脱了没有权力的地位，成为有权处理教学、学生管理事务的行政官员。这种状况有所改善的原因并不是因为学院普遍遵循了专业自治的基本原则，而在改变这种状况中似乎发挥了关键作用的因素，是没有惩戒学生的措施这个极其平淡普通但是令人忧虑的严酷问题。内战前为了加强学生纪律管理，（教师）制定了不计其数的学生管理制度，引起了学生不断的反抗。科尔特（Coulter）在《传统南方学院生活》（College Life in the Old South）中介绍了佐治亚大学关于禁止学生参加某些娱乐活动的规定，写道："如果学生犯有亵渎神灵以及打骂的罪责；如果他砸开了同学的房门；如果他没有向校长、教授或助教请假擅自离开所在城市两英里以上；如果他在学习的时间制造噪音、大声谈话和唱歌打扰他人；如果他未经允许敲钟；如果他打桌球、玩纸牌或违规游戏；如果他和那些卑鄙、懒散和放荡的人混在一起，或者让他们进入自己的房间；如果他鼓动或劝说任何学生做出一些出格的行为；如果他犯了以上任何一种错误，根据所犯错误的性质和情节，将受到罚款、警告、开除等惩罚。"

此外，学院规定禁止更为严重的行为，例如养狗、抢劫、奸淫、造假、殴打教师、虚度周末，以及污损墙壁和刻画不雅的图案。最

---

① 参见 Franklin B. Dexter, "An Historical Study of the Powers and Duties of the Presidency of Yale College," *Proceedings of the American Antiquarian Society*, *New Series*, Vol. XII (1897), pp. 27-42.

后,"但是像这样的学院规章还很少并且比较笼统"(原文),如果规章中没有涉及的情况,教师可酌情处理!① 不幸的是,每一项规定都会有狂热的青年违规者。如果一个学期没有人被开除,就值得载入大学年鉴,而如果一个礼拜教堂都安安静静没有遭到破坏是很不正常的。学生攻击的主要手段——爆竹——是学生常用的设备;爆炸时连长满常春藤的墙都在摇晃。不用说,高校体育活动的安全设施尚未发明,循循善诱的慈祥的院长也没有出现,在一个缺乏法治的社会要维持一个有太多支配关系的体系是大学为自己设定的任务,而这项任务几乎无法超越。

可以肯定的是,成年人总是一再声明反对学生的恶作剧和反抗。学院如此强调纪律,必然产生严格的教师。任何人违反了纪律必将受到惩罚。校长是一个非常严肃、威严的人。教师掌握着处罚违纪者的生杀大权。但是,相对于维护校园的和平来说,保持教师平和的心态更加困难。学生们各种令人恼火的行为被看做是对教师的蔑视和挑衅,像万箭穿心一样让教师深感不安。开除学生不仅损害了学院的声誉,还威胁到它的财政收入;教师夜晚突袭检查学生不仅破坏了慈善的教师形象,而且每次事件发生时招致了教师的上级即令人讨厌的董事们的出现,破坏了校园原有的和谐安宁。难道像汉密尔顿学院那样,董事们接受学生的申诉,然后学生可以利用他们对抗当地专制统治者,从而逃脱惩罚?② 或者难道像特兰西瓦尼亚学院和布朗大学那样,董事们被分为各门各派,学生的反抗行为实际上是受到某派董事指使,借以诋

---

① Coulter, *College Life in the Old South*, pp. 60-62. 关于其他有关学生的法规,可以参见 Bronson, *History of Brown University*, pp. 153 ff. ; Wertenbaker, *Princeton*, pp. 132-214.

② Henry David, *A Narrative of the Embarrassments and Decline of Hammilton College* (1832).

毁其他门派?① 更常见但是危害更大的是,虽然那些董事不了解情况,他们却对事情指手画脚。1817 年,普林斯顿学院发生学生动乱,董事会提请使用武力镇压学生以维护秩序,从而引起学生家长的愤怒,同时也违反了学术传统,使普林斯顿学院几十年里留下了不好的名声。②

学生不断违反学院的纪律,董事会又经常插手学院事务,导致学院教师需要更大程度的自治。③ 教师只是要求一定程度的自治,而不是完全的独立。虽然各学院的改革计划有所不同,不过在这一重要问题上是一致的。美国 19 世纪早期和中期的学院改革者们从来没有奢望像欧洲的学者行会那样,在学院的所有事务上完全自治;他们也从来没有试图改变学院的特许状,让教授掌握合法控制学院的权力。英国和苏格兰大学教授所拥有的权力,诸如资金管理权、主要管理人员的选聘权、预算的制定与审批权等,美国的学院教授从来没有奢望这些权力,董事会从来也没有放松对这些权力的控制。④ 即使在哈佛学院,1825 年教授提出成为董事会(Corporation)成员的要求遭到了拒绝,监事会(Board of Overseers)的存在始终防止了完全的教授自治。⑤ 哈佛大学教授转而致力于说服董事会授予教师在教育、教学方面的自治权,最终,教授只不

---

① Sonne, *Liberal Kentucky*, pp. 88-89; Bronson, *History of Brown University*, pp. 188-189.

② Collins, *Princeton*, pp. 131-132; Maclean, *History of the College of New Jersey*, II, 168-170; Wertenbaker, *Princeton*, p. 109.

③ 在美国各种高等教育历史中并没有记录下这一章,部分原因是对于课程改革的浓厚兴趣而无暇顾及其他。查尔斯·特温心更广泛的体制方面的问题(他曾用一个章节叙述教派学院的经费筹措问题),几乎忽略了学院的非正式权力关系。参见 *A History of Higher Education in America* (New York,1906)。一些涉及这方面的博士论文也往往忽略了教派学院时期。

④ 例如,耶鲁大学和诺克斯学院的章程颁布了近一个世纪,但各自董事会的权力几乎没有什么变化。Elliott and Chambers, *Charters and Basic Laws*, pp. 283-286,288-293.

⑤ Morison, *Three Centuries of Harvard*, pp. 224-238.

过获得了董事会规定范围内的有限度的自主权。

关于这个主题,内战前每个学院的改革无一不受到自己的传统和过去所犯的错误的影响。耶鲁学院的教授拥有很大的自治权,自托马斯·克拉普(Thomas Clap)校长以来连续产生了一大批很有魄力的校长,并且董事会从德高望重的德怀特校长那里学会了尊重校长的权威。① 德怀特校长的继任者杰里迈亚·戴(Jeremiah Day)校长虽然没有老校长那么高的威望,但是更为民主,他在重大问题上都要听取教授会主要成员的意见。教授会不仅拥有自主进行课程改革的权力以及教育学生的充分自主权,而且拥有教师聘用权。耶鲁学院的这一传统影响如此深远,以至于1871年耶鲁大学的一位校长说:"如果没有经过董事会和教授会成员之间的充分交流、协商而达成一致意见,那么要想通过一项法律或任命一位官员,几乎毫无例外是不可能的。"② 普林斯顿学院的董事会,由于无法解决财政危机和平息学生动乱,最后不得不采纳约翰·迈克莱恩(John MacLean)教师的建议,通过提高教师的工资,扩大课程内容,接受校友捐赠等措施,成功地度过了危机,从而开创了董事会采纳教授的建议解决自身无法解决的问题的先例,从此普林斯顿学院教授获得了制定和实施学院政策的权力。③ 美国其他学院的董事会也相继放弃了许多权力,如自主修订课程的权力④、控制学

---

① Yale University, *Sketches of Yale College* (New York,1843), p.56.
② Pierson, *Yale College*, p.134.
③ Collins, *Princeton*, pp.140 ff.
④ 1856年,密西西比大学修订了大学章程授权教授会制定教育政策。在此之前,即使最细小的事务都要由董事会决定,"甚至包括学校的上课铃声和背诵时间的安排方面的事务"。巴纳德校长认为:"您任命我们是因为我们是专业教师,您相信我们了解业务;您制定了我们的工作方针,我们也是按照这些方针开展这项工作。现在,如果您直接指挥每一步的工作细节,那么您成功的几率不会高于您用同样方式指挥密西西比铁路运输中心(Mississippi Central)的所有工程师。我们的专业知识和经验将无用武之地,我们的整个工作可能会严重受挫。"John Fulton, *Memoirs of Frederick A. P. Barnard* (New York, 1896), pp. 204-205.

校的招生权力①、定期视察课堂教学的权力②以及结业口试权力——他们冒充有学问的人的最后一种权力。职权分工制度、外行董事会控制学院的制度以及官僚化的人事制度,成为美国学术管理发展的三个重要里程碑之一。

如何对学生进行教育和管理的问题仍然存在,这是一个棘手的问题,即使乐观的杰斐逊在制定弗吉尼亚大学课程计划时也没有感到如此忧虑。③ 教师拥有教育学生的自主权,并不意味着他们能够正确地行使这一权力。美国内战前的大多数教师仍然坚信传统的教育方式是最好的,解决学生的教育和管理问题的关键是如何制定更为严格的学生管理制度。一些教师设法制定更为苛刻的规则和更加严厉的监督制度,或者辛苦地记载学生行为的优劣,似乎解决这个问题像解答一道简单的不费力的数学题④;另外一些教师认为学生之所以违反学院的规定,是因为他们没有信仰,一种主要的补救方法,就是让那些"堕落"的学生接受基督教福音的洗礼。⑤ 尽管是少数,但是不断有人开始对传统的教学方法和枯燥的教学内容进行抨击。一小部分曾在德国大学学习而后归国的美国人认为学院与其把精力放在如何让学生服从管制上,不如对现行的课程进行调整,提高学生文学的水平远比促进学生行为方式的发展

---

① Fletcher, *History of Oberlin*, I, 178.
② 参见 W. H. Cowley, "The Government and Administration of Higher Education: Whence and Whither?" *Journal of the American Association of Collegiate Registrars*, XXII (July,1947),477-491。
③ 托马斯·杰斐逊写给蒂克纳的信(1820), *Writings*(Washington, 1890), XV, 455.
④ 参见 Francis H. Smith, *College Reform* (Philadelphia,1851)。史密斯制定了惩罚制度,说明了各项惩罚要求,并对那些犯了错误的学生进行处罚。亨利·詹姆斯在他的传记《艾略特》中指出,在这样的纪律制度下,"一个温顺但愚蠢的羔羊可能要优于一个陷入诸多是非之中的卓越的学者"。*Charles William Eliot* (Boston and New York, 1930), I, 38.
⑤ 手段之一就是促进南方教派学院的复兴,虽然这会打破学院的常规工作,有时长达一个星期或几个星期,但是还是得到学院官员的鼓励。Godbold, *Church College of the Old South*, p. 70.

更有意义。学院的工作重心应实现从对学生的训导向提高学生的学识转变。① 一些阅读过费林伯格（Fellenberg）、裴斯泰洛齐（Pestalozzi）以及令人激动的新理论家赫伯特·斯宾塞（Herbert Spencer）著作的人认为造成学生时常违反学院规定的症结就在于：单调的背诵并不能减少学生的侵犯行为，学习枯燥的拉丁语法无法集中学生的注意力，必修课程的学习无法调动普通大学生的学习兴趣。② 因此，19世纪末，学院的改革家如弗兰西斯·韦兰德（Francis Wayland）提出传统的课程已经不再能够适应现实生活的需要，只有提供更加以职业化为中心的课程才能满足学生的需要。③

解决学生训导方面的问题，激起了人们对一些最为基本的问题的思考。究竟是因为缺乏宗教信仰，还是因为教师训导方法不当，导致了学生的易怒和反抗？基督教教义究竟在多大程度上可以作为人们道德形成的根源和检验道德水准的标准？已经有少数人承认宗教信仰与良好的道德并无多大联系，一些人开始认识到良好道德的养成仅有宗教信仰是远远不够的。毕竟，如果在坚持杰斐逊的"无神论"的原则的弗吉尼亚大学存在学生的纪律问题，那么那些充满浓郁宗教信仰的兰道尔夫—麦肯（Randolph—Macon）学院和华盛顿学院这个问题会更严重。④ 在高度信奉长老会的拉格朗日（La Grange）学院礼拜堂里看到出现成群的奶牛之后，密西西比大学校长巴纳德得出结论：如果他的学校不那么信奉"神"，学生的纪律状况会更好。⑤ 安德鲁·迪克森·怀特（Andrew Dickson

---

① 参见第八章德国对美国高等教育的影响。
② 参见第七章分析斯宾塞的教育思想及其对美国教育改革的影响。
③ 参见 Wayland 的 *Thoughts on the Present Collegiate System in the United States* (Boston, 1842); *Report of the Corporation of Brown University* (1850)。
④ Richard Irby, *History of Randolph—Macon College* (Richmond, Va., 1898), pp. 112-113.
⑤ Fulton, *Memorirs of Frederick A. P. Barnard*, pp. 203-204.

White)遇到日内瓦大学(信奉基督教的学院)学生狂欢作乐的情景,有感而发,觉得自由思考和自由喝酒之间没什么必然联系。①

虽然管理无序的问题迫切需要加以解决,但是另一个影响更为深远、需要解决的问题是学院的财政危机。无论是19世纪的前30年的东部高校,还是整个时期内的西部院校,都很穷。但"穷"这个词并没有完全体现院校的困境。物资匮乏是所有院校的通病,即使在90年代黄金时期经费比较富足的大学也在抱怨这个问题。尽管院校迅速发展的趋势变缓,不过战前学院在不断萎缩,处于低潮期。学院的经营规模非常小以至于资金稍微有变化就会影响到它们的生死存亡。在1827年,普林斯顿的财政赤字为753美元,这在现代并不算什么,但是却迫使学院把两位教授的薪水降低到无法维持生存的水平。② 罗格斯(Rutgers)学院有两次陷入到资金危机的境地③;阿默斯特学院曾经面临严重的资金匮乏,以至于该校老师不领薪水以维持学校的生存。④ 西部院校的情况更糟糕,并且持续的时间更长。⑤ 正是因为这种长期的贫困导致了学院的死亡率极高。⑥ 毫无疑问,战前学院敌视变革的部分原因是资金不足。变革意味着扩张,扩张意味着开支,而他们正好缺资金。学院开设古典学术性课程,除了这些课程具有其他价值以外,费用低廉是主

---

① Andrew D. White, *Autobiography* (New York, 1922), I, 18-19.
② Wertenbaker, *Princeton*, p. 170.
③ William H. S. Demarest, *A History of Rutgers College, 1766—1924* (New Brunswick, N. J. ,1924), pp. 184-271.
④ George Whicher, ed. , *William Gardner Hammond's Remembrance of Amerst: An undergraduate's Diary, 1846—1848* (New York, 1946), p. 10.
⑤ 1871年8所东部高校(阿默斯特、鲍登、达特茅斯大学、哈佛大学、明德学院、佛蒙特、威廉斯和耶鲁)接受的捐赠资产的总量是18所西部高校的4倍。这些高校是:贝劳特(Beloit)、伯里亚学院、加利福尼亚、卡尔顿(Carleton)、海德堡、伊利诺伊、衣阿华、诺克斯、玛丽埃塔、欧柏林、奥立佛(Olivet)、太平洋联合大学、里彭(Ripon)、沃巴什(Wabash)、西储学院、威尔伯福斯(Wilberforce)和威腾伯格(Wittenberg)。参见George F. Magoun, "Relative Claims of Our Western Colleges," *Congregational Quarterly*, XV (January, 1873).
⑥ Tewksbury, *Founding of American Colleges and Universities*, p. 28.

要原因。

这个时期的经济衰退主要体现为:依靠商业贷款,销售率低,资金匮乏,经营成本高。由于人口增长,这期间大学新生的百分比有所下降。1826年,新英格兰地区大学生占总人口比例为1∶1 513;1855年,该比例为1∶1 689;1869年,为1∶1 927。① 与此同时,学校接受的捐赠赶不上教育开支的增长。1800至1830年间,东部院校得到的捐赠甚少。一方面受到美国独立革命后通货膨胀的影响②,另一方面美国独立后不可能再得到英国的慈善捐赠③,加之州议会拨款数量有限等因素④,学院的财产收入大大减少。建校后的一个世纪内,哥伦比亚大学每年所有收入不到2 000美元。⑤ 1817年,普林斯顿的财产收入仅为1 500美元。⑥ 直到1831年,经过130多年的私人捐赠和公共捐赠,耶鲁大学包括学费在内的各种收入不足2万美元。⑦ 西部院校的资金来源就更少了。它们处于贫

---

① 这组数据来自巴纳德校长的报告,查尔斯·亚当斯(Charles Kendall Adams)总结说:"我们不得不承认这样一个悲哀的事实,为了人们的利益,对于完成学业至关重要的教育实习已经一年比一年少了。""The Relation of Higher Education to National Prosperity," Phi Beta Kappa address, 1876, in Northrup, Lane, and Schwab, eds.. *Representative Phi Beta Kappa Orations* (Boston and New York,1915), pp. 160-161.

② 一些拥护联邦制的高校,如哈佛,在投机州政府和联邦政府的债券中非常幸运地发了一笔横财,弥补了通货膨胀的损失。但普林斯顿大学把所有资金都投入美国国债,一直到1782年美国政府也没有能够偿还。Morison, *Three Centuries of Harvard*, pp. 157-158; Wertenbaker, *Princeton*, pp. 66-67.

③ Jesse B. Sears, *Philanthropy in the History of American Higher Education* (Washington, D. C@ 1922), p. 22.

④ 这些年中从联邦政府获得最后一笔捐赠资金或者补助的东部院校包括:哈佛大学,1824年;耶鲁大学,1831年;达特茅斯,1809年;哥伦比亚大学,1819年;汉密尔顿,1846年;联合大学,1804年;日内瓦大学,1846年;宾夕法尼亚大学,1844年。而普林斯顿大学、罗格斯大学和布朗大学从未得到赠款或拨款。佛蒙特州立大学也没有得到赠款或拨款,但在1852年它被免除了一小笔债务。Frank W. Blackmar, *The History of Federal and State Aid to Higher Education in the United States* (Washington, D. C., 1890). 然而,联邦政府为学院提供了其他的收入来源,例如免除税收、捐赠土地、转让奖券。参见Thwing, *History of Higher Education in America*, pp. 328-330.

⑤ Thwing, *History of Higher Education in America*, p.326.

⑥ Wertenbaker, *Princeton*, p. 120.

⑦ Sears, *Philanthropy in Higher Education*, p. 37.

困的边远地区,面临最初依靠公共经费的州立大学的竞争;接受捐赠土地的价值波动;院校数量的不断扩大导致教会资助经费日趋枯竭——上述因素导致西部院校的生存十分艰难。伊利诺伊大学(成立于1835年)建校后的十五年中更多依靠热情而非资金得以生存下来。学校的启动资金包括1.4万美元资金和几百英亩滞销土地的税收。校长在东部筹款活动中获得了10万美元的捐赠承诺,也因为1837年公司倒闭而落空。去东部筹款的教师们,也是两手空空地返回。到了1843年,学校不仅拖欠教授的薪水,债务也达到了2.5万美元,而且学校大量资产被抵押。当依靠社会慈善捐赠和校友捐赠远远不能维持学校生存时,伊利诺伊大学得到了宗教院校教育促进协会(Promotion of Theological and Collegiate Education)的援助才得以生存下去,直到19世纪50年代晚期。在当时困难的条件下,学校也不可能寻找其他好的地方进行重建。这个债台高筑的乞丐学院不同于中世纪贫困的大学的地方在于它不被贫困所阻。①

为了解决财政危机学院所采取的措施再次构成对自身权力的威胁。校友是学院可资利用的主要资源,校友一般对母校比较同情和慷慨。作为个人,学院毕业生一直关心母校的发展。学生人数少,生活关系密切,以及班级关系和谐等传统学院的特点,培养了学生们对班级和学校的依恋。虽然时间的流逝和高度克制的成年生活方式磨灭了校友大学时期灰色的记忆,但是直到19世纪②学院才开始把校友对母校的这种感情组织起来加以利用,为学院筹集资金。1827—1853年间,普林斯顿、威廉姆斯、罗格斯、宾夕

---

① Rammelkamp, *Illinois College*, pp.82-244.
② 只有耶鲁早在1792年就有班级组织的记录。Wilfred B. Shaw, "The Alumini," in Raymond A. Kent, ed., *Higher Education in America* (New York, 1930), p.657.

法尼亚、哈佛、阿默斯特、布朗大学于1829年召集了所有在世校友中的半数校友①,成立了校友联合会。②很快这一做法传播到中西部地区新建的院校,这些学院建立之后就成立了校友会。③类似地,中西部的州立院校也开始组织各校的毕业班进行联谊活动。④这一做法从一开始就取得了明显的效果,特别是大西洋沿岸的大学,这些学校校友众多并相对富裕。耶鲁大学和普林斯顿大学的毕业生踊跃捐赠大量款项。⑤哈佛大学收到克里斯托弗·戈尔(Christopher Gore)和艾伯特·劳伦斯(Abbott Lawrence)的大笔捐款,并得到校友会的资助。⑥这些捐赠收入促进了这些院校的发展,并在所有竞争对手中迅速异军突起。另一方面,哥伦比亚大学直到1854年才成立校友会,学校的财政赤字几乎一直持续到这一时期后期。⑦

刚开始,校友组织主要是为了交际和慈善的目的,既促进年轻人之间的友谊,又提供一定的捐赠。短时间内,学院也能有效地阻止少数校友要求在学院董事会中任职的企图。直到1865年,哈佛校友会经过长期的斗争,终于获得了校监会成员的选举权。⑧到1872年,耶鲁校友取代了学院董事会中6名州议会议员,从而对长期由牧师操纵董事会的做法提出了挑战。⑨到1900年,普林斯顿大学校友获得了进入董事会的权力。⑩不过,校友在制定学院法规

---

① *American Quaterly Review*, I(April, 1829), 224-255.
② Shaw, "The Alumini," pp. 658-659.
③ 同上,p. 658.
④ 同上,p. 659.
⑤ Thwing, *History of Higher Education in America*, p. 325.
⑥ 同上.
⑦ 同上.
⑧ John Hays Cardiner, *Harvard*(New York, 1914), pp. 296-298, 301.
⑨ Bernard C. Steiner, *History of Education in Connecticut* (Washington, D. C., 1893), pp. 178-179.
⑩ Collins, *Princeton*, p. 249.

和资金募集方面的作用得到正式承认之前,他们已经影响到学院教育政策的实行。

校友逐步取得了与学院董事相抗衡的地位。没有哪所大学的校友会能够像哈佛大学校友会那样具有如此高的社会地位,哈佛大学校友会早期的成员包括:约翰·昆西·亚当斯(John Quincy Adams);最高法院法官约瑟夫·斯托里(Joseph Story);马萨诸塞州州长爱德华·埃弗雷特(Edward Everett);美国科学院院长约翰·皮克林(John Pickering);国会议员贺拉斯·宾尼(Horace Binney);马萨诸塞州最高法院首席法官来缪尔·肖(Lemuel Shaw);国会议员莱弗里特·索顿斯托尔(Leverett Saltonstall);美国科学院监事会成员和研究员纳撒尼尔(Nathaniel L. Frothingham);美国联邦地方法院法官和联邦参议员皮莱格·斯普拉格(Peleg Sprague);后来的最高法院法官本杰明·柯蒂斯(Benjamin R. Curtis)。① 正是这个令人尊敬的群体导致教授会认为不仅要对董事会负责,而且要对这个群体负责。有时校友会甚至与教授会联合起来反对董事会中保守的预算人员(book-balancer)。② 19 世纪 30、40 年代,普林斯顿的校友联合教授会把培养福音派牧师的拿骚学院改变成为一所在科学和现代语言方面领先的学院,这所学院聘用学者而不仅仅是虔敬的牧师担任教师,人们从中已经看出未来普林斯顿大学的影子。③ 这种思想慢慢地几乎不被察觉地变得流行起来。在 1812 年,普林斯顿学院董事会打算聘用一位教授,首先强调这位教授是一位"虔敬的、谨慎的、受人敬重的人",然后才

---

① Gardiner, *Harvard*, pp. 304-305.
② 当然,这取决于教师们的改革精神。在某些情况下,教师抵制校友的世俗利益,因为它们威胁了教师在古典学科上的既得利益。1872 年,达特茅斯学院教师同校长以及董事会驳回了校友的请求,他们要求加入学院董事会以促进教育改革。参见 Richard T. Ely, *Ground Under Our Feet* (New York, 1938), pp. 29-30.
③ Wertenbaker, *Princeton*, pp. 215-255.

提到他在数学和自然哲学方面取得的成就。二十年后,学术水平成为教师聘用的主要标准,约瑟夫·亨利(Joseph Henry)给麦克莱恩(Maclean)的信中表示,他接受普林斯顿聘用的主要目标是赢得"一个科学家的声誉"。① 在校友的帮助下,学院适应国家发展的需要开始取代满足教会的需要。

校友会产生的效果往往是无法预测的。和现在一样,毕业生比较热衷于资助那些处于发展初期或消退期的学院。毫无疑问,校友的主要目标是维护他们以前熟悉的大学,以便他们在该大学的身份不会消失。毫无疑问,总体上他们更倾向于建立一个新教堂,而不是建立一所新的科学学院。但是,他们的存在必然激发试验的动机。年轻的西利曼知道校友一定会慷慨解囊,他在耶鲁大学建立科学学院时并没有获得资助。校友也及时给予了慷慨的回应。无论对学院的排斥还是认同都是他们的骄傲,为他们赢得了赞誉,这部分违背了他们的初衷。西利曼建立的这所学院,不同于当时正统的学院,这所学院不强制学生祈祷,没有强制性的礼拜仪式,没有强制性的学习时间。这所学院的学生,比一般的本科生显得更为成熟,他们在实验室独立实验,教授是学习的指导者,而不是强迫者。不久,耶鲁大学有了这样的学生,他知道化学,但不懂拉丁诗,不过令他们比较苦恼的是,他们不能像耶鲁其他的毕业生那样获得文科学位。②

在某种意义上意识到制度失灵是引起制度变革的基础。学生动乱和长期贫困导致学院内部对所提供的教育价值的严重怀疑,并促使人们质疑正确的思想产生符合道德行为的观念。校友会的建立和教授自治权的扩大,打破了束缚现实利益和思想自由的"传

---

① 同前文注,pp.153,220.
② Chittenden, *History of the Sheffield Scientific School*, 1, 49-50.

统堡垒"。校友会和教授会角色的这些变化都是自发的运动,旧的体系实际上仍然未被撼动。一种新的体制将随着内战后美国社会和学术的变革自觉地建立起来。然而,我们不要忘记内战前美国学院的伟大缔造者——吉尔曼、怀特、艾略特、巴纳德,他们不仅对学院的保守僵化深恶痛绝,而且受到激发对之进行改革。我们不应该忘记,是蒂克纳而不是艾略特首次在哈佛倡导选修制;是西利曼而不是哈德利(Hadley)第一次打破了希腊文和拉丁文在耶鲁统领课程的地位;是韦兰德而不是怀特第一次提出了大范围实施高等教育职业化的计划。

直到1860年,学院体制开始进行巨大的变革。学院日益注重学识,质疑旧的教学观念,不断扩大慈善事业的规模,这一切导致大型院校逐渐向研究机构转变。与此同时,由于受到深层社会力量作用的影响,学院"保存知识"的功能不再那么强大。城市生活导致道德确定性的动摇,教会信仰的减弱,以及工业扩张导致人际关系的非人性化等因素,都在摧毁知识的整体性以及固执的盲从,而这些对于致力于保存知识的院校来说是必不可少的。其他两股力量也促进了内战后美国大学的职能由"保存知识"到"科学研究"的转变。首先,达尔文进化论极大地解放了美国科学界的创造力。其次,受德国大学的影响,美国人羡慕并采纳了德国大学的学术研究传统。到1860年,美国大学开始了一个新的前景;二三十年后,美国大学得到了充分的发展。

由保存知识职能向科学研究职能的转变预示着学术自由观念的巨大变化。只要保存知识是学院最重要的理想,学术自由就只能是为学院而存在的自由,而不是在学院中的自由(a freedom for, not in, the colleges)。知识的保存者被人们视为知识阶层的完美典型,他们认为过去继承下来的知识是人类智慧的结晶和神的启示的结果。作为牧师，他们赞美知识；作为学者，他们使知识系统化；作为原教旨主义者，他们怀着敬畏的心情逐字引用它。内战前学院的知识分子，担负着上述三种角色，保持着一定程度的学术自治即作为受过教育的社会成员所拥有的自由和独立性。在这个移民新大陆，他保持着对传统的尊重；在这个崇尚全民选举政治的民主国度，他抵制粗俗的世俗势力对学院教育的轻视；他对大学的日益世俗化和大学课程的日趋职业化的抵制，很大程度上源于他希望保护这个社会脆弱的价值观。他追求自由并不是为了迎合他那个时代的风气。

这是学院知识保存者所作的贡献，但同时学院知识分子的这种性格又使他们屈服于所捍卫的思想观念，这是他们的主要缺陷。内战前学院的教师认为已经解决了基本的问题，已经掌握和积累了许多真理，只需要从中推导出新知识。唉，他对于根本问题的回答也太教条，常常没有什么教育意义。由于受到教派学院狭隘主义的影响，他们把真理变成了教条。在虔诚和正确信念的蒙蔽下，他更担心外界的攻击，而不是担心被他自己的思想观念所窒息。在这种情况下，教学自由和研究自由对他们来说显得并不重要：在他们为自己制造的囚笼里，他们没有逃离的愿望。

然而学院学术生活中研究者的产生，改变了人们对内在自由和外在自由之间的关系和重要性的认识。研究者不再把过去积累下来的知识当做一成不变的经验和理论，正如提出理论的人会犯错误一样，经验和理论也可能是错误的。他们可能是揭开宗教信条神秘面纱的改革者；他们也可能是反抗学院正统观念的艺术家；他们还可能是寻求新的思想起点的哲学家。在即将诞生的新型大学里，研究者常常是穿着礼服的学者，他们寻求对过去理论进行新的阐释的事实依据；作为社会科学家，他们必须明辨是非真假；作为物理学家和自然科学家，他们必须通过精密实验对现有理论进行检验。学院具有的文化自主权，对于教师履行这些职责似乎无关紧要。由于深受德国大学学术思想的影响，他们希望通过更多、更为准确地掌握知识，促进科学的进步，而不是固守传统的价值观念；由于坚信进步是社会的必然规律，他们不仅认为过去的知识仅仅代表一种观点或经验，而且这种观点也会随着社会发展不断改进，经验也会过时。由于没有现存的真理需要为之辩护或保护，为了响应世俗的需要，新型大学越来越倾向于实用性，从而危及大学的自主性和独立性。

不过这些缺陷将为新的优势所弥补。学者们比以往任何时候都更强烈地呼吁保护大学的学术自由。他们提出真理是不断被发现的，并且是暂时正确的，从而对美国高等教育中存在的宗派主义进行了抨击。借助于科学研究的方法，他们在捍卫真理的过程中从注重结果转为重视过程。通过引进德国大学的教学方法和学术自由的理念，他们对学院中束缚教师和学生的"父母式"的管理方法进行了批判。最后，他们在长期的学习、专业训练以及与自身领域工作人员的密切联系中所养成的专业精神，可以保护他们免受专横的管理者的侵害。

第二章

达尔文进化论与新教育体制

学术自由并不是在理论上为所有学术上的分歧进行辩护,而是为那些遵循一定的学术规范而形成的学术上的不同看法提供交流的机会;不是为任何个人的看法进行辩护,而是为那些愿意让自己的观点接受公众检验的思想提供机会;不是为某种思想的完美性进行辩护,而是为某些并不完善但是却有可能促进学术发展的新思想而辩护。

我们知道，政治革命具有某些共性，即引起革命的是一系列事件，这些事件揭露了统治者的不公平行为，从而激起了公众的强烈不满。由于公众不满意当权者的统治，因而产生了反对当权者的思想。他们打着人类自由的旗号（他们甚至篡改本意），尽管这种自由非常重要，但是常常处于沉睡状态。美国的学术革命早在南北战争之前就有所显现，到了达尔文时代则被完全激发起来，并大致表现出与政治革命类似的特点。在美国学术革命过程中出现的解雇和骚扰教师的现象，是让人激愤的事件；在科学和教育领域出现的对宗教权威的抨击，则是不满思想的表现。随着学术研究自由新的理论基础的发展，这一自由日益为众人所渴望。在下文中，我们将以此为线索来分析达尔文进化论对美国学术思想和学术制度的决定性影响。

第一节　导　火　线

有观点认为，美国科学家在短时间内就接受了达尔文进化论。达尔文以他特有的敏锐推测，那些年轻的、有前途的自然主义者，将比那些靠特殊创造论出名的老一辈科学家更能接受自己的观点。[1] 事实也确实如此。当1859年《物种起源》(Origin of Species)刚一出版，年轻的科学家们就开始着手去检验它的假说，填补它的知识空白，证实它所提出的预言。[2] 但是，出于自身谦卑的个

---

[1] Charles Darwin, *On the Origin of Species by Means of Natural Selection* (London, 1859), p.417.
[2] 特别是 Charles C. Abbott, William A. Hyatt, E. D. Cope, George B. Goode, William K. Brooks, Burt G. Wilder, O. C. Marsh, David S. Jordan, A. E. Verrill, A. S. Packard. 爱德华·莫尔斯(Edward S. Morse)在动物学领域做了大量细致的研究工作，并以此证明进化论是科学的概括总结。"Address," *Proceedings of the American Association for the Advancement of Science*, XXV (1877), 137-176.

性,达尔文这位伟大的生物学家反而低估了自己说服老一辈科学家的能力,这些科学家的偏见一度遭到了挑战。可以确信的是,路易斯·阿加西从未改变自己的观点而去接受物种可变的理论,尽管从他开始认为达尔文进化论是"一个科学上的错误,其论据是不真实的,研究方法也是非科学性的,其后果是有害的",到后来他认为虽然达尔文使用了"科学的方法",但是所得出来的结论没有充分的事实依据。① 然而,虽然因为阿加西令人敬畏的权威身份推迟了美国科学家完全接受进化论②,但是这并没能阻止阿加西的同事阿瑟·格雷(Asa Gray)迅速支持达尔文的思想——格雷曾撰文认为物种的稳定性"得到人类观察数据的证实"。③ 让达尔文感到非常意外的是,本杰明·西利曼教席的继任者,同时也是神学的坚定拥护者的詹姆斯·德怀特·达纳也开始逐渐接受进化论。④ 不久,

---

① "Professor Agassiz on the Origin of Species," *American Journal of Science and Arts*, XXX, Second Series (July,1860), 142-155; Louis Agassiz, "Evolution and the Permanence of Type," *Atlantic Monthly*, XXXIII (January, 1874), 94.

② 参见 Bert J. Loewenberg, "The Reaction of American Scientists to Darwinism," *American Historical Review*, XXXVIII (July, 1993), 687-693.

③ Asa Gray, "Explanation of the Vestiges," *North American Review*, LXII (April, 1846), 471. 格雷所写的关于达尔文著作的第一篇评论文章是持谨慎赞成态度的。"The Origin of Species by Means of Natural Selection," *American Journal of Science and Arts*, XXIX (March, 1860), 153-184. 格雷在1860年1月23日给达尔文的一封信中写道:"在这种形势下,我认为我表明公正合理地对待进化论的态度,以及并不认同进化论的所有结论,这样做要比我宣称改变宗教信仰而相信进化论对您的理论更有利。我也不会说进化论就是真理。"Francis Darwin, ed., *The Life and Letters of Charles Darwin* (New York, 1898), II, 66. 格雷后来在《大西洋月刊》(1861年7、8、10月号)(*Atlantic Monthly*)上发表的文章表明他最终还是彻底改变了宗教信仰,尽管他感兴趣的是不断变化的自然神学理论,而不仅仅是通过足够的观察事实去证明进化论。

④ 达尔文并不奢望他的朋友达纳能够接受进化论。达尔文在1836年给这位耶鲁科学家的一封信中写道:"我没有想到您多年来慢慢形成的强烈信念和积累的广博知识,最终能够被改变。我最大的奢望是您的态度能够偶尔有所动摇。"Daniel C. Gilman, *Life of James Dwight Dana* (New York, 1899), 315. 达纳在其1870年版的《地质学手册》(*Manual of Geology*)一书中表示,证实进化论的努力是"徒劳的",而1874年的版本则认为进化论"很可能被进一步的研究所证明",尽管人类本身并不受自然进化规律的支配。最后一版(1895年版)认为人类也是进化而来的。Loewenberg, "The Reaction of American Scientists to Darwinism," pp. 700-701.

杰弗里斯·威曼(Jeffries Wyman)在自己学术生涯的初期,以及约瑟夫·莱迪(Joseph Leidy)在自己学术声望最盛时,都表示与进化论荣辱与共。① 美国科学家对进化论的态度比法国科学家的态度更为积极、肯定(当初达尔文申请成为法兰西院士的要求遭到了拒绝),比英国科学家更迅速(直到《物种起源》出版二十年之后,达尔文的母校剑桥大学才授予他一个荣誉学位)。② 与此形成对比的是,美国哲学协会(the American Philosophical Society)早在1869年就授予达尔文荣誉会员,不久美国其他协会也相继效仿。③ 到阿加西逝世的1873年,进化论在美国科学界不再是有争议的理论假说,尽管有些科学家对自然选择是物种进化的主要起因深表怀疑④,少数科学家不愿承认人也是通过进化而来的。⑤ 当人们想到在有机科学领域对创造奇迹的上帝的长期膜拜,想到大量的前进化论者对进化论的抵制,想到以僵化形式和终极目的为特征的亚里士多德—基督教(Aristotelian-Christian)教义所筑起的宗教壁垒,那么进化论所经受的15年科学考验,可以说是一段非常短暂

---

① Burt G. Wilder, "Jeffries Wyman, Anatomist: 1814—1874," in David Starr Jordan, ed., *Leading American Men of Science* (New York, 1910), pp. 193-194. "The Joseph Leidy Centenary," *Scientific Monthly*, XVIII (June, 1924), pp. 422-436.

② *Popular Science Monthly*, II (March, 1873), 601. *Atlantic Monthly*, XXX (October, 1872), 507-508.

③ Thomas Huxley, "On the Reception of the 'Origin of Species'," in Francis Darwin, ed., *Life and Letters of Darwin*, II, pp. 538-541.

④ 爱德华·科普(Edward Drinker Cope)指导建立了一所新拉马克主义(neo-Lamarckian)的学校——其实这是对这所学校的误称,因为这所学校强调环境对有机物的直接影响(拉马克对此予以了否认),并且考察这种环境所产生的影响效果。参见 Cope, *The Origin of the Fittest* (New York, 1887)。一所新达尔文主义学校主要的成员是奥古斯特·魏斯曼(August Weismann)在美国的追随者,学校只强调自然选择,这从来不是达尔文本人的主张。参见 George Gaylord Simpson, *The Meaning of Evolution* (New Haven, 1949)。

⑤ 圣乔治·米瓦特(St. George Mivart)和艾尔弗雷德·华莱士(Alfred Russel Wallace)提出了一个意义深远但不可信的观点,他们宣称人是一种介于感性认识和理性认识之间不连续的生命形式。St. George Mivart, *On the Genesis of Species* (New York, 1871); Alfred Russel Wallace, *Criticism of the Descent of Man* (New York, 1871).

的质疑期。

虽然科学界对进化论的质疑逐渐消失,但是宗教界的反对之声却在不断高涨。起初,正统宗教势力攻击进化论是一种完全错误的假说。回溯拉马克(Lamarck)和圣希莱尔(St. Hilaire)的命运,他们相信科学最终能够战胜那些以新的形式出现的陈旧谬论。① 然而,当科学日益占据了主导地位,以及达尔文直接宣告了进化论也适用于人类之后,这引起了宗教势力对进化论的进一步反对,并且持续了数十年。② 在这一章,我们将详细介绍宗教势力对达尔文的诋毁。当前我们可以确信这种现象最终必然消失。19世纪80年代以后,一些宗教领袖开始认识到,通过抗议和谩骂的方式并不能扭转科学发展的轨道。相反,对科学强硬的反对只会使教会更加孤立,进而摧毁自身古老的权力。③ 由于基督教新教对于城市产业工人的吸引力越来越弱,因此需要进行改革,以及作出一些妥协以适应时代发展的需要。④ 因此,一部分神学家从地质学争论所达成的妥协方案中得到启示,他们试图证明《圣经》可以视为动物界存在进化的证据,整个进化过程从另一方面证明了预定论的正确性。⑤ 另一派神学家走得更远,他们根据进化论对神学理论进行了全面的修改。他们把达尔文进化论的法则和斯宾塞的乐观主义广

---

① Cf. Heman Lincoln, "Development vs. Creation," *Baptist Quarterly*, II (July, 1868), 270; W. C. Wilson, "Darwin on the Origin of Species," *Methodist Quarterly Review*, XLIII (October, 1861), 605-625.

② 关于宗教反对进化论的倾向的分析可见于 Windsor Hall Roberts, "*The Reaction of American Protestant Churches to the Darwinian Philosophy*," unpublished Ph. D. dissertation (University of Chicago, 1936).

③ 当然,从一开始宗教阵营中就存在温和派。参见 S. R. Calthrop, "Religion and Evolution," *Religious Magazine and Monthly Review*, L (September, 1873), 193-213.

④ Arthur M. Schlesinger, Sr., "A Critical Period in American Religion," *Proceedings, Massachusetts Historical Society*, LXIV (June, 1932), 423-447.

⑤ 参见 James McCosh, *The Development Hypothesis: Is it Sufficient?* (New York, 1876); Arnold Guyot, *Creation or The Biblical Cosmogony in the Light of Modern Science* (New York, 1884).

泛运用于基督教教义，主张人所具有的原罪不是因为失去天恩而招致的堕落，而是继承了人类祖先的兽性；天启也并非来自上天的恩赐，而是理智发展的产物；上帝意志的作用并不是体现在外部的自然界，而是体现在普遍存在的自然界。① 在 19 世纪 80 年代，这样的学说是被正统宗教势力视为可恶的异端邪说的。然而，到了 19 世纪末，许多宗教派别，特别是东北部的宗教派别，对进化论的态度开始改变。② 10 年、20 年前讨论进化论与宗教冲突的文章很受刊物的欢迎，现在则备受冷落。③ 到 19 世纪末，对进化论的反对在主要的神学流派中已经丧失了地位④，尽管原教旨主义仍然持强烈的反对态度。⑤

我们如何解释宗教界敌视生物学新发现的原因呢？现代人非常反感原教旨主义的陈词滥调，可能认为这是荒唐的谬见。一些批评达尔文的人确实浅薄无知。例如，一些批评达尔文的人缩短

---

① 参见 Henry Ward Beecher, "The Sinfulness of Man," in *Evolution and Religion* (New York, 1885), p. 81; Lyman Abbott, *The Evolution of Christianity* (New York, 1893), pp. 112 ff.

② 美国的一本通俗杂志《北美评论》(*North American Review*)发表的文章简要地介绍了东北部教派立场的转变。1860 年，这本杂志发表了弗朗西斯·鲍恩(Francis Bowen)激烈批判达尔文著作的文章("Darwin on the Origin of Species," XC [April, 1860], 474-506)。在 1868 年，弗朗西斯·艾伯特评论斯宾塞的著作 *Principles of Biology*，抨击了特创论假说(CVII [October, 1868], 378)。1870 年，布鲁斯(C. L. Brace)在一篇名为"Darwinism in Germany"的文章中称赞达尔文"无比的细致和勤奋"(CX [April, 1870], 284-299)。最后，昌西·赖特写了三篇文章为达尔文进化论及其研究方法辩护："Review of Wallace's Contributions to the Theory of Natural Selection," CXI (October, 1870), 282; "Review of Darwin's Descent of Man," CXIII (July, 1871), 63-103; "Evolution by Natural Selection," CXV (July, 1872), 1-30。

③ 威廉·赖斯(William North Rice)既是一名地质学家，又是著名的卫理公会信徒，他在 19 世纪 70 年代严厉批评了那些固执反对达尔文主义的教士。在 1891 年，赖斯写道："有时……一些思想落伍的神学家妄图打着上帝的旗号攻击进化论的无神论思想。但是他们的企图不会得到教友的赞同，而只能被看做是好笑或耻辱。""Twenty-five Years of Scientific Progress," *Bibliotheca Sacra*, L (January, 1893), 27-28.

④ Frank H. Foster, *The Modern Movement in American Theology* (New York, 1939), p. 160.

⑤ Stewart G. Cole, *The History of Fundamentalism* (New York, 1931), 全文各处。

了人类进化的进程,并把人类进化过程说成是"从各种可爱的胡萝卜变异为人类的发展趋势",或者描述为"人类最初是蝌蚪,后来变成了猿猴,再后来因为习惯于坐而使得尾巴逐渐消失"。① 其他种系发生学思想则认为,达尔文提出人类的祖先是类人猿,而不是上帝,这是对人类的极大侮辱。② 那些不了解推测和逻辑推理之间差别的人认为,由于缺乏把人类与其他灵长目动物联系起来的化石遗迹,因此进化论是不成立的。③ 但是,进化论招致如此多的反对声音的原因不仅仅是愚昧无知。宗教势力不遗余力地反对进化论的关键因素,与其说是无知,不如说是害怕。安多弗(Andover)的一位神学家威廉·塔克(William J. Tucker)写道:"显然,是一种恐惧感开始占领了我们这一代的心灵,我们对自己生活的世界感到害怕。"④事实上,在达尔文努力让人们更清晰地了解自然界的同时,也向同时代的人们描绘了一个冷酷的、让人厌恶的世界,因此必然遭到他们的抵制以保持他们生活的世界的安全。

一般来说,有两类事情让人害怕:信仰的丧失和道德约束力的摧毁。达尔文把自然法则延伸到了人类社会,进而推及到了上帝和地球的演变,似乎一下子把神圣和理想的目标排斥出了人们生活的舞台。除非在进化论术语中重建生机论和目的论,否则在达尔文的影响下,以往在精神和物质之间、目的和定律之间达成的停止争论的协议都将失效。达尔文的物种进化论彻底否定了

---

① 引自 *The Index*, Vol. III, Supplement (April 13, 1872), p.3;也参见 Sidney Ratner, "Evolution and the Rise of the Scientific Spirit in America," *Philosophy of Science*, III (January, 1936), 108-109。

② "Modern Atheism," *The Southern Review*, X (January, 1872), 121-158.

③ Frederick Gardiner, "Darwinism," *Bibliotheca Sacra*, XXIX (April, 1872), 240-289; "Darwinianism," *American Quarterly Church Review*, XXI (January, 1870), 524-536.

④ 引自 Daniel Day Williams, *The Andover Liberals: A Study in American Theology* (New York, 1941), p.46。

所有生物都是上帝事先安排好了的预定论；物种进化论的突变思想有力地反驳了上帝造物论；人类进化的突变思想从根本上摧毁了人们对上帝的顶礼膜拜。达尔文进化论通过彻底否定人们的"精神领袖"上帝的地位，从而判决了教会建立在救世和报应基础上的道德体系的死亡。因为如果人类可能仅仅是这个世界上主要的但不是唯一的生物，那么人生而不死和人生来就是赎罪的观念，就是建立在欺骗之上的错误观念；如果世界为客观力量所推动，并不会因为人们受难而同情，那么祷告和赎罪简直就是徒劳和浪费时间；如果这个世界一直是受自身规律而不是超自然力量的制约，那么基督的使命和神旨就不是超自然的法令；如果世界的价值观要有任何意义或针对性，只能通过利用原始的存在和理想的感召来实现——这是受到广泛欢迎的赫伯特·斯宾塞所从事的一项事业，即摧毁先验的道德观和绝对善的观念。这些仿佛还不够，《圣经》研究的出现完成了这项亵渎神灵的工作。正如进化论学者把人类和较小的有机体联系起来一样，人类学学者也把《圣经》和异教徒的"歪理邪说"联系起来。在达尔文把上帝逐出自然界的同时，《圣经》批评家也使上帝箴言成为被遗忘的神话。因此，当看到某些理论把基督教教义完全变成了语录，把神学变成了错误的物理学，把宇宙变成了没有灵魂和朋友的东西，谁能够袖手旁观呢？谁能不认为这些理论是荒谬的，并对提出这种理论的人进行诅咒呢？

这就是进化论在学院遭到攻击的心理原因。正如科学必然皈依进化论，学院课程必然皈依科学，最终达尔文的"异端邪说"获得了大学的认可。这是不可避免的，并且起初也不具有深远的意义，但是在虔诚的基督徒看来却是灾难性的，本来是一些美好的、无害的、微不足道的小事却被当成是弥天大罪，试图讲授进化论成为一种可怕的阴谋。19世纪60、70年代以及80年代早期,宗教势力在教育界竭尽全力地抵制进化论,必要时甚至采取威胁和攻击的手段。宗教会议警告董事会,董事会要求校长拒绝聘请进化论者担任学院的教师。他们通过在讲道坛上进行攻击、在宗教刊物上发出警告等方法,迫使学院遵守规定和教授改正错误。一场思想观点的交锋再次成为捍卫学院的斗争。

因为宗教势力强烈反对进化论,学院遭遇了很多困难;但是同时因为宗教势力反对进化论并非始终如一,因此也一度遭到学院的抵制。如果他们始终如一地执行了反对进化论的策略,那么很可能从来不会出现打破学院平静的离经叛道行为;如果教授们一直都知道可能带来的不利后果,那么他们很可能不愿意去冒险。但是,现实却是学院反对进化论的态度并不是始终如一的,"异端"教师也始终不了解他们可能受到的惩罚。进化论者能否被聘用为教师,取决于以下几个因素:学院与教会或资助学院的教派之间联系的紧密程度;宗教教义对董事会成员和教师的约束力的强弱;科学和科学家在学院教育计划中的重要程度,以及学院院长捍卫学院声誉的决心大小。一般来说,神学院对进化论者的排斥要比州立大学更厉害,那些教会控制严格的学院要比那些教会控制松散的学院更严重。但是,即使在那些神学院,也聘用了像伍德罗或史密斯这样的教师;在教会控制的学院,依然聘用了像温切尔这样的教师。此外,宗教势力在究竟应该禁止哪些教学活动的问题上并未达成一致意见。由于基督教没有形成统一的教会团体,因此他们不能够在政策、立场和计划上达成一致。一些学院认为,即使把进化论作为一种假说来讲授也是危险的;而在另一些学院,只有在进化论被当做真理来传授时,才会遭到禁止。在一些地方,任何解释进化论的行为都会招致教会的敌视;而在另一些地方,只有在哲学领域才会反对进化论。而且,宗教委员会在调和与进化论关系问题上也存在分歧:为了保持宗教信仰的纯洁性,始终排斥任何其他的"异端"思想;另一些地方则允许利用科学发现为宗教服务。不确定性和思想压制都容易引起学术争论。由于人们不清楚学术的安全界限和正统观念的范围在哪儿,也不清楚"异端"思想会受到什么惩罚,因此即使是十分胆小的人也会做出莽撞的事,温和的人也会成为殉道者。这个时期的学术自由事件有一个共同的重要特点,即所有涉及的学者大多是温和的进化论者,他们在一系列事件中陷入了与权威相冲突的境地,最后才突然发现自己要为此付出代价。

这一时期发生在神学院的一些事件可以清楚地说明这一点。① 在这些神学院中,大部分教师被迫适应教派的需要。教育目的是信仰教育,科学课程得不到重视。这一点在南方的神学院中体现得尤其明显。约翰·麦克林(John M. Mecklin)直接掌握了这一时期南方神学院的情况,他把这些神学院形容为"平静的修道士隐居之所",因为它们还未受到新的科学发现的影响。麦克林还写道,这些神学院的精神面貌"与伯纳德和克莱尔沃(Clairvaux)的修道士没有本质上的不同。他们天真地认为宗教的正统观点与真理是一致的"。② 在南方保守的环境中,甚至是培养牧师的学校在制止

---

① 在关于进化论引起的所有学术自由事件的文献中,有价值的第二手文献都非常少。主要的文献来源是怀特(Andrew Dickson White)所著的 *A History of the Warfare of Science with Theology* (New York, 1896),并且客观地说这些事件至少为处理后来发生的一些事件提供了参考。这些事件的汇编工作非常有意义,并且所使用的珍贵的报纸资料非常有价值,但是激进的书名所透露出的朴素的摩尼教思想给人留下了许多悬念。对这项工作做出了有益补充的是:Bert J. Loewenberg, *The Impact of the Doctrine of Evolution on American Thought*, unpublished Ph. D. dissertation (Harvard University, 1933),以及 Howard K. Bcale, *A History of Freedom of Teaching in American Schools* (New York, 1941), pp. 202-207.

② John M. Mecklin, *My Quest for Freedom* (New York, 1945), pp. 60, 61.

所有不确定性方面也不是那么始终如一。

南卡罗来纳州的哥伦比亚长老会神学院在1857年设立了"关于《圣经》的帕金斯(Perkins)自然科学教授席位,以此表明科学和《圣经》的记载一致,从而驳斥无神论自然科学家的反对"。① 宗教委员会聘用了一位长老会牧师詹姆斯·伍德罗担任这个教职,他曾在阿加西门下学习科学,获得了海德堡(Heidelberg)大学的哲学博士学位。二十五年来,詹姆斯·伍德罗一直努力调和科学与神学之间的矛盾。他一直担任帕金斯教席,证明他的工作被认为是成功的。② 然而,达尔文的出现使这项工作陷入了困境。学院董事会开始怀疑伍德罗教授接受了进化论思想,董事会担心他因为坚持进化论的准则将导致他改变原有的立场,并试图使神学去适应他的科学信仰。1884年,神学院董事会要求伍德罗教授全面阐述他对于进化论的看法。他首先回答自己已经完全接受了"《圣经》的神圣教义",但是同时他认为《圣经》中并没有说明上帝是如何造人的;如果《圣经》中确实说明了人的起源,即使像解释夏娃的产生一样,那么他愿意拒绝进化论。③ 正如伍德罗所料,这种让《圣经》来决定进化论的用途的方法消除了董事会的疑虑。但是控制神学院的教会却宣布解聘伍德罗教授,因为他思想观念中很小但是很重要的那部分观念将导致教派的分裂。在南卡罗来纳州宗教教会上,一部分宗教人士认为这个问题的关键不在于"伍德罗博士的观点是否从根本上动摇了《圣经》的绝对权威,而在于他的观点是否

---

① Marion W. Woodrow, ed., *Dr. James Woodrow as Seen by His Friends* (Columbia, S. C., 1909), p. 13.
② 威尔逊与同教派的蒙昧主义者的争论先于这次危机。参见 Thomas Cary Johnson, *The Life and Letters of Robert Lewis Dabney* (Richmond, Va., 1903), pp. 339-349.
③ James Woodrow, "Address on Evolution," 1884年5月7日在哥伦比亚神学院校友联合会上所做的演讲。参见 Marion Woodrow, *Dr. James Woodrow*, pp. 617-645.

与美国长老会对《圣经》的阐释相抵触"。① 董事会迫于压力解聘了伍德罗教授。伍德罗教授的职责就是调解科学与神学之间的矛盾,然而他却因此被解聘。②

并非只有南方的神学院一个地方对那些不信教的人士进行审判和折磨。在1886年,拥有警告或解雇"异端"教授特权的安多弗神学院监事会(属于公理教会)审判了五位背叛安多弗教义的教授。③ 最终,其中受到指控的埃格伯特·史密斯(Egbert C. Smyth)教授被解聘,他当时担任神学史布朗教席教授和教授会主席。这些受到指控的教授并不是完全不知道监事会对他们的不满,多年来他们的教学活动常常遭到教会的批判。在最正统的神学家看来,加尔文教派坚持认为《圣经》是绝对可信的,人类生来有罪并终究要受到惩罚。而这些安多弗的教授在他们的宣传刊物《安多弗评论》(Andover Review)上表示,他们既接受圣经考据学(the Higher Criticism of the Bible)的思想,也接受自然进化学说以及不信基督教的人死后将遭受磨难的教义。④ 但是这些似乎并不能充分说明他们是异端因而要受到控告和审判。毕竟,无论从哪方面来看,他们的异端邪说并不是很严重,同时他们的任职时间也很长了。他们并没有不尊重加尔文基本教义,当然他们始终反对唯一神教派的离经叛道的思想,也反对像斯宾塞那样的进化论学者的

---

① White, *History of the Warfare...*, I, 317.
② 在肯塔基州路易斯维尔市的南方浸礼会神学院发生了类似的事件。1879年,这所神学院的克劳福德·托伊(Crawford H. Toy)教授因为阐述圣经考据学(Advanced Biblical Criticism)遭到解雇,这年他刚好任职满十年。Charles C. Torry, "Crawford H. Toy," *Dictionary of American Biography*, XVIII, 621-622; *National Cyclopedia of American Biography*, VI, 94.
③ William J. Tucker, *My Generation* (Boston and New York, 1919), p.186. 塔克是这次审判的被告之一,他成为这次安多弗争论的最清晰的写照。参见Henry K. Rose, *History of Andover Theological Seminary* (Boston, 1933), pp.168-179。
④ 威廉姆斯(Daniel Day Williams)的 *The Andover Liberals* 清楚地展现了新神学在安多弗的传播,pp.64-83,和全文各处。

不可知论。他们其中的一名教授写了一本名为《进步的正统观念》(*Progressive Orthodoxy*)的著作,清楚地表明了他们的立场。而且,在被聘用之初,他们有权根据自己的良知阐释安多弗教义,并且他们始终这样做而没有受到干扰——埃格伯特·史密斯这样执教已经二十五年了。事实上,在这场审判中学院董事会是支持受到指控的教授的。① 同时,监事会只解雇了埃格伯特·史密斯一人,虽然他的同事都赞同他的观点。这些事实反映了正统宗教势力的攻击具有分裂性和不可预测性。最终,这一事件的结果令人满意。监事会的决议被上诉至马萨诸塞州最高法院,法院驳回了这一决议,恢复了史密斯的教职。②

范德比尔特大学的温切尔事件表现出了相同主题的另一种变化。1873 年,田纳西州纳什维尔市的中央大学(Central University)接受了康门多尔·范德比尔特(Commodore Vanderbilt)的一大笔捐赠,由此从一所专门培养牧师的学校转型为大型的综合性大学。根据捐赠协议的要求,学院保留了教会管理制度:卫理公会的主教组成监事会,霍兰德·麦克蒂耶(Holland N. McTyeire)主教被任命为董事会常任主席。③ 财富与新教热情的结合具有广泛的效果。由于希望这所大学成为本地区最好的大学,成为南方贫困地区获得捐赠最多的大学,因此麦克蒂耶(McTyeire)聘用了最优秀的教师,其中包括才能出众的亚历山大·温切尔(Alexander

---

① 原告和被告的争论可见于:*Arguments on Behalf of the Complainants in the Matter of the Complaint against Egbert C. Smyth* (Boston, 1887); *The Question at Issue in the Andover Case* (Boston, 1893); *The Andover Heresy: Professor Smyth's Argument, Together with the Statements of Professors Tucker, Harris, Hincks and Churchill* (Boston, 1887).

② *Egbert C. Smyth vs. Visitors of the Theological Institution in Phillips Academy in Andover*, 154 *Massachusetts Reports*, 551-569 (1892).

③ Edwin Mims, *History of Vanderbilt University* (Nashville, Tenn., 1946), pp. 32-33.

Winchell），他虽然保守，但却公开承认自己是一名进化论者。既然为了大学发展的需要聘用了一个进化论学者，那么这种需要就应该保护他，这是一种符合逻辑的设想。毫无疑问，温切尔也想到了这一点，于是他在1878年写了一本关于在亚当出现之前人类起源的小册子。① 那种认为黑人是劣等人种因而不可能起源于《圣经》中亚当的观点，在南方种族神话产生之前就已经出现了。② 温切尔在这本书中不时虔诚地暗示《圣经》具有科学性真理。而且，他并没有打算承认进化论的规律包括人类，但是他始终认为进化论规律支配着上帝的意志。③ 然而，即使这些调和的思想也被认为冒犯了基督教信仰。一本由范德比尔特大学《圣经》研究的系主任任编委的宗教杂志指责温切尔图谋消灭福音书所宣扬的真理。④ 面对这一指责，董事会主席麦克蒂耶的雄心壮志很快就屈服了。温切尔被解雇了。这一局面再次表明了新教徒可能招致的难以预测的后果。我们完整引用温切尔书中的陈述：

在我最近一次题为《地质学视野中的人类》(Man in the Light of Geology)的大学演讲前的四十五分钟，我碰巧遇到了麦克蒂耶主教，他乘机给我讲了一件让我非常惊讶的事。他说，实际上"我们大学中的一些人批评了你对一些问题的看法，并且这种现象好像还在不断增加。我们对此感到非常恼火"。

---

① Alexander Winchell, *Adamites and Preadamites* (Syracuse, 1878).
② 关于这一方面系统性的论述，参见 William Sumner Jenkins, *Pro-Slavery Thought in the Old South* (Chapel Hill, N.C., 1935), pp. 254-275。
③ Alexander Winchell, *The Doctrine of Evolution: Its Data, Its Principles and Its Theistic Bearings* (New York, 1874), 1873年12月在德鲁神学院的演讲; *Reconciliation of Science and Religion* (New York, 1877), pp. 144; "Grounds and Consequences of Evolution," *Sparks from a Geologist's Hammer* (Chicago, 1881), p. 332.
④ Mims, *History of Vanderbilt University*, p. 100.

我问："哪些看法？"

"就是你在那本小册子中关于亚当出现前后人类起源的观点。我们大学中的人不相信你说的事情，他们反对进化论。"

"但是，"我回答说，"那本册子并没有承认进化论，书中的任何观点都是人们普遍接受的观点，可能除了黑色人种比白色和棕色人种更古老的看法以外。"

"对啊，我们大学中的人正是认为这个观点与'赎罪论'是相抵触的。"

我回答道："如果人类的赎罪论在耶稣创造了亚伯拉罕或亚当的情况下是适用的，那么它在耶稣创造了人类之后才创造了亚当的情况下同样适用。"

"我本人对您的见解没有任何异议，"主教回答说，"但是学院里的人一直在抗议，大学也为此深受影响。我认为，也许您应该帮我们摆脱这些困扰。"他继续说："在您的演讲结束后，董事会马上开会。"

"我不明白您的意思，我认为您夸大了那些抗议。此外，那些抗议本身是毫无道理的。"

"好的，"主教说，"圣路易斯（St. Louis）的支持者始终反对这个问题。而您也知道，我们的支持者的态度是什么。"

我对刚才提到的问题同样感到惊讶和愤慨。因为就在几天前我同主教进行的一次冗长而秘密的会谈中（我无权透露这次会谈的详情），主教向我透露了有关我的一些情况，因此我不希望看到萨默斯博士（Dr. Summers）对我的观点的歪曲和暗讽影响到我在大学里的高级职位。我提醒主教他在那次谈话中劝我留到学生毕业并且要求我发表一次演讲。并且我说："正是您建议我以进化论为题发表一次演讲。"

"确实是这样,"他回答说,"因为我希望您有机会承认自己的错误。"

他没有解释他是否希望我放弃原来的看法,或是坦率承认自己的观点并进行反驳。

他又提到两份报纸对我的批评,他说:"这些批评您总不能不考虑吧?"

我说:"一所好的大学应当知道如何对待流言飞语。"

"但是它们的影响很可能越来越大。"主教回答说。

"这些投诉是幼稚的,"我继续说道,"他们自己歪曲事实,并且固执己见,根本无法反驳我书中观点。而且,没有人听我的解释,我没有机会解释和辩护。"

当主教再次提出我应该帮助董事会摆脱困扰时,我申明我不明白他的话中之意。随后他解释说他认为我应该明智地"谢绝续聘"。

"教授都需要一年一聘吗?"我问。

"是的,某些教授是这样的。"他回答。

"不,"我充满愤慨和轻蔑地说,"我不会因为这些原因拒绝续聘。如果董事会因为这些原因解雇我,并且能够勇敢地公开宣布解聘理由,那我倒宁愿他们这样做。世界上没有任何力量能让我拒绝续聘。但是你现在的暗示行为是不公正的、难以忍受的,也会让你的大学失去信誉,将给大学的创建者带来负面影响。"

"我们并不打算像宗教法庭对待伽利略那样对待您。"主教回答说。

"但是您的建议在实质上是一样的,"我回答说,"这是宗教对思想观点的压制,某种观点是否正确只能接受科学证据的检验。"①

在东部的一些古老的学院,因为进化论而发生的事件具有不同的特点。在这里,科学和宗教之间的关系似乎比较和谐一些。在这种和平的传统氛围影响下,学院更易于接受进化论思想。毫不夸张地说,进化论学者陆续被聘用到新建的科学院系。在1880年,耶鲁大学的教师名册上出现了若干个进化论学者,包括古生物学家马什(O. C. Marsh)②、动物学家艾迪生·埃默里·维里尔(Addison Emery Verrill)③、动物学家和比较解剖学专家西德尼·欧文·史密斯(Sidney Irving Smith)④和地质学家詹姆斯·德怀特·达纳⑤;布朗大学的进化论学者是阿尔浦斯·斯普林·帕卡德(Alpheus Spring Packard),一位新拉马克主义的昆虫学家⑥;尽管

---

① 参见亚历山大·温切尔给纳什维尔市《美国日报》(*Daily American*)的一封信,1878年6月16日。美国国会图书馆(The Library of Congress)报纸收藏室。
② 马什是一名著名的彻头彻尾的进化论主义者,他接受了生命进化无一例外都是从简单到复杂的观点。"今天,怀疑进化论就是怀疑科学,而科学只是真理的另一种称呼。" *Proceedings of the American Association for the Advancement of Science*, XXVI (1877), 212. "这个时代的主要特征之一就是相信所有现存的和绝种了的生物都是从简单形式进化而来。另一个显著特征是接受存在远古人类这一事实。"Presidential Address, *Proceedings of the American Association for the Advancement of Science*, XXVIII (1879), 33. 一年前,马什曾发表与温切尔相同的观点,但是他没有遭到任何惩罚。但是温切尔却因为发表这种观点而被解聘。实际上,甚至是在纳什维尔,马什在1877年就大胆地说过:"每个明智的人都是一个进化论者。"Mims, *History of Vanderbilt University*, p. 60. 在古生物学领域,马什通过对地质时期的考察,重现了马的进化过程,这一研究被达尔文称为是自《物种起源》发表以来对他的理论的最好支持。Charles Schuchert and Clara Mae Le Vene, *O. C. Marsh, Pioneer in Paleontology* (New Haven, 1940), p. 247.
③ 参见Wesley R. Coe, "Addison Emery Verrill," National Academy of Sciences, *Biographical Memoirs*, XIV (1929), 39; Wesley R. Coe, "A Century of Zoology in America," *A Century of Science in America* (New Haven, 1948), pp. 410-412.
④ "作为一位热切追随备受争议的达尔文进化论的信徒,他寻找他身边所看到的一切去证明这个假说。"Wesley R. Coe, "Sidney Irving Smith" in National Academy of Sciences, *Biographical Memoirs*, XIV (1929), 8.
⑤ 参见 p. 321n。
⑥ 帕卡德、科普、凯悦共同创建了提倡进化论思想的新拉马克主义学校。*Popular Science Monthly*, LXVII (May, 1905), 126-127. 帕卡德在为高中和学院的学生编写的教科书中,明确宣称支持进化论。参见 *First Lessons in Geology* (Providence, R. L., 1882), 及 *Zoology for High Schools and Colleges* (New York, 1880).

普林斯顿大学拒绝了科普(Cope)的聘用申请①,但是地理学家阿诺德·吉欧(Arnold Guyot)②、天文学家查尔斯·扬(Charles A. Young)和物理学家赛勒斯·布拉克特(Cyrus Brackett)③在某种程度上都可算是进化论者。在哈佛,这所最古老的学院在艾略特(Eliot)的领导下,正变成进化论学者的大本营。教师中的博物学家,例如格雷(Gray)、哈根(Hagen)、古岱尔(Goodale)、惠特尼(Whitney)、谢勒(Shaler)、詹姆斯(James)、法罗(Farlow)、法克森(Faxon)和年轻的阿加西(Agassiz)都接受了变异理论。④ 当然,每所大学接受进化论的步调并不一致:在1880年,威廉姆斯学院院长查德玻恩牧师(the Reverend Mr. Chadbourne)在学院仅有的生物学课堂上滔滔不绝地发表反对进化论的言论⑤,而阿默斯特学院直到1897年才开设有关进化论的课程。⑥ 然而,从总体上看,这些学院在科学领域并不排斥进化论:学院的科学家可以去发掘对达

---

① 在1873年,科普没能申请到大学刚设立的自然科学教授职位,他认为主要原因是他明确支持进化论,但是没有事实证据能证明这一猜测。Benjamin Marcus, "Edward Drinker Cope," in Jordan, ed., *Leading American Men of Science*, p. 335.

② "当进化法则被普遍接纳,并用来解释所有物种的起源时,(他)仍然相信只有上帝才创造了真正的物种。在生命的最后几年,他对'创世'进行的研究表明,尽管他有所保留,但还是接受了自然选择的进化论思想。不过,他坚持认为世界上最早出现的动物生命形式——人类,不是进化而来的。"James Dwight Dana, "Arnold Guyot," National Academy of Sciences, *Biographical Memoirs*, II (1886), 334.

③ 在他们所著的教科书中没有任何迹象表明他们接受了进化论,但是在《科普月刊》(*Popular Science Monthly*)上他们宣称自己是"彻头彻尾的"进化论者。"Scientific Teaching in the Colleges," *Popular Science Monthly*, XVI (February, 1880), 558.

④ *The Index*, XI (March 4, 1880), 112-113.

⑤ Cf. Paul Ansel Chadbouren, *Lectures on Natural Theology* (New York, 1867), and *Instinct, Its Office in the Animal Kingdom and Its Relation to the Higher Powers in Man* (New York, 1872).

⑥ 学院1884—1885学年课程目录中记载道:"既然医学系的特殊目标是为医学专业学生的未来学习提供广阔的基础,那么普通目标就应该是引导每个学生仔细审视那些支配所有生命形式的产生、结构和行为规律。"(32页)1897—1899年课程目录更进了一步:"在'动物王国的进化'这门课程中,学生要尽量探索从原生动物到人类的进化过程。"(52页)1900—1901年课程目录表明已经完全接受了进化论:"动物学2a:低等无脊椎动物的进化2b;高等无脊椎动物和脊椎动物的进化2c;人类的进化。"(62页)

尔文有利的科学证据而不会被指责为邪恶之人。但是,即使在这些院校也存在一个思想冲突的领域。这个领域很模糊和不确定,是科学与哲学相冲突的领域。学院的牧师院长们一直在努力控制着这个领域。这个领域一旦发生冲突,他们就规定:"进化论到此为止。"

1880年,我们向东部9所学院的校长发放了调查问卷,根据问卷调查的结果我们可以看出这些关键性人物对待进化论的态度。①这9位校长被要求回答的问题是:他们是否同意向学生讲授"至少就人类的身体结构而言",人类是由无理性动物进化而来的这一主张。校长们的回答是"不同意",他们给出的理由让人深受启发。有几位校长认为,缺乏证明这个假说在如此大的范围内成立的证据。阿默斯特学院校长朱利叶斯·西列牧师(the Reverend Julius H. Seelye)写道:"如果没有任何证据能够证明人类是从猿猴进化而来这个观点,并且这个看法明显与所有历史事实相矛盾。我认为我们可以把这个问题留给那些一知半解的人。……在没有弄清科学真理之前,这所学院不会讲授毫无根据的假说。"②

汉密尔顿学院也采取相同的方针,校长塞缪尔·吉尔曼·布朗(Samuel Gilman Brown)声明说:"据我了解,汉密尔顿学院从未教授过'人类是由无理性动物进化而来'这样的学说。我相信除非找

---

① 参加问卷调查活动的院长有耶鲁大学的诺亚·波特、罗彻斯特大学的马丁·安德森(Martin Brewer Anderson)、普林斯顿大学的詹姆斯·麦考士(James McCosh)、拉法耶特学院的威廉·卡特尔(William Cassaday Cattell)、阿默斯特学院的朱利叶斯·西列(Julius H. Seelye)、联合学院的伊利法莱特·波特(Eliphalet Nott Potter)、威廉姆斯学院的保罗·查德玻恩(Paul Ansel Chadbourne)、汉密尔顿学院的塞缪尔·布朗(Samuel Gilman Brown)、布朗大学的伊齐基尔·罗宾逊(Ezekiel Gilman Robinson)。这次问卷调查活动是由以正统和警觉著称的《纽约观察家报》(New York Observer)发起的,问卷调查的目的旨在驳斥那种认为在学院中开设了进化论课程的观点。哈佛大学、宾夕法尼亚大学和约翰·霍普金斯大学的校长没有参与调查活动,原因可能是这些校长不会给出主办杂志所期待的回答。更多相关评论参见 The Index, IX (March 4, 1880), 112-113。

② 同上,112页。

到确凿证据,否则这样的理论将永远不会成为教学内容。但是,正如我判断的那样,证据直到现在都没有找到,并且我认为将来也不会找到。"①

现代研究者在评论这一事件时认为,虽然这些校长尊重事实,但是他们忽略了科学的判断;虽然他们希望验证那些与己相异的学说,但是他们巧妙地或盲目地认为自己的理论是正确的。其他校长的理由则是出于教条伦理主义。拉法耶特学院的校长威廉·卡萨德·卡特尔牧师(the Reverend William Cassaday Cattell)宣称:"我从未听见我的同事在私下或是课堂上表达过所提到的观点。……我们密切关注进化论者存在的明显的无神论思想倾向的危险性。令我感到极大欣慰的是,我知道仍然有许多人真诚地接受古老的宗教信仰,而这正是一些唯物主义教师始终打算破坏的趋势和目标。"②

普林斯顿大学校长詹姆斯·麦考士(the Reverend James McCosh)牧师回复说:"我始终向学生讲授这种观点,人的灵魂是上帝造的,人的肉体是用泥土造的。我不反对进化,但是我反对无神论的进化。"③

这是一种单方面达成的协议,弗朗西斯·艾伯特(Francis Abbot)认为"上帝造人与进化论二者之间是水火不容的关系"。宗教势力反对进化论提出的两个方面的理由通常包括:进化论是"证据不足的"伪科学和神学上的"无神论思想"。

在那些由敌视进化论思想的人士所控制的学院,进化论教师对其中任何一个方面的理由都不认可。相反,他们对这两个理由进

---

① 同前文注。
② 同上。
③ 同上。

行了反驳:第一个方面的理由出于对《圣经》的不同理解,第二方面的理由出于彼此之间的相互指责。在19世纪70年代晚期,耶鲁发生了波特—萨姆纳事件(the Porter-Sumner case)。这一事件表明,一旦在学术思想的相互交流过程中接受了进化论,那么,此后就很难进行有针对性的封锁和禁止。1879年,由于耶鲁校长诺亚·波特(Noah Porter)要求萨姆纳放弃使用斯宾塞的《社会学研究》(*Study of Sociology*)作为教科书,这引起了他们之间的冲突。这位令人尊敬的耶鲁校长并不反对在自然科学领域讲授进化论[①],但是他发现达尔文的变异、适应、选择的科学理论与斯宾塞的物质、环境、能量三位一体的哲学思想有非常大的区别。在他看来,这种区别主要在于各自可能对有神论信仰造成的影响。波特在给萨姆纳的信中写道:"斯宾塞的著作对社会和历史领域内的各种有神论思想进行不公正地大肆攻击和冷嘲热讽,并提出所有科学工作者都应该认识到物质因素和自然法则是推动世界发展的唯一力量。因此,我认为这本书不适合作为大学本科生的教科书,否则将导致课堂教学的混乱。"[②]

萨姆纳对波特的态度非常惊讶。1872年,波特不顾宗教势力的强烈反对而聘用了萨姆纳。[③] 波特在课堂上也讲授斯宾塞的著作,尽管这些著作是作为基督教教义的陪衬来使用[④],但是在其他

[①] Schuchert and Le Vene, *O. C. Marsh*, pp. 238-239. 波特并不是一个宗教上的蒙昧主义者,他只是反对教会盲目的宗教狂热和虔诚以及教派之间的纷争。参见 Walter James, "*Noah Porter*," unpublished Ph. D. dissertation (Columbia University, 1951).

[②] Harris E. Starr, *William Graham Sumner* (New York, 1925), pp. 346-347. 斯塔尔对这次争论的叙述是必不可少的。

[③] Cornelius Howard Patton and Walter Taylor Field, *Eight O' Clock Chapel, A Study of New England College Life in the Eighties* (Boston and New York, 1923), pp. 306-307.

[④] Henry Holt, *Garrulities of an Octogenarian Editor* (Boston and New York, 1923), pp. 306-307.

课堂上从未禁止使用斯宾塞的著作。随后,波特在给萨姆纳的回复中写道:"校长确实有权决定能否使用斯宾塞的著作,其他任何人都没有使用过他的著作。但是我要坦承的是我从未受到书中观点的影响。"① 这一事件再次表明无论如何谨慎都无法防止宗教敌对势力的攻击。另一方面,难以预料的是,即使傲慢和固执己见的萨姆纳知道这种后果,他是否会小心谨慎。在萨姆纳看来,波特与这些人的立场是一致的,他们反对教育领域中一切现代性的东西,从选修制到董事会中的校友代表。② 作为一名圣公会的牧师,萨姆纳一直致力于宗教信仰的自由,纠正宗派主义的愚蠢做法。③ 在斯宾塞身上,萨姆纳为自己严格自立的道德观和积极的自由主义信仰找到了科学依据。④ 萨姆纳作为一个非常有影响力和非常有个性的争议性人物,生前在耶鲁是一个传奇人物,死后成为人们狂热崇拜的偶像。甚至对于耶鲁校长来说,他也是一个很难对付的对手。⑤

萨姆纳写了辩护信,分别寄给了耶鲁教授会和董事会成员。在信中,他没有对斯宾塞著作的价值进行任何辩护——"这个问题的争论有什么价值?这种争论能够带来什么结果?谁关心这种争论?"在萨姆纳看来,这种争论的本质应该是教授是否享有不受宗教戒律限制的教学自由权利。他从这个角度所写的辩护信,既不是自辩书,也不是为进化论思想所作的辩护状,而是一份重要的学术自由文献。

---

① Starr, *William Graham Sumner*, p. 361.
② 出处同上,75 页。
③ 出处同上,114 页。
④ 参见 William Graham Sumner, *What Social Classes Owe to Each Other*(New York, 1883)。
⑤ 关于萨姆纳的传记资料来源于 *A History of the Class of 1863 of Yale College*(New Haven, 1905)一书中的萨姆纳的自传随笔。

萨姆纳信中的观点直接反驳了九位牧师校长的指控。首先,萨姆纳反对教条伦理主义者歪曲事实的审查。他说:"斯宾塞先生的宗教观点对我来说似乎没有什么意义,当我在选择社会学教科书时,我主要考虑从科学的角度来看斯宾塞的著作是否适合作为教科书,而不是考虑到他所享有的崇高威望,据我所知,其他人非常看重这种威望。然而,即使我知道他的大名,我也认为这不是我需要重点考虑的事情。"①

萨姆纳进一步谈到,他反驳了社会学根本谈不上是一门成熟的科学的观点,他认为这种看法没有依据,难以让人信服。他说:"波特校长断言,社会学刚刚起步,还处于试验阶段,心理学也是如此,许多新发展的学科如物理学、生物学和其他科学也是如此。如果仅仅因为社会学刚起步、不成熟而反对它,则无异于为人类知识的发展设置了障碍。"②萨姆纳尤其反对限制任何方面的科学:"波特认为,宁愿不让学生学习社会学,也不能冒险让学生因为学习社会学而接受不可知论。他甚至似乎主张,宁愿不让学生学习社会学,也不能让他们从斯宾塞的著作中学习社会学。我反对波特的观点,并坚决认为学生无论如何应该通过可以采用的最好方法学习社会学,我也不会屈服于受到先验的和宗教的利益所驱动的遏制行为。"③

这次争论最后不分胜负。董事会深知萨姆纳得到了教授会和公众舆论的大力支持,最终拒绝接受他的辞职。另一方面,萨姆纳撤下了教科书,他声称这次争论引起的广泛关注削弱了这本书的价值。但是,从长远的观点看来,所有人都同意哈里斯·斯塔尔

---

① Starr, *William Graham Sumner*, pp. 358-359.
② 出处同上,360 页。
③ 出处同上。

(Harris E. Starr)的结论:萨姆纳赢得了胜利。萨姆纳"取得了抗争的胜利,此后,耶鲁的每个教授更有信心和勇气去追求真理,而不是僵守教条"。①

19世纪80年代早期,除了哈佛以外②,美国东部的古老学院仍然具有地方性和宗教性的特点,还没有开始向大学转变。尽管这些学院勉强接受了进化论,但是事实上它们并非心甘情愿。相反,在南北战争之后出现的两所世俗私立大学——康奈尔大学和约

---

① 出处同前文注,369页。
② 哈佛是第一所设置了讲师职位讲授进化论思想的学院,约翰·费斯克(John Fiske)分别在1869—1870和1870—1871两个学年讲授"实证哲学"课程。这一举措展现了查尔斯·艾略特在1869年当选哈佛校长之后所带来的变化。因为仅在八年之前,当时还是一名大学生的费斯克因为向他的同学发表关于实证哲学的演讲而险些被哈佛开除。参见John Spencer Clarke, *The Life and Letters of John Fiske* (Boston and New York, 1917), I, 231-235. 斯宾塞在给费斯克的信中写道:"八年的时间应该促成这种转变,即聘用一个曾经遭受迫害的毕业生为教师,虽然这种转变会有一点让人感到惊讶。但是它在让我们感到惊讶的同时,也让我们充满了希望。"Clarke, p. 356. 然而,大量的怀疑也在此时产生,为什么费斯克只获得了历史学讲师和助理图书管理员的临时职位,而没有获得哈佛的永久教职。克拉克(John Spencer Clarke)分析认为,原因可能是《纽约世界报》(*New York World*)刊登了费斯克的演讲集后,立即"在宗教报刊和部分世俗报刊中"引起了"一片严厉谴责的浪潮",抗议"哈佛对宗教的攻击"。随后,许多评论家像克拉克一样也猜测费斯克的演讲集招致了宗教界的强烈抗议。但是我们在同时代的报纸中并没有发现支持这种猜测的证据。在当年刊登演讲集的《纽约世界报》上既没有发现费斯克的辩护,也没有发现对他的批评,倒是发现了报纸所推崇的作者受到攻击的事件。关于费斯克的演讲集,无论是在《纽约论坛报》(*New York Tribune*)和《纽约时报》(*New York Times*)上,还是在长老会周刊《纽约福音传教士》(*New York Evangelist*)和保守的《纽约观察家报》(*New York Observer*)上,都没有任何提及。波士顿的报纸同样没有提及。
哈佛大学监事会(the Harvard University Board of Overseers)确实曾经站在宗教立场上反对费斯克。据克拉克的研究,当费斯克被提名为历史学讲师时,"监事会的保守势力对艾略特校长推行的自由化政策的稳步发展感到非常愤怒,他们反对聘用费斯克,并立即收集不利于费斯克的证据。这些证据公然指控费斯克是一个明显的无神论者,而且因为他的学识和能力,他的威胁更大。据说,监事会对于批准聘用费斯克担任哲学讲师已经忍无可忍了,如果还要批准聘用他为历史学讲师,即使是临时的,也将是对学院声誉的一种侮辱"(p. 374)。但是,监事会的态度并不完全一致。克拉克介绍说,也有像詹姆斯·克拉克(James Freeman Clarke)那样"心胸宽广"的牧师支持聘用费斯克。但是在保存的艾略特校长通信档案中,却有一封1870年2月5日詹姆斯·克拉克写给艾略特校长的信,他在信中表达了之所以反对批准聘用费斯克,是因为费斯克极力推崇孔德(Auguste Comte)的实证哲学,因此不适合在哈佛任教。Letter of David W. Bailey, secretary of the Harvard Corporation, to the author, January 28, 1953. 此外,这次监事会不顾反对最终还是通过了对费斯克的聘用,这也表明后来费斯克没能获得终身教职并不完全是因为宗教方面的原因。

翰·霍普金斯大学,提倡宽容和自由的办学理念。从这两所大学的章程和建校者的期望可以看出,它们不属于任何宗教派别组织。[①]对于校长和全体教师来说,进化论不是让人苦恼和苦涩的东西,而是人们每天的精神食粮。[②] 康奈尔大学的学生不仅可以从校长安德鲁·迪克森·怀特所教的历史学课程和布尔特·怀尔德(Burt G. Wilder)所教的生物学课程中了解进化论,稍晚一点,还可以从爱德华·铁钦纳(Edward Titchener)所教的心理学课程中学习进化论。[③] 约翰·霍普金斯大学的校长丹尼尔·吉尔曼则聘用赫胥黎(Huxley)的学生纽厄尔·马丁(Newell Martin)为生物学教授,并且邀请赫胥黎在学校的建校仪式上致辞。[④] 但是,这两所学校对进化论的宽容也是有限度的。一般来说,进化论可以被公开谈论,作一个空谈理论的达尔文主义者不会遭受危险,但是绝不允许对宗教进行学术批评,以及存在哲学上的唯物主义者。这些大学的优势在于他们是新建的大学及其现实的立场,但同时也存在局限性。虽然它们比新英格兰大学具有更强的现实性,但是它们缺乏自信;虽然它们能够公开地提倡容忍,但是它们缺乏不同思想论争的传统;虽然它们的思想观念具有更强的世俗性,但是它们缺乏那

[①] 康奈尔大学的学校章程规定:"所有信教和不信教的人士都享有平等的任职权利。"Carl L. Becker, *Cornell University: Founders and the Founding* (Ithaca, N. Y., 1943), p. 93. 关于约翰·霍普金斯大学的反宗派主义,参见 Fabian Franklin, *The Life of Daniel Coit Gilman* (New York, 1910), pp. 184, 186, 219-222。

[②] 参见 Walter P. Rogers, *Andrew D. White and the Modern University* (Ithaca, N. Y., 1942), p. 79; Daniel Coit Gilman, "The Sheffield Scientific School," in *University Problems* (New York, 1896), pp. 113-114。

[③] 关于布尔特·怀尔德对进化论的贡献的讨论,参见 J. H. Comstock, "Burt Green Wilder," *Science*, LXI (May 22, 1925), 531-533;关于安德鲁·迪克森·怀特,参见 C. K. Adams, "Recent Historical Work in the Colleges and Universities of Europe and America," *Papers, American Historical Association*, IV (January, 1890), 39-65;关于爱德华·铁钦纳的研究,参见 Edwin G. Boring, *The History of Experimental Psychology* (New York, 1929), pp. 402-413。

[④] Daniel Coit Gilman, *The Launching of a University* (New York, 1906), p. 20; Franklin, *Life of Gilman*, pp. 220-221。

种不受任何外在约束的清教徒良知。

因此,在 19 世纪 80 年代早期,约翰·霍普金斯大学董事会拒绝聘用一位不受宗教戒律约束的英国牧师詹姆斯·沃德(James Ward),原因可能是他的思想不够正统,不适于担任哲学教职。① 在 1877 年,康奈尔大学拒绝续聘哲学家菲利克斯·阿德勒(Felix Adler),尽管他由怀特校长邀请来讲授希伯来语和东方文学。当阿德勒结束在国外的研究生学业回国后,他在《康奈尔评论》(*the Cornell Review*)上以评论员的身份发表了许多文章,这些文章被认为"能够启发年轻人的思想,至少具有强烈的理性主义思想"。② 但是当阿德勒进一步向读者提出基督教的一些基本教义在其他宗教也同样存在,他遭到了当地宗教舆论的强烈批评。大学当局警告他必须停止这种行为,并在他三年任期满后,没有续聘他。③ 由于阿德勒的讲师教职是由一位外界慈善家所提供的基金来设立的,副校长罗素试图让这次拒聘阿德勒的行为看起来是捐资人的决定,而不是因为董事会反对续聘他。④ 校长怀特给出了一个不同的理由,他暗示阿德勒是自愿辞职的。⑤ 但是,在罗素写给阿德勒的信的后半部分内容表明,这件事的真实原因是学校行政当局的怯懦。罗素在信中说:"您可能感到很奇怪,我为什么没有同意您重回学校的要求。如果要管理好大学,必须非常谨慎而不是多嘴多舌。我的职责就是管理好这所大学。除此以外,我不关心任何其他事情。真理和自由有自己的发展逻辑,它们必然取得胜利。但

---

① J. Mark Baldwin, *Between Two Wars*:1861—1921(Boston,, 1926), I, 118.
② Article in the *New York Times*, May 21, 1933.
③ Rogers, *Andrew D. White*, p.77.
④ 威廉·罗素 1877 年 5 月 5 日给约瑟夫·塞利格曼的一封信。由哥伦比亚大学的贺拉斯·福赖斯(Horace L. Friess)教授提供。
⑤ Andrew Dickson White, "An Open Letter," April 5, 1877. Reproduced in *The Index*, VIII (June 21, 1877), 292-293.

是，如果一所大学一旦发生与真理或自由的冲突，那么这所大学可能会遭受不可弥补的损失。作为大学的校长，能够让自己的大学面临这样的境况吗？……对于我来说，真正的智慧似乎是阻止争论的出现，因为争论获胜并不是最重要的，但是争论失败则会带来持续的损害。这就是为什么在续聘您的问题上我没有表态的原因。如果我有权力，我会续聘你，因为我相信您的讲座只会让学生获益。"①

具有讽刺意味的是，罗素在四年后也被董事会解雇了。解聘的原因现在仍然不是太清楚，但是可能与他自身表现出的"明显的无神论思想（莱曼·艾伯特对罗素的指责）"②有关。

所有这些事件对学院内部的和谐稳定造成了破坏性影响。此前，校长们扮演着"造反者"的角色，然而他们容易屈服的特性常常减小了反抗的力量。现在，这个角色由教授们承担起来，尽管有点勉强，但是他们始终斗志昂扬。温切尔把他的遭遇公诸报纸；史密斯和他的朋友们则把事件上诉到法院；萨姆纳给那些不服从传统标准的同事们写信。不满的情绪正酝酿成一场运动，撕开了惯常的伪装。

在打破传统常规的背后，人们发觉学院教师的评价主体发生了改变，教师被迫适应他们的管理者的价值观和需要。通常，教授要服从董事会。可以确信的是，在捍卫进化论斗争之前的很长一段时间，董事会在课堂教学与管理方面的能力一直受到质疑，因此董事会不得不放弃评判专业问题的专家角色。但是他们并没有放弃广泛行为领域的道德权威身份。作为教会长老和信徒领袖，他们

---

① 威廉·罗素1877年3月12日给菲利克斯·阿德勒(Felix Adler)的一封信。由哥伦比亚大学的贺拉斯·福赖斯教授提供。
② Rogers, *Andrew D. White*, p.157.

拥有教长和主教的威望。由于他们与学院机构之间的关系非常密切,他们直接影响了学院的发展。通常,在南北战争之前,董事会掌握学院的实权。但是,他们在反对进化论的过程中所犯的错误,削弱了他们以往的威信。他们对进化论采取摇摆不定的压制政策,让教授们觉得不可理喻。因为政策的变化无常将使任何政策都失去道德约束力。他们实行摇摆不定的压制政策给了教授们反抗的勇气,因为教授们任何时候认为自己的职位不安全时,他们常常可以选择到其他的学院容身。另外,开始出现了能够与董事会相抗衡并取代董事会的新力量。进化论危机产生的后果之一是,它把一群志趣相投的教师团结在了一起,包括科学家、学者和哲学家。这些人接受了进化论,并在相互作用和相互支持的过程中制订了一系列新的行为标准。在他们看来,提出不同意见不再是不忠诚和不利的行为,而是在正统思想笼罩的迷雾中点亮理性灯塔的明智之举。因此,教授们对于还在接受检验的个人观点将广泛征求各方面的意见,而不仅仅是征求那些有权决定聘用他们的人的意见。在争取科学自由的抗争中,温切尔不仅向他的雇主进行宣传,也向他校外的支持者进行宣传;虽然他没有赢得卫理公会董事会的支持,但是他赢得了他的朋友和同盟军的支持,这是更大的收获。这种新的联盟带来取得了满意的后果。由于遍布大学教师行业的进化论者对那些受到宗教迫害的教师及时进行了声援,从而维护了这些教师的职业形象。温切尔收到了密歇根大学的聘用邀请;伍德罗最后被聘用为南卡罗来纳大学的校长;克劳福德·托伊成为哈佛大学一流学科的教授。与董事会抗衡另一个方面的力量就是产生了鼓励学术争鸣的各种学术团体。

这些学术自由事件的意义不仅在于事件所反映的教授的立场,而且在于事件所造成的公众反应。这种审判宗教信仰的做法非常

第二章 达尔文进化论与新教育体制

荒谬,因为这些做法公然审查人们的思想,明目张胆地侵犯他人的隐私,以及厚颜无耻地美化教派。安多弗学院发生了一件十分荒唐的事件,要求审查安多弗学院教授们所主张的"普世赎罪说"(Universal Atonement)是否与基督教教义中的"一般赎罪说"(General Atonement)相一致——这个问题的实质不是看教授们的观点是否正确,而是看他们的观点是否符合《圣经》的思想——这简直又回到了早就不存在了的"迫害异端"的时代。① 对于那些经过多年的相互争斗而希望和解的人来说,强制推行长老会的教义而排斥其他教派的教义的做法,与强制推行卫理公会的数学符号和浸礼会的希腊语朗诵的做法,同样是荒谬和错误的。② 对于这些行为,老练的世俗论者本应该表现出无所谓的态度,但是面对宗派主义者一尝到胜利的滋味就表现出的得意嘴脸,他们也无法保持这种超然物外的心态。因此,当范德比尔特大学的校长以紧缩开支的理由为自己解聘温切尔的行为百般辩解时③,他的比较"单纯的"教友却泄露了事件潜在的原因。"我们非常满意大学最近采取的行动,"在温切尔被解雇后,田纳西州宗教联合会如是声明,"当前,科学的无神论思想正在脱掉推崇人性的外衣,明目张胆地大肆蔓延。……但是,只有我们的大学有勇气去牢牢控制住人类的反叛

---

① 审判"异端"既在教会中存在,也在学院中存在。1883 年,一位著名的圣公会牧师希伯·牛顿(W. Heber Newton)受到控告,但是没有被判罪。*The Nation*, XXXVIII (February 28, 1884), 179;1891 年,另一位圣公会牧师霍华德·麦克库里(Howard MacQueary)因为其《人类和基督教的进化》(*Evolution of Man and Christianity*)一书而被圣公会理事会宣判有罪。参见"Intellectual Liberty," *Popular Science Monthly*, XXXVIII (April, 1891), 844。然而,1898 年,一位长老会牧师亚瑟·麦吉弗特(Arthur Cushman McGiffert)在他所著的书中提出了许多与"威斯敏斯特信条"(the Westminster Confession)相悖的观点,而长老会大会仅仅讨论了关于麦吉弗特是否应该退出教会的问题。这相当于心照不宣地承认异端审判已经不合时宜。Loewenberg, "The Impact of the Doctrine of Evolution." p. 268.

② 参见由马里恩·伍德罗(Marion Woodrow)汇编的北方和南方报纸观点,*Dr. James Woodrow*, pp. 646—720。

③ 参见 Hunter Dickinson Farish, *The Circuit Rider Dismounts: A Social History of Southern Methodism, 1865—1900* (Richmond, 1938), pp. 295-298。

思想,并且说:我们不能任其蔓延。"①

把温和虔诚的温切尔称作是"一个具有反叛思想的人",这种做法夸大了天真的思想过失所造成的错误,而公众舆论认为这是进行反击的信号。《科普月刊》(Popular Science Monthly)的一名编辑写道:范德比尔特大学"仿照过去几个世纪已经被打破的惯例,动用权力压制那些有独立见解、坚持科学真理的教师,想尽办法封他们的嘴,损害他们的名誉"。② 温切尔被比作伽利略。一些腐朽和过时的思想好像来自于那些清洗罪恶的地方,这些思想与这个时代的进步运动完全不一致。③ 在这个思想启蒙的新时代,压制理性意味着倒退;在这个社会进步的时代,倒退是一种严重的犯罪。因此,这些事件的主要意义和作用在于它们引起了公众的反对。甚至在学术自由成为普通美国人的口号之前,侵犯学术自由已被人们看做是时代的错误。

最后,进化论事件激发了新一轮对学院教派主义的抨击。在此之前,人们抨击教派对学院财权的控制,因为这样做不合适;人们抨击教派控制学院的管理,因为这不利于学院的稳定。现在,这被视为科学发展的敌人而受到公开抨击。④ 通过揭露偏执的教派主义思想、董事会中无能的教士以及盲目迷信宗教权威,这些

---

① 在一篇社论里被报道,"Vanderbilt University Again," *Popular Science Monthly*, XIV (December, 1878), 237.
② "Religion and Science at Vanderbilt University," *Popular Science Monthly*, XIII (August, 1878), 493.
③ *The Index*, IX (July 11, 1878), 325.
④ 因此,安德鲁·怀特把教派主义与古代的思想压迫联系在了一起:"在这里,我们的思想同样要经受宗教压迫才能留存下来,这让现代社会付出了沉重的代价。这种思想体系要求大量的教授必须讲授这些方面的内容,否则他们就会面临解聘的威胁,包括:太阳和行星围绕地球转的思想;认为彗星是愤怒的上帝扔到邪恶世界的火球;精神错乱的人是魔鬼附身;人体的解剖是对圣灵的亵渎;化学是一种巫术;考虑金钱利益是上帝所不允许的;地质学的观点必须保持与古代希伯来诗歌的内容一致。"White, *History of the Warfare...*, 1, 318-319.

广受关注的事件加快了学院世俗化改革的进程。不过,他们这么做仅仅是因为已经具备了学术自由的思想基础。在捍卫达尔文进化论的斗争中产生了反对宗教权威的思想,从而有力地削弱了教派主义的思想基础。接下来我们进一步探讨这种思想的主要观点。

第二节　对宗教权威的抨击

进化论者对宗教权威的抨击并不是一场"科学与宗教"之间的战争。不过,在反对进化论的人看来,可以确定无疑的是,虽然无神论思想是进化论者的目标,反对基督教的人是进化论者的同盟军,但是进化论者的基调是调和论。可以肯定的是,大多数进化论科学家认为达尔文确实对自然神学的主要教义造成致命的打击。他们不再真正地相信上帝创造了亚当的人类起源理论,也不再相信佩利(Paley)的观点。他们认为自然物质的作用在于证明了神的存在、预知和道德目标的观点,似乎是在野蛮时代所犯的神人同形的错误。不过,进化论者对于推翻了自然神学某些教义的科学是否也存在自身的利益和偏好,也存在非常大的争议。某些实证哲学家,像昌西·赖特(Chauncey Wright),坚持认为科学不应该再关注那些无法用事实描述的东西。① 科学应该本着"我不杜撰假说"(hypotheses non fingo)的原则,解决精神的意义、宇宙的目的、终极目标等方面的问题。他们不愿意把科学与自然神学联系在一起,

---

① Gail Kennedy, "The Pragmatic Naturalism of Chauncey Wright," *Studies in the History of Ideas* (New York, 1935), pp. 484ff.; Philip P. Wiener, "Chauncey Wright's Defense of Darwin and the Neutrality of Science," *Journal of the History of Ideas*, VI (January, 1945), 19-45.

这和达尔文一样。正如《物种起源》中提到的,自然选择是一个适者生存的原则,而不是一个伦理法则或本体论法则。① 不过,其他进化论者仍然非常希望保留自然神学中的知识遗产。像约翰·费斯克那样的斯宾塞主义哲学家认为,科学可以揭示宇宙的规律和作用,只要遵守自然法则,就能发现宇宙内在的奥秘。② 另一些人,比如威廉·詹姆斯,认为只是有可能发现科学规律,并提出"信仰意志"(will to believe)可以恢复信仰和宗教。③ 此外,还有像阿萨·格雷那样保守的有神论者仍相信存在暗中运行的上帝旨意,以及像约瑟夫·莱·肯特(Joseph Le Conte)那样的泛神论科学家认为不可预知的进化结果是自然界精神力量作用的产物。④ 诚然,事实证明进化论是能够与各种各样的宗教信仰共存的。⑤

同样,进化论者对学院宗教权威的抨击,并不是对信仰本身的抨击。许多进化论者成了大学校长,包括:查尔斯·艾略特、安德鲁·迪克森·怀特、丹尼尔·吉尔曼以及戴维·斯塔·乔丹(Starr Jordan)。他们并不能被看成是不信教的人,除非只从狭隘的正统

---

① 参见 Francis Darwin, ed., *Life and Letters of Charles Darwin*, pp. 274-286。
② John Fiske, *The Idea of God as Affected by Modern Knowledge* (Boston, 1886), pp. 95-96,下同。
③ William James, *The Will to Believe* (New York, 1903)。也可参见 Ralph Barton Perry, *The Thought and Character of William James* (vols. 2; Boston, 1935), H, 207-244。
④ Asa Gray, *Natural Science and Religion* (New York, 1880); Joseph Le Conte, *Evolution: Its Evidence and Its Relation to Religious Thought* (New York, 1894).
⑤ 我们期待进化论科学家全面探讨如何调解科学与宗教之间的关系。有价值的研究文章包括:Sidney Ratner, "Evolution and the Rise of the Scientific Spirit in America," *Philosophy of Science*, III (January, 1936), 104-122; Bert J. Loewenberg, "The Controversy over Evolution in New England," *New England Quarterly*, VIII (June, 1935), 232-257; Loewenberg, "Darwinism Comes to America, 1859—1900," *Mississippi Valley Historical Review*, XXVIII (December, 1941), 339-368; Herbert W. Schneider, "The Influence of Darwin and Spencer on American Philosophical Theology," *Journal of the History of Ideas*, VI (January, 1945), 3-18. 也可以参见 Edward A. White, *Science and Religion in American Thought: The Impact of Naturalism* (Stanford, 1952).

观念来看他们。虽然他们反对宗教偏见对达尔文进化论的抵制，以及教派对学院的控制，但是他们都忠于自己的主要的宗教信仰，尽管这种信仰实际上是空洞的教条。艾略特是一个进化论者，却接受了上帝是万能的宗教思想，这并没有限制他对上帝的虔信。[①]他在解释自己为何选择从事科学研究工作时写道："任何人要研究自然，就是研究上帝的思想和作品。上帝的启示存在于他的作品和虔言中，谁若虔诚地思考上帝的作品，就能领会神的旨意。"[②]虽然安德鲁·迪克森·怀特是一个非常著名的理性主义者，却坚信基督教的救世论[③]；戴维·斯塔·乔丹蔑视无神论者，尽管他的上帝不像基督教徒的位格神（Personal God），而更像是斯宾塞所说的伟大的不可知的神。他用神圣的词语来形容自己的神："这是超越人类的力量。"[④]也许这些教育家的宗教信仰比较单调，甚至过于简单。不过，他们并不像他们的宗教政敌所说的那样，是不信上帝的无神论者。

但是，这并不是说，所有意识形态的冲突都是显而易见的，或都是不真实的。达尔文进化论争论的重要意义超过了美国历史上的其他任何争论。这种争论超出了进化论是否正确这一实质性问题，并远远超出了如何在追求科学真理的同时保留与生俱来的宗教信仰的心理问题。在涉及权威的性质和约束力、研究方法以及科学论争的标准等问题时，达尔文进化论的争论最终涉及所有人类未知领域的问题。科学哲学、学习心理以及学术自由的界限等问题进入争论的视野。结果，这不是一场战争，而是多场特殊的战

---

① Henry James, *Eliot*, 1, 318.
② 同上, I, 64.
③ Rogers, *Andrew D. White*, p. 83.
④ Edward McNall Burns, *David Starr Jordan: Prophet of Freedom* (Stanford, 1952), p. 189.

争:一场教士与科学家之间两种知识分子的斗争;一场教派与世俗力量争夺教育控制权的斗争;一场教条主义与经验主义两种基本认识方法的斗争;一场教条式教学法与自然教学法两种基本教学方法之间的斗争。总之,科学与教育联合起来抨击两个主要目标——教士的权威以及教条伦理主义的原则,这种联合的影响之一就是加快了学术自由的进程。

一、科学与教育反对教权主义

我们注意到在达尔文之前,新教教士和科学工作者的步调基本一致。他们之所以能和谐共处,原因之一是牧师受到新教精神和传统的影响。为了反对牧师的独断,新教教士与他的教友一起分享知识。因为他不是正统的教派,他必须用科学的事实和理论来巩固宗教教义。我们发现,他很快就自己研究科学。可笑的是,一旦达尔文的进化论引起了分歧,这些新教教士的立场立即发生转变,他也加入到反对达尔文进化论的行列。因为和教会的观点更相近,新教教士往往反映出无知的看法,流露出其内心莫名的恐慌。因此,在某种意义上,反进化论的教士充当了流行的反对理性知识的先锋。更糟糕的是,因为新教教士可以打着科学的旗号,他可以毫无顾忌地挑战专家的观点,搜索科学文献作为反对革命的证据,武断地宣称达尔文进化论是错误的。由于教士把反对进化论的斗争演变为反对科学本身,因此人们认为这种行为非常轻率、十分可恶。①

---

① 新教教士引用科学家理查德·欧文(Richard Owen)的理论来证明自然选择理论是无效的,引用科学家夸特雷弗斯(Quatrefois)的理论证明物种不可变异性,引用科学家圣乔治·米瓦特(St. George Mivart)的理论证明达尔文在许多方面都是错的。参见 Loewenberg, *The Impact of the Doctrine of Evolution*, p.268.

进化论者的反击主要是抨击神职人员不具备判断科学问题的资格。在1860年举行的英国科学进步协会(British Association for Advancement of Science)会议上,赫胥黎反驳主教威尔伯福斯(Wilberforce)的逸事,在美国反教权主义的科学界广为流传。"是你的祖父一方还是祖母一方与大猩猩有关系?"主教愚蠢地发问。赫胥黎犀利地回答:"我没有理由因为有一个大猩猩作为我的祖先感到羞耻。真正令一个人感到羞耻的是,他的祖先是这样的一个人,他不是利用他的聪明才智在自己的领域去获得成功,而是干涉他自己不懂的科学问题。"① 这段话在当地很快流传开来。② 约翰·特罗布里奇(John Trowbridge)在《科普月刊》(*Popular Science Monthly*)中写道:教士没有能力进行科学判断:"只是科普读者的教士完全不懂科学研究的精神。只有熟悉科学研究的方法、程序和工具才能产生浓厚的科学兴趣。教士脱离了科学研究活动的领域,如果他打算与改革者争论的话,其结局就像一个避世者试图对他生活以外的世界发号施令那样落得同样的下场。"③

人们不仅怀疑教士进行科学判断的专业能力,而且怀疑他们进行科学判断的理智和个性。《索引》杂志的编辑弗朗西斯·艾伯特(Francis Abbot)写道教会绝不会承认自己的错误这一事实。④ 乔

---

① 这段对话有各种不同的说法。这段对话参考 Henshaw Ward, *Charles Darwin: The Man and His Warfare* (Indianapolis, 1927), pp.313-315。

② 我们太过于依赖宣称进化论的《科普月刊》(*Popular Science Monthly*)杂志,以及自由宗教协会的《索引》(*The Index*)杂志,这些杂志在进化论争论中带有左倾倾向,它们所载的事件和观点具有不可估量的价值。《索引》的发行从1870年至1886年。cf. Stow Persons, *Free Religion* (New York, 1947), pp.85-90。《科普月刊》于1867年创刊,并持续到今天。

③ John Trowbridge, "Science from the Pulpit," *Popular Science Monthly*, VI(April, 1875), 734-735。

④ Francis E. Abbot, "Authority in Science and in Religion," *The Index*, III, (Dec. 20,1871), 412。

丹则认为,教会不会推翻自己的信仰。① 进化论的信徒认为科学和宗教之间发生冲突未必因为各自具有不同的需要,而是因为各自具有不同专业领域的能力。②

就像早期的宗教教条,科学专业能力的思想影响深远,它改变了知识发展的进程和知识分子关系的发展历史。它采取两种理论形式:一种是精英科学理论,这种理论认为科学专业能力的作用表现为对科学问题的判断;另一种是科学方法理论,这种理论认为科学专业能力的作用表现为使用科学的方法。这两种理论都可以从信仰宗教自由运动的领袖弗朗西斯·艾伯特的著作中找到。他既反对主要依靠个人主观经验的先验论,又反对盲目迷信绝对权威的原教旨主义。他提出建立"科学审判庭"——一个判断真理的临时法庭。在这个法庭上坐着主要的科学权威。这个法庭受理的是科学问题;这个法庭根据"专业权威的一致意见"作出判决;这个法庭通过不断采纳专家的意见从而净化这个社会中存在的欺诈现象。当然,科学审判庭是一个古老而脆弱的想法——一个很容易被现实打破的培根式梦想。但是,只有科学家才有资格判断科学问题的思想以及科学家的判断是可信的思想——这种观点非常令人钦佩,它是饱经考验的科学思想。③

艾伯特认为,科学能力的养成不仅仅通过获得科学技能和科学

---

① David Starr Jordan, "The Church and Modern Thought," *Overland Monthly*, XVm (1891), 392.

② 这个看法是由保守主义的科学家圣乔治·米瓦特提出来的,他是一位英国天主教徒,他著作中提出的心理起源论的思想受到《罗马天主教索引》(*Roman Catholic Index*)的重视。由于他主张科学有权决定科学领域的问题而被教会放逐。在发表在 *Nineteenth Century*, Vol. XVIII (July, 1885)的一篇"现代天主教徒和学术自由"的文章中,米瓦特认为由于过去教会在处理科学问题上的错误,导致教会不再有资格充当科学问题的终极仲裁者,即便是忠诚的天主教徒也不会采纳教会的意见(pp. 35-36)。

③ Francis E. Abbot, "A Tribunal of Science," *The Index*, IX (June 6, 1878), 270; "The Individual at the Bar,"同上, X (April 17, 1879), 186-187;同上, X (Dec. 25, 1879), 613.

知识，而且还需要科学方法的训练。他写道："如果说真理的唯一发现者是人类智慧，那么发现真理的唯一途径就是科学的研究方法。"①艾伯特认为根本不存在任何深奥的科学方法，科学方法是经过认真修改和提炼而形成的一般性思维。他认为科学方法始于事实，而不是先天的观念、直觉，它通过纯粹思维方法进行假设和演绎，最后经过经验的检验，得出结论，接受公众和其他人的实践检验。因此，科学方法不同于其他来自信仰、直觉和权威的认识方法，它不接受来自信仰的先验教条，以及来自直觉的不可靠的结论，也不相信来自权威的终极判决。

这两种形式的科学概念在某些方面是密切相关的。科学家的专业判断能力离不开他运用科学方法的能力，科学家的科学方法的能力离不开他运用所获得的知识去认识和提出问题的能力。不过，在某些方面，这两种概念又是对立的。一方面"智者"（wise man）的概念指具有非凡的、先知的和判断的能力；另一方面"明智的方法"（wise means）的概念指普通的、感知的、参与的能力。第一种科学概念把科学家区别于其他普通人：他是一个说话真诚的圣贤，人们会从他的谈话中获益；他是一个思想深奥的专业人士，只有那些与他一样的专业人士才能彼此理解。第二种科学概念缩短了科学家与普通人之间的距离：他象征着人们探究事实、原因和结果之间关系的好奇心，他代表了人们公正诚实的道德好奇心。那些关心科学在日常生活中的意义的人将很难兼顾这两种概念。但是，这两个概念都主张科学家是知识的象征，这也是我们谈论这个话题的意义所在。这两种概念都质疑神职人员控制知识的能力，都主张人类知识的价值在于陶冶人们的情操而不是献身上帝的精

---

① Francis E. Abbot, "The Scientific Method in Religion," *The Index*, VIII(March 22,1877), 136.

神，培养人们的能力而不是遵守教义，提高人们的技能和方法而不是人们对上帝的虔诚。在达尔文进化论争论之前，科学家们从来没有如此先发制人地和坚定地捍卫知识的优先权。①

这些反对教权主义的泛科学思想很快在大学里引起共鸣，新教教士的立场也开始发生变化。他们不再向学生宣传毕业后也要当牧师。尽管1830年哈佛、耶鲁和普林斯顿大学的毕业生中有1/3的学生当牧师，不过到了1876年这一比例已经降至1/13。② 当时的美国，当牧师必须经过系统的专业教育。律师和医生通过当学徒学习行业知识，科学家在科学实践中训练自己。到19世纪80年代，大学开始承担医生和律师的专业和职前教育任务③，并且这种科学领域的专业教育趋势开始迅速发展。④ 即便是古典文科教席对牧师的吸引力也越来越弱，因为语言学和历史学的发展使古典文科的发展前景暗淡。从牧师到大学教师，曾经是牧师职业生涯中很自然和寻常的事，现在的情况似乎就不一定了，因此，神学专业的学生入学人数开始不断下降，而其他非神学专业的学生人数不断增长。在这种有利的情况下，学院开始发起了摆脱教权对学院控制的运动。

---

① 当然这种自信并非仅仅来自进化论的发现，而且因为心理学和人类学驳斥了宗教观念。实验心理学的发展把心理现象归结为中枢神经系统作用的结果，驳斥了唯心主义理论；病理心理学理论把神秘现象归结为无意识行为，而不是超自然的力量；历史和人类学研究认为宗教是人类集体生活的一种仪式，反驳了宗教起源的传统观念。参见 Antonio Aliotta, "Science and Religion in the Nineteenth Century," in Joseph Needham, ed.. *Science, Religion and Reality* (New York, 1926), pp. 154-155。

② Charles W. Eliot, "On the Education of Ministers," *Princeton Review*, LIX(May, 1883), 340-356.

③ 例如，在1900年的156所医学学校中，其中的86所建立于1876年到1900年间。但是，直到亚伯拉罕·弗莱克斯纳(Abraham Flexner)发表关于医学教育的报告，医学教育标准才真正得到提高。参见 Abraham Flexner, *Medical Education in the United States and Canada*, Bulletin 4, Carnegie Foundation for the Advancement of Teaching (1910).

④ 到了1880年，约翰·霍普金斯、加利福尼亚、宾夕法尼亚和罗格斯大学各有6个科学教师，哈佛有14个科学教师。Nicholas Murray Butler, ed., *Monographs on Education in the United States*, II (Albany, N.Y., 1900), 3-42.

在反对教权主义的斗争中,对于神职人员是否具有科学判断能力的争论最为激烈。辛辛那提大学的克拉克(F. W. Clarke)教授抨击了这种体制,"任何没有能力的牧师都能获得教授职位",而一位才华出众的美国人拉普拉斯却无法获得教授职位。① 国民认为"牧师不再是社会上优秀的知识分子"以及"为了适应自然科学在大学迅速发展的需要,要求具有一定管理经验和才能的人才,而大学中的神职人员并不具有这些才能"。② 查尔斯·艾略特认为那些坚持僵化的信条和信仰的教士,从未了解如何实践或尊重科学方法。艾略特写道,科学研究的精神"只注重事实,丝毫不考虑结果……在过去六十年里,科学研究者坚持实事求是的精神,取得了非常卓越的科学成就……这种精神已经被教育界看成是科学研究的唯一的真正的动力……任何其他研究方法都没有得到这种尊重……新教神学家和牧师如果要继续赢得人们的尊敬,就必须接受这种精神"。③

在反对教权主义的运动中,科学与教育具有相同的思想观念,它们最终联合起来。

如果要套用某个词来描述这场运动,这场运动不会立即取得胜利或达成投降条约,最终的结果是教士作为一个学术力量的消失。厄尔·麦格拉斯(Earl McGrath)在一项著名研究中对美国私立学院董事会成员中教士所占比例变化进行了统计分析:1860—1861年间,15所私立学院的董事会成员中教士占了39.1%;到1900—

---

① F. W. Clarke, "American Colleges versus American Science," *Popular Science Monthly*, IX (August, 1876), 472.

② Rogers, *Andrew D. White*, p. 80.

③ Charles W. Eliot, "On the Education of Ministers," pp. 345-346. 艾略特不像同时代的其他人,他认为牧师也可能会运用科学方法;从他本着不带教派偏见以及他所认为的"科学"的立场改组哈佛神学院的行为就可以看出来。参见 William J. Potter, "Theology at Harvard," *The Index*, X (April 24, 1879), 198-199; Eliot, *Annual Report*, 1878—1879.

1901年间,下降到了23%,董事会中律师和商人所占的比例第一次超过了教士;1930—1931年这一比例减少到了7.2%。① 1874—1875年间,哈佛校监会和院委会的36名董事中有7位是教士,到了1894—1895年,只有1位是教士;1884—1926年间,阿默斯特董事会成员中教士的人数减少了一半,普林斯顿减少了2/3,耶鲁减少了60%。② 校长职位曾经是教士的特权,校长职位的世俗化经过了较长的时间。1869年,哈佛聘任了历史上的第一位世俗人士艾略特任校长。耶鲁直到1899年才聘任了世俗人士亚瑟·哈德利(Arthur T. Hadley)担任校长。康奈尔与约翰·霍普金斯也开始聘任世俗人士担任校长。普林斯顿、阿默斯特、达特茅斯直到20世纪才聘任世俗人士担任校长。奥柏林直到1927年才聘任世俗人士担任校长。在某些规模较大的学院,教士退出学院的时间大体上与科学家进入学院的时间一致。约翰·霍普金斯大学的校长吉尔曼是一位地理学家,哈佛的校长艾略特是一位化学家,克拉克大学的校长霍尔是一位心理学家,斯坦福大学的校长乔丹是一位生物学家,耶鲁的校长哈德利是一位经济学家,普林斯顿大学的校长威尔逊是一位政治学家。但是,教士退出学院之后,并不必然由科学家来接替。通常教士的位置由政治家、商业家、律师、专业管理人员以及后来的非专业人士所接替,他们取代教士并非就一定是明智的,因为他们在科学和教育管理方面的能力似乎同样值得怀疑。

---

① Earl McGrath, "The Control of Higher Education in America," *Educational Record*, XVII (April, 1936), 259-279.

② 这些院校的董事查自 *Dictionary of American Biography*, *the National Cyclopedia of American Biography*, *Who Was Who in America*, 1897—1947,以及学校的目录,其中详细记录了关于"牧师"或"神学博士(D.D)"的情况。但不能确定是否有10%左右的董事会成员是神职人员。

二、科学与教育对宗教伦理主义的抨击

进化论者论争的思想成果不仅仅是提出了科学专业能力的观念,而且同样重要的是抨击了科学和教育领域的教条伦理主义。需要指出的是,作为检验道德的标准,教条伦理主义者认为信仰是检验个人品质的标准,只有信教的人才值得信任。作为一个检验科学的标准,教条伦理主义者认为任何观点是否正确是由它所产生的道德后果决定的。教会肆无忌惮地使用这两个教条反对进化论。阿默斯特学院的讲师伊诺克·菲奇·伯尔(Enoch Fitch Burr)主要从事证明基督教合理性的科学证据的研究,他认为任何有神论者都不会相信进化论,因为进化论是"无神论者创立的,是无神论者主张和支持的"。① 作为一个信奉天主教的作家,他写道,因为进化论"打开了自由放纵激情的闸门……因此它不可能是正确的理论体系——因为任何正确的理论体系不会得出这种结论,从它的结论我们可以知道它不可能是正确的"。② 一次又一次,正统的基督教教士通过诽谤进化论的支持者或指控进化论带来的恶果来"驳斥"进化论。

把教条伦理主义作为检验道德品质的标准使进化论者异常愤怒。《科普月刊》的一位作者坚持说,"对'异端'、'不忠'或'无神论'的控诉完全与主题无关","如果对某个关于天文学、地质学、物理、化学或生物学的理论有疑问,那么让证据来说话"。③ 进化论者

---

① Enoch Fitch Burr, *Pater Mundi, or the Doctrine of Evolution* (Boston,1873), II, 14.
② F. S. Chatard, "Darwin's Mistakes," *Catholic World*, XXXIX (June, 1884), 292.
③ *Popular Science Monthly*, IX (July, 1876), 328.

认为不应该根据科学工作者的品质来评价科学研究,对科学研究的评价只应该评价科学研究本身。此外,指责"不忠"不仅与科学不相干,如果轻率地、不分青红皂白地运用,也很不实际。当安德鲁·迪克森·怀特因为在他的图书馆藏中有钱宁(Channing)、勒南(Renan)和斯特劳斯(Strauss)的作品,而被诋毁为无神论者,这实在无聊之极;当路易斯·阿加西因为讲述"无神论和进化论"受到一位牧师的指控,更充分暴露了这种无中生有指责的险恶用心。①弗朗西斯·艾伯特写道,"你可以尽情谴责某种思想或言论","但是,如果你因为某个思想家的诚实思想而指责他,那么你是滥用自己权力的暴君——更糟糕的是,如果你用道德和宗教方面的理由来为你的专制行为辩解……为了说明某种理论是错误的,你歪曲事实;或者不是进行理论争鸣而是人格诋毁,即使你的阴谋最终得逞了,你的胜利也是通过残忍、虚假和恶毒伎俩赢得的,最终这种伎俩也会危害到始作俑者"。②

在对科学批评中,把人与他所作的工作区分开来成为一项重要的原则。

在反对把教条伦理主义作为检验科学的标准问题上,大家取得了比较一致的意见。天文学家和数学家昌西·赖特是一个重要的例子。③ 在澄清科学争论中,赖特既反对使用神学的煽动性话语,也反对使用哲学的形而上学概念。他认为如同规则"需要接受批评一样……得出的结论同样需要进行调查"。④ 这位达尔文和密尔

---

① Andrew Dickson White, *Autobiography*, 1, 424.
② Francis B. Abbot, "Argument and Denunciation," *The Index*, in (April 20,. 1872), 125.
③ 参见 Philip Wiener, *Evolution and the Founders of Pragmatism* (Cambridge, Mass., 1949), pp. 31-69。
④ "Evolution by Natural Selection,"见 *Philosophical Discussions* (New York,1877), p. 170。

的忠实信徒要求科学研究必须排除所有主观因素。科学知识要保持客观性、独立性,必须具备以下条件:"当科学知识不再与我们的担心、我们的顾虑和我们的抱负等感情因素联系在一起时;当科学知识不再直接涉及我们的个人命运,我们的雄心壮志,我们的道德价值等问题时;当科学知识不再把人们及其个人和社会的性质作为主要控制的对象时。"①

简言之,科学是求"真",即观点与事实的一致性,而不是求"善",即现实与理想的一致性。② 他对"科学的思想"与"哲学思维习惯"作了严格区分,"科学思想"高度尊重"事实真相,无论事实真相是好还是坏,令人愉悦还是令人反感,令人钦佩还是令人鄙视","哲学思维习惯"是"在学校教育中形成的……根据自然界自身的形态观察和解释自然现象"。③ 一种观点认为思想的道德结果是检验真理的主要标准。相反,赖特认为,科学和道德,即"真"与"善",属于各自不同的范畴,不具有可比性。

赖特阐述了关于实践科学家的思想。他的信条——客观性——推崇实验室和田野调查方法。他崇尚零碎研究,不愿意看到一系列事件中存在理想化或戏剧化的现象。他把伦理学和哲学看成中立性科学,支持科学家希望摆脱"世俗纷扰"④的朴素渴求。但是,他提出的客观中立性原则、公正无私的精神以及摆脱现实需要的独立思考,并没有得到几个进化论哲学家的支持。⑤ 哲学上的分歧进一步扩大了因为彼此不同的旨趣产生的裂痕。赖特把哲学看成是中立性科学的观点,在詹姆斯看来,是哲学的倒退;在皮尔士

---

① "The Philosophy of Herbert Spencer" *loc. cit.*, p. 49.
② "Natural Theology as a Positive Science," *loc. cit.*, pp. 40-41.
③ "Evolution by Natural Selection," *loc. cit.*, p. 196.
④ 参见 Max Weber, "Science as a Vocation,"见 Logan Wilson and William L. Kolb, eds., *Sociological Analysis* (New York, 1949), pp. 5-16.
⑤ 参见 Perry, *Thought and Character of William James*, 1, 522.

看来,是科学的示弱。① 在杜威看来,科学伦理的中立性原则意味着伦理学问题要听从绝对权威和过时的惯例的摆布。② 虽然这些哲学家同赖特一样鄙视通过口头或者情感方式解决争端③,不过他们认为不可能也不应该把科学家的认知兴趣和道德兴趣截然分开。赖特从密尔的逻辑学以及达尔文的方法论出发,强调了认知的专业性、客观性、直观性特点;詹姆斯以密尔的伦理学和达尔文机能心理学为基础,强调认知的主观性、目的性、能动性特点。进化论的其他阵营——可称为实用主义者——也对教条伦理主义思想进行了批判。

从表面上看,作为检验真理的标准,实用主义和教条伦理主义具有许多共同点。二者都认为,一种观点正确与否,从某些方面看,可以从这种观点的实际后果来判断。二者都否认认知本身是研究的目的,或者科学应该脱离人的目的。但也只有这些相似之处。因为实用主义者迈出了重要的一步,即把道德从宗教教条中

---

① 虽然詹姆斯在许多哲学观点上接近赖特——两个人都是经验论者并且都反对斯宾塞和菲斯克的进化论观点——不过詹姆斯不赞成赖特的"反宗教思想",他认为这是"哲学的虚无主义"。Perry, *Thought and Character of William James*, Vol. I, Chap. XXXI. 参见 Charles Peirce, "What is Pragmatism?" *Monist*, XV (1905), 161-181; Charles Hartshorne and Paul Weiss, eds.. *Collected Papers of Charles Peirce* (6 vols.; Cambridge, Mass., 1935), VI, 33.

② 这个观点在杜威的著作中反复出现,特别是在他的后期著作中有比较清晰的阐述。*The Quest for Certainty: A Study of the Relation of Knowledge to Action* (New York, 1929), pp. 40ff.

③ 毫无疑问,赖特注重以经验为依据的思想同样为他的进化论反对者所提倡。即使在最不可能提出这种思想的约翰·费斯克的著作中,我们仍然可以从中发现强烈提倡实证科学的思想。按照费斯克的说法,"为了促进科学发展,判断任何观点是否正确的唯一标准,是看这个观点是否与观察到的事实一致,而不是看它是否与一些主观臆断的形而上学的看法一致"(*Cosmic Philosophy*, I, 272)。他批评阿加西不应该把自己的"喜好"带进科学争论。"科学研究工作者无权抱有个人'喜好'······无论我们是否喜欢我们的祖先是猴子的看法,我们又能怎样呢? 科学研究最终目的就是要发现真理,而不是满足我们的各种幻想或美好的体验。拒绝接受任何学说的合理由只能因为这种学说不符合我们观察到的事实,或者与经过实践检验的其他理论不一致。""Agassiz and Darwinism," *Popular Science Monthly*, III (October, 1873), 697. 赖特和费斯克的不同点在于,费斯克坚信他的主要喜好——博爱——被证明是无可置疑的。

分离出来,并使之扎根于不断变化的经验之中。因此,教条伦理主义者的"善"是绝对的和无条件的,而实用主义者的"善"是相对的和有条件的;教条伦理主义者是否接受某种新理论,主要根据它是否符合以前的信仰,而实用主义者是否接受某种新理论,则依据它是否能解决人类当前的问题;教条伦理主义者认为现有的思想观念是神圣而永恒的,而实用主义者认为现有思想观念的作用在于指导解决实际问题,只有根据实际需要对它进行不断的修改和完善,才能发挥积极作用,否则就会遭到人们的唾弃。

因此,从两个主要的假设发起了对教条伦理主义的攻击,即科学的中立性原则和伦理学的经验主义地位。我们没有必要为了立即达到我们的目的,讨论这两个不同的假设所对应的实践科学和科学哲学之间的紧张关系。目前,有必要讨论这两个假设具有哪些相同点和不同点。尽管双方对于真理是发现的还是创造出来的存在不同意见,但都认为真理是暂时的、发展的和相对的,而不是永恒的、静止的和绝对的;尽管双方对于价值观是否是科学的一个主要问题有不同看法,但都认为价值观不是从先前的经验或超自然的知识中发现的;尽管双方对于科学研究范围的意见不同,但都认为任何思想观念,无论具有多大的价值,都要接受实践的检验。简而言之,双方都非常反对宗教权威的基本原则。

我们还发现教育界的进化论者同样要宣讲《圣经》。美国的学院是受教条伦理主义思想影响最深的地方。然而,在70、80年代,随着进化论对教育心理学的影响,美国学院也开始盛行反对教条伦理主义思想。科学家力图澄清术语以避免发生争议;教育学家尽力防止教师灌输抽象的理论;实证哲学家要求科学家保持中立性;世俗教育家要求教师教学中保持中立立场。实用主义科学家重视理论的实用价值和经验价值,教育领域的实用主义者也这样做。教育和科学联合起来反对教条伦理主义思想。

在不断变革为特点的时代,在曾经作为古典学术摇篮的英国,诞生了科学教育先驱赫伯特·斯宾塞和著名的人文主义者托马斯·赫胥黎。在美国,爱德华·尤曼斯(Edward L. Youmans)和查尔斯·艾略特是赫胥黎和斯宾塞的主要支持者。在1854年至1859年间,斯宾塞发表了4篇代表其教育思想的论文,后汇集成《教育论》(*Essays on Education*)①出版。赫胥黎向美国和英国的公众详细介绍了斯宾塞的思想。② 尤曼斯作为《科普月刊》编辑,同时还是50多期《国际科学期刊》的编辑,以及一本颇有影响力的著作——《现代生活的文化需求》(*The Culture Demanded by Modern Life*)——的编辑,把斯宾塞介绍给了美国的广大读者。③ 艾略特在大量的演讲和文章中也介绍了斯宾塞的思想,并利用哈佛的便利条件把斯宾塞的理论付诸实践。④ 尽管还有很多争鸣文章探讨了这场争论的焦点,我们仅仅从这四位优秀人物的作品中就可以了解这场争论的主要观点。

这些思想家呼吁科学教育的目的就是为了攻击教条伦理主义

---

① 该书在美国首次出版于1861年。本书所参考的是1910年纽约出版的"人人丛书"(*Everyman's Library*)的版本,它对斯宾塞的教育理论作了有趣的分析。参见 Elsa Poverty Kimball, *Sociology and Education*: *An Analysis of the Theories of Spencer and Ward* (New York, 1932)。

② 他的第三卷文集包括了赫胥黎的主要演讲(New York and London, 1914)。

③ 关于尤曼斯宣传斯宾塞思想的文章,可以参见 John Fiske, "Edward Livingston Youmans," *A Century of Science and Other Essays* (Boston and New York, 1902), pp. 61-95; H. G. Good, "Edward Livingston Youmans, A National Teacher of Science," *The Scientific Monthly*, XVIII (March, 1924), 306-317。当时一大批著名科学家参与了《现代生活的文化需求》这本书的编写工作,其中包括:约翰·廷德尔(John Tyndall)、亚瑟·汉弗莱(Arthur Henfrey)、托马斯·赫胥黎(Thomas Huxley)、詹姆斯·佩吉特(James Paget)、迈克尔·法拉第(Michael Faraday)、霍德森(W. B. Hodgson)、赫伯特·斯宾塞(Herbert Spencer)、巴纳德(F. A. P. Barnard)、尤斯蒂斯·冯·李比希(Justus von Liebig)以及尤曼斯自己。International Science Library, Akron, 1867。

④ 关于艾略特的一些著名的演讲和文章,参见 *Educational Reform* (New York, 1898)。

作准备。例如,斯宾塞在《什么是最有价值的知识》的文章中充分阐述了科学教育的主张。之后,本瑟姆(Bentham)也撰写文章提出"价值"是有用性,在文章中大力倡导实际训练的思想。斯宾塞把人类活动分为五大类,并按它们在个人生活中的重要程度排列如下:①直接保全自己的活动;②为获得生活必需品而间接保全自己的活动;③目的在抚养教育子女的活动;④与维护公民合理行使自己的职责和权利相关的活动;⑤生活中闲暇时间满足爱好和感情的各种活动。斯宾塞认为这些活动才是最重要的,也是教育最应该重视的。他认为现在的教育太强调教育的装饰价值而不考虑实际需要,教育与现实生活没有多大关系。① 因此,他认为教育应该为生活作准备,学校的课程也应尽可能与丰富多彩的生活发生联系,这意味着教育首先要考虑与生活相关的课程。在斯宾塞看来,自然科学课程和社会科学课程最符合这种要求,这些方面的知识使人类能够生存下去,进行生产活动,预防疾病,并衍生后代。这些知识帮助人们解决日常生活中的问题,甚至推动了艺术创作。斯宾塞敏锐地预见到了科学终将主导学校课程。②

虽然斯宾塞极力推崇科学教育,但是他并没有轻视古典学科的训练价值和官能心理学价值。他和他的追随者不厌其烦地宣称科学能够提高人们的判断力,陶冶人们的情操,增强人们的记忆力。③但是,由此衍生出来的心理学,在一个自然进化主义的新环境下,失去了以前所有的专制意味。既然智力发展是有规律的和不断变化的过程,教学内容和方法必须符合智力发展的规律。由于所有发展过程是事物整体发展中渐进的过程,有效的教学必须遵循从

---

① *Essays on Education*, p. 32.
② 同上, p. 44.
③ Thomas Huxley, "Scientific Education," *Collected Essays*, pp. 127-128; Youmans, *The Culture Demanded by Modern Life*, p. 6.

简单到复杂的过程。由于直觉、天性和爱好在个体生活中具有重要作用,在教学中要尊重学生的兴趣和愿望。像卢梭一样,进化论者严格区分"自然"和"人为"教育的界限。"自然的"教育方式是让学生通过各种感知觉直接认识事物,从而获得反映直接经验的观念。"人为的"教育方式把学生看成被动接受知识的容器。对于自然进化论者来说,"自然的"教育方式有两个方面的成功之处:首先,因为遵循人的本性,"自然的"教育有助于促进人的不断完善;第二,因为利用人的本性的特点有助于培养人的竞争精神。

教育者的最终目标就是把教学中心从教师转移到学生身上。这个目标在道德教育领域显得更为迫切,这个领域长期以来一直为父母的意愿、成人的约束以及摩西十诫的强制性"戒律"所侵占。斯宾塞和他的追随者认为,教育体系的首要目标是促进人格发展。不过,人格的发展不可能通过坚持规定的信条来实现,而只能通过遵守道德发展的规律来实现。因为遵循道德发展规律是道德行为教育的最高指导原则。道德教育的成败取决于人们是否遵循道德教育发展的规律,遵循道德发展规律是道德行为教育的本质。道德发展规律是公正的,因为它们依据人们是否遵循道德发展规律来决定相应的惩罚或奖励;道德发展规律是公正的,因为它们不受外界的影响;道德发展规律具有指导性,因为它们可以直接指导道德行为教育。所谓的"教育"就是培养学生合理对待自己的本性和需求。尤曼斯写道,"做好应对确定性的精神准备可能很重要","但做好应对不确定性的精神准备更为重要。如果教育忽视了这一点,就没有尽到自己的责任;如果教育没有为学生做好这种精神准备,他们就无法应对实际生活中出现的紧急情况"。① 为了消除学生对教师权威的依

---

① Youmans, "Mental Discipline in Education," *The Culture Demanded by Modem Life*, p. 36.

赖,必须培养学生的责任感和勇于承担风险的意识。

虽然美国的学院并没有立即接受这些思想,并在所有领域或在所有的学院同时接受这些思想,但是最终还是接受了这些思想。在推动这些思想在课程设置、课堂教学或宗教教育发挥实际影响作用方面起到了模范带头作用。艾略特任校长期间,学生几乎完全可以自主选择学习科目。1872年到1894年间,除了新生必须学习一门英语课程和一门外语课程以外,哈佛取消了学生的必修课。① 其他高校相继仿效,不过没有哈佛做得彻底。1875年到1886年间,阿默斯特大学三、四年级学生的选修课程增加了三倍以上;耶鲁大学三年级学生50%的课程以及四年级学生80%的课程都是选修课;布朗、达特茅斯和威廉姆斯大学同样在此取得了较大的进展。② 1901年,一项对97所院校的调查显示,在34所院校中选修课程占了70%,在12所院校中占了50%到70%,在51所院校中占了不到50%。③ 在科学教育方面,艾略特是最早倡导实验室方法的人士之一,他强调学生的直接观察和实验。④ 到1899年,詹姆斯·安吉尔(James B. Angell)终于可以宣称"科学教育的方法已经得到了彻底的改革。在过去半个世纪中教育迈出的最重要的一步就是普遍引进实验室方法"。⑤ 在其他科目中,机械背诵的教学方法被讲授法和讨论所取代——根据校长的记载,1880年哈佛

---

① 参见 Samuel Eliot Morison, "College Studies, 1869—1929," in *Development of Harvard University*, pp. xxix-I. 130.
② George Herbert Palmer, "Possible Limitations of the Elective System," *Andover Review*, VI (December, 1886), 581.
③ E. D. Phillips, "The Elective System in American Education," *Pedagogical Seminary*, VIII (June, 1901), 206-230.
④ 艾略特和斯托勒(Francis H. Storer)一起编写了一本化学教材,"在美国把化学变为一门实验学科,这造成了基础化学教学的改革"。James, *Eliot*, 1, 164.
⑤ James B. Angell, "The Old College and the New University," in *Selected Addresses* (London, 1912), pp. 136-137.

大学就已经采取了这种教学方法。① 哈佛学院章程和学校管理规定曾经颇为苛刻和冗长,现在被精简到仅有5页,并且内容相对更加宽容。② 其他许多院校也进行了类似的改革。③ 在信仰自由方面,哈佛大学远远走在其他同类型院校的前面。1886年,哈佛大学废除了强制性的礼拜活动,这是一种宗教仪式和处罚制度相结合的古老宗教活动。④ 不过在其他私立的东部院校,强制性的礼拜活动仍然存在——达特茅斯学院一直持续到1925年,耶鲁大学持续到1926年,威廉姆斯持续到1927年,普林斯顿直到1932年才把这种强制性礼拜活动改成非正式的礼拜日讨论课。⑤ 尽管改革的进程有快有慢,不过各个学院的专制主义方法已经逐渐衰退,并在一些最重要的问题上已经式微。

董事会中神职人员的逐步退出,宗教教权主义的衰落以及古典课程的减少,注定了统治美国几个世纪的学院体制的灭亡。但是,由于受到根深蒂固的旧传统的影响,教会创办的学院并没有立即消失。1906年,卡内基教学促进基金会决定为私立院校和非教会

---

① Morison, *Three Centuries of Harvard*, p. 347.
② James, *Eliot*, I, 242.
③ Walter C. Bronson, *The History of Brown University, 1764—1914* (Providence, R. L, 1914), pp. 404-420; Thomas J. Wertenbaker, *Princeton, 1746—1896* (Princelon, M., 1946), pp. 315-319.
④ Morison, *Development of Harvard University*, pp. li-lviii.
⑤ 同上, p. Iviin. 达特茅斯学院1895—1896学年课程目录明确规定,"校长指导每天的晨祷活动……所有本科生必须参加",或者去别的教堂参加该活动(p. 112)。在达特茅斯学院1925—1926学年课程目录中才第一次发现学生可以自愿参加礼拜, p. 14。也可以参见Leon B. Richardson, *History of Dartmouth College* (vols. 2; Hanover, N. H., 1932), II, 780。耶鲁大学1924—1925学年课程目录规定,"一年级所有的学生要参加每天和周末的礼拜活动,周末值日的学生除外"(p. 105)。在下一年的课程目录中就没有发现这种要求。普林斯顿1893—1894学年课程目录要求所有的本科生要参加晨祷,如果有特殊情况并获得校长批准的可以例外(p. 148)。1907—1908年才变成一周两次晨祷活动,并要求"每学期要参加一半以上的周末礼拜活动"(p. 321); 1915—1916年,取消了一周两次晨祷的规定; 1932—1933年,又规定"每周日的晨祷活动上午11点在教堂举行,不愿意参加礼拜活动的人,可以选择参加周日上午非正式的讨论课"(p. 222)。

院校教授提供退休津贴,最初符合与宗教完全没有任何关系这一条件的院校只有 51 所。① 教会仍然以各种方式控制着院校。虽然所有院校都宣称招收任何学生,没有任何宗教信仰的限制②,但是据了解有 109 所院校仍然要求所有或者部分董事会成员必须来自某个特定的教派。尽管明确规定限制教师的宗教信仰的情况很少,不过仍然存在例外的情况。卡内基基金会列出了 200 个院校,它们要么完全为教会所有(这些主要是罗马天主教的学院和大学),要么其董事会成员由教会机构任命。在某些院校,只有教会机构具有提名董事的权力;在其他院校,只有教会机构才具有任命董事会成员的权力。由各个教会,或者教会高层人士,或教会附属机构或组织实行对院校的控制。③ 这些只是教会所采用的控制学院的常用形式。卡内基基金会没有列出也不包括那些仅仅与教会保持一致的学院。④

不过,无论是这些数字,还是上面描述的各种形式的教会控制,并不说明美国学院中的宗派主义衰落了。在许多这类院校中,教会对学院的控制并非有名无实,而是有一套严密的体制,这种体制保障学院严格遵守教会的各种规定。⑤ 对于许多院校而言,教会的控制是一场噩梦,学院一直试图摆脱这种控制,但是教会对学院的

---

① The Carnegie Foundation for the Advancement of Teaching, *First Annual Report of the President and Treasurer* (1906), p.28. 此后这些报告被称为 *First Annual Report*, *Second Annual Report* 等等。

② 另一方面,仍然存在要求学生参加邻近指定教堂活动的规定,例如奥立佛学院、帕克学院和维克森林大学。*Second Annual Report* (1907), p.46.

③ 同上, pp.42-50.

④ 很难确定有多少院校支持教会或者与教会保持传统上的联系。1911 年,美国长老会学院董事会(The College Board of the Presbyterian Church)按照这种宽泛的标准统计,受教派控制的学院和大学有 471 所。不过考虑到董事会对于教派控制的"学院"的宽泛定义,这个数字可能偏高。W. S. Plumer Bryan, *The Church, Her Colleges and the Carnegie Foundation* (Princeton, NJ., 1911), p.57n.

⑤ *First Annual Report* (1906), p.49.

控制之所以能够存在下去,仅仅是因为学院章程的规定使得改变这种做法非常困难。① 没有多少院校认为教会对学院的控制是必需和有益的。当卡内基基金会询问关于"保持与教会的联系或教会控制学院是否有利于宗教和学习生活",教派学院中的受访者回答:"这种联系对学生的宗教或学习生活几乎没有多少影响,即使有的话。"对于教会和学校的联系是否有利于学院组织发展的问题,回答几乎都是否定的。② 为了获得卡内基基金会的资助,某些院校欣然宣布脱离教会的控制,并修订其章程和细则,由此可见,这种教派控制学院的体制是毫无意义的。鲍登学院为了成为卡内基基金会的会员,放弃了一笔数量可观的宗派捐赠。德雷克大学(Drake university)和德鲁利学院(Drury College)迅速取消了所有的宗教审查和宗教条件。在四年内,有20所院校达到了卡内基基金会的条件。之后,由于卡内基基金会调整了政策,要求参与院校向基金会捐款,学院脱离教会控制的进程才开始放慢。③ 可以肯定的是,尽管许多院校千方百计迎合卡内基基金会的要求,但是有几百所院校实际上仍然受到教派控制。不过,这些院校往往是在资金、教育教学和学术方面没有实力的院校。教派学院今天仍然存在。但总的来说,相比较过去的繁荣年代,它们在不断衰弱,体现着美国教育的多元化。

第三节 新的学术自由理论

从思想观念发展历史的角度来看,世界上不存在常新的事物的

---

① *Second Annual Report* (1907), p. 60.
② *Second Annual Report* (1907), pp. 53-54.
③ *Third Annual Report* (1908), pp. 12-29.

观点同赫拉克利特的世界上不存在永恒不变的事物的观点如出一辙。因此,我们同样可以认为达尔文进化论的论争奠定了学术自由"新的"理论基础。例如,我们可以得出结论,科学提出的真理概念以及对谬误的宽容思想,丰富了学术自由理论。但是,不能说这些思想观念完全是预料之外的成果。在这些思想观念被明确提出来之前,学院就已经存在对真理的推崇和对学术的宽容思想,从而保证了这场学术之争的最终胜利。同样,我们还可以认为,科学专业能力的概念为学院教师反对学院管理者滥用职权提供了新的武器。不过,如果认为学术界以前从来没有认识到提倡科学专业能力的好处,那也是错误的——我们已经看到在近代科学产生以前,中世纪大学的教师就提出了这个问题,美国院校的校长也认识到这个问题。最后,我们认为,科学价值观的影响使学术自由成为一种积极的学术伦理规范,而不仅仅是免受公开限制的消极保障条件。即便如此,科学伦理并不意味着完全重新评估现有的价值观,我们在科学伦理起源问题上,也不应该认为自苏格拉底之后的两千年就是一个思想贫乏空虚的时代。我们承认离开了进化论科学的思想,就不可能存在现代学术自由的理论基础。但是,这并不意味着科学和学术自由是同时产生的。

有了这个思想前提,我们可以着手简要地探讨科学的三大贡献:对谬误的宽容思想;对管理权的限制;有一整套正确的价值观。

一、宽容谬误的思想

为学术自由进行的所有辩护都是建立在这样的理论基础之上,即真理的本质就是对谬误的宽容。简要回顾一些传统的思想观念可以帮助认识科学的贡献。正如我们所看到的①,过去一种观点认为既然检验真理的标准就是真理本身,理智的新发现只要符合宗教教条即可,因此没有必要进行反对谬误的斗争;第二种观点认为,既然只有某些思想观念有助于拯救人类的灵魂,其他思想观念即使存在再多的错误,也不能惩罚罪恶;第三种观点认为,虽然真理是已知的,不需要作进一步的检验,但是打击迫害谬误也是不明智的,因为这样做将使人们更加坚信自己的错误观念;第四种观点认为,真理是不可战胜的、永远正确的,永远不会被谬误推翻,因为"任何信仰基督教义的人怎么可能在自由公开的争论中被驳倒呢"?此外,进化论者提出了另一种思想观念。他们认为所有的看法都是相对正确或错误,只有通过不断的研究才能加以证实。由于体现了这一思想,现代学术自由的理论基础比以往学术自由的任何理论基础更加明确:所有看似错误的思想都应该得到容忍,因为即使真理也没有穷尽一切。

同时,进化论者对谬误的容忍是有条件的,即必须遵守一定的研究规范。进化论者并不认为每个观点都有同等价值。所有自称发现了的真理都必须接受公开的检验,检验的过程必须严格遵守某些规则,并且只能由具备专家资格的人来进行。任何结论都不是不可改变的,但是获得结论的方法和过程却是有章可循的。因此,学术自由并不是在理论上为所有学术上的分歧进行辩护,而是为那些遵循一定的学术规范而形成的学术上的不同看法提供交流的机会;不是为任何个人的看法进行辩护,而是为那些愿意让自己的观点接受公众检验的思想提供机会;不是为某种思想的完美性进行辩护,而是为某些并不完善但是却有可能促进学术发展的新

---

① 同前文注,Chap. I, "The Idea of Toleration"; Chap. IV, "The Secularization of Learning"; Chap. V, "The Idea of Academic Freedom"。

思想而辩护。在这方面,并非弥尔顿和密尔所说,学术自由是为某些人的异想天开提供庇护。在现代理论中,虽然任何结论都不是不容置疑的,但是却规定了得出结论的方法。

二、对管理权的限制

教授的考核和聘任一直是学院董事会的特权,学院在争取学术自由的斗争中,开始对董事会是否具有这种特权以及在多大程度上行使这种特权提出质疑。自从达尔文进化论产生以后,对学院管理权进行限制的理由,主要基于学术管理需要专业资质的思想。当大家提出教授的专业水准只能由专业人士来评价,专家只能从专业同行中挑选,同行专家的认可是解决学术事务的最高准则时,人们才开始争论教士的资质问题。例如,因为董事会没有充分了解事实真相,或者因为他们承认自己存在偏见,或者因为他们被一些无关的因素所左右等原因,而解雇一名教授并遭到抗议时,人们就开始质疑董事会的专业能力。不过,过分夸大这些观点的新颖性也是不明智的。这些观点还反映了以前惯常所用的"正当程序"——即保证公平的基本规则——与普通法的历史一样悠久。然而,同样明显的是,在达尔文进化论之争中,专业资质正是对付专横的教士的好理由,此刻它又成为质疑董事会成员资质的有利论据。

这些思想产生了实际影响。这些思想主要体现在以下方面:大学成立了不计其数的教授委员会,确定教师的聘用、终身任期以及晋升。成立临时性的教授听证会,决定教师是否能够继续留任。美国大学教授协会还成立了长期的调查委员会,调查委员会成员由大学教授组成,受理被解雇教授的申诉,并进行调查、取证、公布调查结果。① 科学对管理权限制的理论和实践,同达尔文主义者提出的科学专业能力的思想,具有惊人的相似之处。

三、科学伦理

最后,学术自由理论本身具有的一些基本价值观,并非来源于科学,但是包含在科学假说和科学活动之中。例如,宽容和诚实、公开性和可检验性、独立和合作,这些价值观已经成为宝贵的科学财富。这里要特别强调另外两种价值观。首先是科学的可靠性原则,即把对科学工作的评价同对科研工作者的信仰及其社会关系的评价区别开来,从而体现了学术自由的普遍性价值观。普遍性不仅意味着消除科学评价中的偏见,即根据人们的信仰、种族、国别评价一个人工作的优劣,而且意味着消除了不当的优势,即根据人们的社会关系、社会地位、社会等级的高低评价一个人的好坏。另一个是科学中立性原则,即公正无私,这种价值观在科学中根深蒂固。由于受到普遍性价值观的影响,学术自由开始认识到人们与科学之间的关系同人们与上帝之间的关系一样密切。无论是企图把美国人的科学观念或长老会教徒的科学观念强加给学术界,还是把社会等级和肤色作为聘用和晋升教师的标准,都是对学术自由的侵犯。由于受到科学中立性原则的影响,学术自由开始提倡这种观念,即科学必须超越意识形态,以及大学教授必须抵制各种可能破坏积极追求真理的行为。无论是试图通过金钱或采取其他不正当方式贿赂教授的行为,还是教授自己试图利用部门满足个人私利的行为,都是对学术自由的侵犯。学术自由作为这两种科学价值观的象征和守护者,不仅体现了人类自由的学术活动,而

---

① 参见第五章。

且体现了人与人之间的伦理关系以及人们对实现自身价值的追求。

我们不应该把学院的这些变化和学术自由理论基础的这些变化作为法律进步的依据。虽然学院摆脱了宗教权威的束缚,但是学院并没有立即享受到学术自由的阳光。学术自由理论并没有因为吸收了科学观念而更加完善和明确。在下一章,当我们考察教育改革的最后一个阶段——即按照德国大学的模式建立研究生院——时,我们会发现,新的大学在一定程度上放弃了学术独立性。通过比较美国学术自由与德国大学的学习自由、教学自由,我们可以发现美国学术自由受到中立性原则和科学专业能力原则的严格限制。这场教育改革的矛盾之处在于,他们克服了重重困难争取到的学术自由,经常在新情况下又面临严重的威胁。

第三章

德国的影响

> 大学教师只对自己的教学负责。他的教学对象——学生——享有接受或拒绝他的观点的充分自由,有权批评教师的教学并提出改进的意见。师生双方只有一个目的:真理;只有一个标准:不服从任何外部权威,而只服从于客观真理。

第三章 德国的影响

目前关于美国大学和德国大学之间相互交流的详细情况还没有完整的研究和论述。① 关于这个问题最初的讨论发现二者存在单方面的依从关系。19世纪,在德国大学学习进修的美国学生超过9 000人。通过这些学生,通过书籍中介绍的德国大学的情况,以及偶尔到德国旅游所了解的情况,德国大学的教学思想和方法被介绍到了美国。② 对两国大学之间关系的研究,显示了美国对德国大学的文化选择。美国从德国那里选择了那些符合其需要、并且与其历史协调一致的方面。从某种意义上说,德国强大的学术影响与其说是开创了美国本土改革的趋势,倒不如说是促进了这种趋势。例如,在1850年之前,美国学术职位的候选人很少会追寻蒂克纳和班克罗夫特在哥廷根的足迹。③ 在去哥廷根的人中,比

---

① 这是美国学术史中的一个空白。只有一项研究试图直接把德国大学和美国大学联系起来:Charles Franklin Thwing, *The American and the German University*, *One Hundred Years of History* (New York, 1928). 这本书的优点在于它全面评价了德国的影响,考虑了制度、个人和学术等方面的因素;它的不足之处在于论述不够详细,分析不够深刻。John A. Walz 的 *German Influence in American Education and Culture* (Philadelphia, 1936)是一本很薄的小册子,因此没有对其主题作出充分的阐述。B. A. Hinsdale, "Notes on the History of Foreign Influences upon Education in the United States," *Report of the Commissioner of Education*, I (1897—1898)则提供了一份在哥廷根、哈勒、柏林和莱比锡学习的美国学生名单,这份名单很有价值,但遗憾的是名单不全面。关于德国文化对美国全面影响的问题,有几个研究略微值得关注。Albert B. Faust, *The German Element in the United States* (New York and Boston, 1909)是重点介绍德国对美国文化贡献的两卷本简编。Orie W. Long, *Literary Pioneers* (Cambridge, Mass., 1935)是一个关于文学影响的杰出研究,其中阐述了埃弗雷特、班克罗夫特、科格斯韦尔、蒂克纳、朗费罗和莫特利对德国大学的很多看法。有两个研究涉及美国杂志对德国文学的看法,其中包括与这一主题相关的参考文献:Scott H. Goodnight, "German Literature in American Magazines Prior to 1846,"及Martin H. Haertel, "German Literature in American Magazines, 1846 to 1880,"都出自 *Bulletin of the University of Wisconsin Philology and Literature Series*, IV (1908)。
② Thwing, *The American and the German University*, p.41.
③ 美国学术界的传统观点认为,1814年斯塔尔夫人(Mme. de Staël)的 *De l'Allemagne* 一书在美国的出版,以及第一批在哥廷根大学学习的四个美国人(埃弗雷特、蒂克纳、班克罗夫特、科格斯韦尔)的开创性工作,是美国首次介绍和引进德国文化。而哈罗德·简兹(Harold S. Jantz)反对这种观点。参见"German Thought and Literature in New England, 1620—1820," *Journal of English and Germanic Philology*, IV (1942), 1-45. 但是,哈罗德作出这一结论是以少数见识广的学者的兴趣为根据,而不是以大量的美国学院毕业生的兴趣为依据,在1820年之前他们主要的兴趣是英国文化。

较集中的是哈佛普通的毕业生。① 这个有教派背景的学院既不迫切需要德国培养的学者，也不打算申请留学德国的奖学金。在学院看来，德国的神学充满不可知论，德国的语言学太过专业化，德国的科学过于狂热。② 直到获取德国学位在美国就业中显示出一定的优势时——也就是说，直到美国的学院已经变得更加世俗化、更加专业化和更具理性抱负——大量的美国学者才开始走出国门。因此，可以假设，随着19世纪后半期到德国的美国人人数的增加——在1850年之前，这个数字大约为200人；到19世纪80年代人数最高峰的10年，这一数字达到2 000人。这说明美国本土变化的步伐与我们文化引进的发展是一样的。③

最后，本章将揭示文化改变的影响。通过美国人的眼睛所看到的德国，必定会在一定程度上因为美国人的偏见而被臆造和虚构。德国的学术思想在与我们自己的理念和立场的碰撞中，必定会产生极大的改变。下面的分析仅简单涉及两个方面的德国贡献——学术研究的思想，以及学习自由和教学自由的思想。但是，即使下

---

① Hinsdale, "Notes on the History of Foreign Influences," pp. 610-613; William Goodwin, "Remarks on the American Colony at Göttingen," *Proceedings of the Massachusetts Historical Society*, XII, Second Series (1897—1899), 366-369.

② 特别是有许多学院不愿聘用德国培养的神学毕业生。虽然乔治·班克罗夫特接受了哈佛大学董事会提供的三年奖学金，并最终成为一位语言学家和《圣经》评论家。但是，他认为他必须向他的哈佛资助人表明，他的基督教信仰确实没有受到德国怀疑主义思想的影响。1819年，在写给哈佛校长科克兰德(Kirkland)的一封信中，他保证说除了评论以外，他与德国神学没什么关系。他写道："我丝毫不理会他们的无神论思想。我相信，因为我长期承蒙您的关心并且是您所领导的神学院的成员也有很长时间了，所以我不存在背离我的宗教信仰走上歧途的危险……我现在明确地说出这一点，因为在我离开美国之前，我经常听到人们对我到德国学习的担心。"Long, *Literary Pioneers*, pp. 114-115. 人们对德国神学的恐惧在19世纪中期以后仍然持续了很长时间。在1863年，威廉·萨姆纳(William Graham Sumner)决定到德国学习神学，他的家人认为这将会极大地威胁他的灵魂不灭的思想。Harris E. Starr, *William Graham Sumner* (New York, 1925), p. 56. 与此类似的是，乔治·西尔威斯特·莫里斯(George Sylvester Morris)在1866年决定去德国，他的家人担心这会影响他的正统观念。R. M. Wenley, *The Life and Works of George Sylvester Morris* (New York, 1919), p. 115.

③ Thwing, *The American and the German University*, p. 42.

文对复杂文化联系的描述不够完善,也阐明了文化联系从依从、选择到改变的三重进程。

第一节 学 术 研 究

把大学视为一个研究机构的概念,在很大程度上应归功于德国的贡献。在美国,"大学"的含义因为院校的虚夸而被贬低和搞混。在中世纪之前,"大学"一词有各种含义:(1)指那种至少附带有一所专业学院的大学,如宾夕法尼亚大学或哈佛大学;(2)指完全由州政府控制的院校,如佐治亚大学和北卡罗来纳大学;(3)指由州政府控制并附带一所或多所专业学院,可提供种类繁多的选修课,如弗吉尼亚大学;(4)指任何一所追求宏大性的学院,就像南部和西部的众多学校所做的那样。① 不管是考察字面含义还是办学实际,"大学"所涉及的内容都不包括学术研究活动。只要能够自学研究方法,只要私人藏书量能够与知识增长速度保持一致,那么富兰克林之类的人物就不必去谋求一个教授职位,爱默生之类的人物在成为学童之前也不必自言自语,杰斐逊、欧文(Irving)或莫特利之类的人物同样不必亲自授课培养自己事业的继任者。学术研究成为大学的一项职能,必须等待一系列研究条件的改变才能实现——从实际经验中获得的知识的大量扩展和研究方法的精细化;

---

① 约翰·霍普金斯大学的第一任校长丹尼尔·吉尔曼在他的回忆录中写道,一次他去参观耶鲁大学,并介绍自己是"一位大学校长"。耶鲁校长戴мот他:"您的一个系有多大?""还没有。吉尔曼回答说。"您有图书馆或教学楼吗?""还没有。"吉尔曼回答说。"有捐款吗?""没有。"还是一成不变和让人失望的否定。"那么您有什么?"耶鲁校长坚持问道。这时的吉尔曼快活起来,他高兴地说:"我们有一套非常好的办学章程。"*Launching of a University* (New York, 1906), pp. 5-6.关于简要介绍"大学"一词在美国学术生活中的演变过程,参见 Carnegie Foundation for the Advancement of Teaching, *Second Annual Report of the President and Treasurer* (1907), pp. 81-85.

克服学术研究的阻力；最重要的是，要熟谙德国的大学，它们是19世纪改革者的典范和动力。

德国的大学并非一直以作为学术研究机构而出名。在基督教改革运动之后的两个世纪中，他们不过是既定神学理论的代理机构、经验主义哲学的沉寂中心和国家官僚机构的分支机构。莱布尼茨（Leibnitz）拒绝到一所德国大学任职就表明做学者对他们没有吸引力。① 但是在19世纪，德国大学开始遥遥领先于其他国家的大学，并为一些古老而富有的大学所仿效，这是多方面因素的结果，其中两个方面的因素——德国大学特有的结构优势和学术思想的复兴——特别值得我们关注。

在18世纪末19世纪初，德国的大学在组织体制上优于牛津、剑桥等综合性大学中的专业学院，也优于法国大革命后出现的独立的职业技术学校。② 首先，德国的大学一直保留了哲学院，在中世纪，哲学院是与神学、法学和医学院联系在一起的。因此，即使在中世纪最黑暗的日子里，大学也绝不仅仅是神学讨论会或专业学院；其次，大学把预备课程下放到低一级的学校，取消了学生在学院和大学的群体生活，并逐渐提高了学生的入学年龄，从而使德国的教授从大部分的家长式职责中解放出来。由于德国大学的师生关系是一种互谅的协约关系，而不是一种强迫性的同盟关系，所以研究者的灵感因为学生的存在受到破坏的风险更少一些；由于门徒习惯的复兴，师生心灵自由交流的机会更多一些；再次，德国

---

① 关于欧洲大学与知识分子生活之间的隔阂，参见保罗·法默（Paul Farmer）的一篇优秀但过于简洁的文章。文章收录在"Nineteenth Century Ideas of the University：Continental Europe," Margaret Clapp, ed., *The Modern University* (Ithaca, N. Y., 1950), pp. 3-24.

② 参见 Stephen d'Irsay, *Histoire dès universities françaises et étrangères des origins à nos jours* (2 vols.；Paris, 1933—1935), II, 168-177; John Theodore Merz, *A History of European Thought in the Nineteenth Century* (vols. 4; Edinburgh and London, 1907—1914), Chap. I: "The Scientific Spirit in France."

第三章 德国的影响

的大学是一些州的财富和骄傲——对于这些州来说，如果这不是一件纯粹的幸事，至少允许它们从大学展示的高尚嗜好中获益。① 最后，随着18世纪国内官僚体制的发展和罗马法在德国各州的实行，对接受过大学教育的行政人员的需求也随之增长起来。甚至贵族阶层为了保持他们在德国官僚体系中的强权，也必须学习新的法学——而这极大地增强了德国的教授和大学的权力和威望。②

德国哲学在18世纪和19世纪早期开始繁荣起来。大学史没有提供大学兴起哲学运动的任何原因（除了爱丁堡大学和格拉斯哥大学的普通现实主义的发展）③；哲学史也几乎不能详细说明每个历史阶段的学术风格。法国的百科全书派运动和英国的启蒙运动的繁荣都在大学之外，而德国此类运动的兴起萌芽于：1737年哥廷根大学建立之后，1740年弗雷德里克大帝（Frederick the Great）恢复了哈勒大学克里斯蒂安·沃尔夫（Christian Wolff）的职位，以及1755—1797年伊曼纽尔·康德（Immanuel Kant）在科尼斯堡大学最辉煌的时期。④ 浪漫的唯心主义在很早之前就渗入了法国和英国的大学，而它在耶拿（Jena）大学的繁荣发展是由费希特（Fichte）和谢林（Schelling）推动所致，在柏林则是由费希特、黑格尔（Hegel）和谢林共同推动。值得注意的是，英国的伟大哲学家，从培根

---

① Friedrich Paulsen, *The German Universities: Their Character and Historical Development* (New York, 1895), pp. 57-64; Paulsen, *The German Universities and University Study* (New York, 1906), pp. 44-46, 137-139. 包尔生（Paulsen）对这部分内容的贡献很大。

② Paulsen, *German Universities and University Study*, pp. 119-121; W. H. Bruford, *Germany in the Eighteenth Century: The Social Background of the Literary Revival* (Cambridge, 1935), p. 251.

③ 参见 Gladys Bryson, *Man and Society: The Scottish Inquiry of the Eighteenth Century* (Princeton, N. J., 1945).

④ Frederick Lilge, *The Abuse of Learning: The Failure of the German University* (New York, 1948), Chaps. I and II. 对于由包尔生提出的关于德国大学的田园诗般的观点来说，里尔格（Lilge）是一副好的解毒剂。

(Bacon)到约翰·斯图尔特·密尔（John Stuart Mill），都是一些事务型人才；而德国哲学的英雄时代的伟人则都是一些学术型人才。这种情况可以从英国哲学的繁荣景象和德国大学的显赫地位体现出来。

哲学的复兴重新阐释了学术研究的理念，从而恢复了大学的活力。在长期占统治地位的旧学术体制下，哲学研究工作仅仅在于解释教义、演绎教义的结论和论证教义的合理性——在这个范围内，学术研究成为三段论式的推理行为。按照理性主义哲学思想，哲学研究应该让各种信念接受理性的检验，即使是真理性知识——这样一来，学术研究成为一种理性批判活动。① 随着德国唯心主义的发展，学术研究被定义为一种积极的创造性活动——用费希特的哲学术语来看，哲学研究是通过思维活动发现现实存在。② 在某种程度上，德国人的超常思维能力弥补了行动上的不足，同时有助于弥补在追求精神和道德价值的斗争领域中存在的缺陷，这个领域不受偶然性的束缚。为了抵制法国的唯物主义哲学，唯心主义者提出存在被经验现象所遮蔽的超验现实。此外，深奥的形而上学理论正好满足了虚伪的宗教信条所表现出来的强烈宗教愿望。费希特之类的忘我的学者与口若悬河的神父没有差别；知识分子对绝对理性的认识同人神一体的神秘主义是一致的；对哲学真理的探索无异于对宗教确定性的探索。③ 每个唯心主义流派都像一个传播各自教义的激进教会。对于这些学院哲学家来说，探索真理不是一种工作，而是一种神的感召——是一种超验的需要，一种拯

---

① Immanuel Kant, *Der Streit der Fakultäten* (Königsberg, 1798), Rossmann ed. (Heidelberg, 1947), pp. 21-26.
② J. G. Fichte, "Bestimmung des Gelehrten," *Nachgelassene Werke*, III, 183-193.
③ 参见乔治·桑塔亚纳对这种哲学的卓越分析：*Egotism in German Philosophy* (New York, 1940), Chaps. I and II.

救灵魂的需要。

在19世纪二三十年代,随着自然科学和实验科学的引入,哲学在德国大学中的霸权地位被打破。数十年间,一场关于方法论的争论在科学家之间展开,一部分科学家主张通过定量测量和仔细观测解释自然现象,而以谢林为代表的思辨哲学家则认为可以凭直觉产生的先前观念认识自然规律。随着约翰内斯·穆勒(Johannes Mueller)在生理学领域内的工作取得开拓性进展,李比希(Liebig)的化学实验得到广泛赞誉,以及洪堡(Alexander von Humboldt)关于自然科学演讲的流行,至此,宣告了科学研究方法的胜利。1840年之后,高度的专业化、严格的客观性和精确的注释,成为德国学术的主要标志。但是,这些经验主义方法并没有完全排除学术思想中的思辨精神。在唯心主义丧失了其产生的环境氛围后,它仍然在德国大学中存在了很长一段时间。19世纪德国的学术仍然具有思辨性和主观性,即使当它表现出极力推崇经验主义方法的时候。桑塔亚纳指出了这个特点,他写道:"没有任何一个国家有如此众多的、勤奋的、合作的(尽管对这一点还有激烈的争论)教授献身于各种学术研究活动。尽管他们最初的目的是拯救自己的灵魂,但是经院哲学的方法还是保存了下来:争论的问题带有偏见,甚至在科学研究中出现自我中心。……如果研究指向的目的不是政治性和宗教性的,至少也是'思辨性'的,也就是说具有主观性。……因此,一篇关于《圣经》或荷马的评论,一段关于罗马或德国的历史,常常成为一个小型的自我中心哲学体系,这种哲学得到了父母般热情的支持和辩护,并像预言家捍卫他们超自然的神灵启示那样得到越来越多人的推崇。"[①]

德语"科学"(Wissenschaft)这一名词的含义已完全不同于英语相

---

① 同前文注,17-18页。

应的名词"科学"(science)的含义。德国的"科学"意味着一种奉献的、神圣的追求,它的含义不仅仅指理性认识的目标,还指自我实现的目标;不仅仅指学习"精密科学",还指要学习大学中所教的一切;并且不是学习那些对他们具有直接效用的东西,而是学习那些对于他们自己和他们生活的终极目的具有重要道德意义的东西。①

德国的大学致力于培养和支持它们的科学家和学者。讲授,这种传播新的研究成果的方式,代替了古老的中世纪延续下来的讲解经典教科书的方法。② 研讨班,曾经作为训练僧侣辩论技巧的一种方法,现在与实验室一起共同成为科学实践的基地。学生们与他们的老师在知识的葡萄园里一起工作,由此学会了教师的科研方法,并培养了独立从事科学研究的能力。③ 随着哲学院规模的不断扩大和重要性日益增强,哲学研究的方法就扩展到了其他的专业学院。教学和研究的紧密结合使德国大学的四大学院体现出各自不同的目的和特征。虽然这没有完全——但是在很大程度上——阻止了神学致力于研究预定论的趋势,法学成为研究法律程序的趋势,医学完全成为临床医学的趋势。④ 大学主要希望培养神学

---

① 参见梅茨(John Theodore Merz)一书中的讨论: *A History of European Thought in the Nineteenth Century*, pp. 90, 168-174, 170n, 172n。

② Herbert Baxter Adams, "New Methods of Study in History," *Johns Hopkins University Studies in Historical and Political Science* (Baltimore, 1884), II, 64-65.

③ 参见 Rudolph Virchow, Rectorial Address, "The Founding of the Berlin University and the Transition from the Philosophic to the Scientific Age," in *Annual Report of the Board of Regents of the Smithsonian Institution* (Washington, D. C., 1896), pp. 685 ff。

④ 在这一方面,只有天主教学院的神学教育是一个例外。宗教的妥协要求在大学同时建立天主教神学院和新教神学院,因此在波恩大学、布雷斯劳大学(Breslau)、斯特拉斯堡大学(Strasbourg)和图宾根大学(Tübingen)建立了新教神学院,在弗赖堡大学(Freiburg)、慕尼黑大学(Munich)、明斯特大学(Münster)和维尔茨堡大学(Würzburg)建立了天主教神学院。在整个19世纪,罗马天主教会试图控制大学教师的聘用和宗教信仰是发生冲突的原因之一。在德国,反对神学院从大学中分离出去建立单独的神学院的主张在于担心宗教分裂,以及科学方法对天主教神学的渗透。参见 Max Müller, *Die Lehr- und Lernfreiheit: Versuch einer systematisch-historischen Darstellung mit besonderer Berücksichtigung der französischen, deutschen und schweizerischen Verhältnisse* (St. Gallen, 1911), pp. 191-200。

家而不是牧师,培养法理学家而不是律师,培养医学科学家而不是医生。德国的大学不是一个任何人能学习任何东西的场所,也不是一个主要强调实际需要的地方,尽管州政府要求大学培养实用性人才。在19世纪的德国,各个学校和学院绝不会不重视神学教育;高级文科中学(Gymnasien)绝不会不重视基础课程和工具课程。德国大学不重视职业教育,强调坚持公正无私的学术研究,从而导致了大学的精神追求与日常生活现实需要之间的隔阂。德国大学像宗教一样具有自己独立的体系,它们培训自己的教师,拥有自己的教师见习期标准,并与世俗社会保持一定的距离。

许多美国人非常羡慕德国大学的光辉理念和伟大成就,同时有些看不起自己国家的院校。"迄今为止我们国家的大学理想是什么?"1829年,年轻的亨利·沃兹沃斯·朗费罗(Henry Wadsworth Longfellow)在哥廷根大学学习时写道:"答案很简单——两三幢高大的教学楼,一个礼拜堂,有个校长在里面祈祷!"与哥廷根大学的理念即"一群志趣相投的教授们聚集在一起,他们渊博的学识吸引着学生……并且能够教给学生未知的知识"①,简直没法相提并论。随着镀金时代的到来,这种反差越来越明显。那些具有改革意识的知识分子对尤利西斯·格兰特(Ulysses Grant)政府日益不满,尽管他们认同格兰特政府的扩张主义政策,这些知识分子用德国大学取得的成就来指责美国大学教育。美国哈佛大学著名天文学家本杰明·阿普索普·古尔德(Benjamin Apthorp Gould)指出,我们无法容忍美国竟然像罗马那样把其子民送往国外获取知识营养。② 诺亚·波特对德国的学者和美国的

---

① Long, *Literary Pioneers*, p. 166.
② Benjamin A. Gould, "An American University," *American Journal of Education*, II (September, 1856), 289.

教授进行了比较，发现美国教授是"万金油，乐意教授测量学和拉丁语，他们只要能照领薪水就心满意足了"。① 几乎所有后来成为新建大学的伟大校长们都认为美国的大学死气沉沉，而德国的大学令人向往。安德鲁·迪克森·怀特在柏林大学当留学生时，就发誓"不仅要实现他的大学理念，而且要加以发扬光大"，并决心对美国教育"有所作为"。② 30年后，尼古拉斯·穆雷·巴特勒在柏林大学同样领略了德国学者无与伦比的渊博学识后，承认这给他"留下了不可磨灭的印象，明白了学术意味着什么，什么是大学，美国高等教育要达到这种程度还有漫长的道路要走"。③ 詹姆斯·伯尔·安吉尔，查尔斯·艾略特，丹尼尔·科伊特·吉尔曼，查尔斯·肯德尔·亚当斯等人，后来也成为美国大学的校长，他们也羡慕德国的大学。④ 美国之所以不断涌起文化自卑感，德国大学的模式是其中的重要原因。

19世纪50年代之前，那些为德国大学所鼓舞的留学生，对于德国大学教学的先进理念和专业化的印象要比德国大学致力于学术研究的印象更深刻。⑤ 美国大学教育质量之低让哈佛大学约

---

① "The Higher Education in America," *Galaxy*, XI (March, 1871), 373.
② Andrew Dickson White, *Autobiography* (New York, 1922), 1, 291.
③ Nicholas Murray Butler, *Across the Busy Years* (New York, 1935), 1, 126.
④ 参见 James Burrill Angel, *Reminiscences* (New York, 1912), p. 102; Henry James, *Charles W. Eliot*, 1, 136 137; Oilman, *Launching of a University*, p. 275; Charles Foster Smith, *Charles Kendall Adams*, A Life-Sketch (Madison, Wis., 1924), pp. 12-13. 也可以参考 S. Willis Rudy, "The 'Revolution' in American Higher Education, 1865—1900," *Harvard Educational Review*, XXI (Summer, 1951), 165-169。
⑤ 例如，乔治·蒂克纳1825年在哈佛进行改革的首要目标是为了提供更广泛的选修课程，教学方法上采用讲座制取代背诵。这位德国大学的崇拜者并没有希望把哈佛办成一所研究性大学。参见 George S. Hilliard, *Life, Letters and Journals of George Ticknor* (Boston, 1877), 1, 358; George Ticknor, *Remarks on Changes Lately Proposed or Adopted at Harvard University* (Boston, 1825); 早期建立研究生院的想法的目的主要是为了开设高级课程，而不是为了鼓励科学研究。Richard F. Storr, "Academic Overture," unpublished Ph. D. dissertation (Harvard University, 1949)。

瑟夫·科格斯韦尔(Joseph Green Cogswell)感到很失望,导致他离开了哈佛大学到马萨诸塞州的北安普顿开始自己创办学校。① 这所学校完全照搬德国大学的体系,耶鲁大学校长的儿子亨利·德怀特牧师在1829年所写的广泛介绍德国大学模式的书中对此给予了高度赞誉。② 直到这一世纪中叶后,美国大学才开始效仿德国的学术研究理念。亨利·塔潘(Henry P. Tappan)的《大学教育》(University Education, 1850)——也许是第一本美国人撰写的唯一全面论述高等教育的著作,最早试图把大学界定为"保障进行各种科学研究活动的场所"。③ 此后几十年里,大学就是学者和学生的看法成为一种趋势。在詹姆斯·摩根·哈特(James Morgan Hart)出版的首次广泛研究德国大学的著作中,他写道,德国大学的目标是"热情地、有条理地、独立地进行各种形式的探究真理的活动,完全不考虑是否具有实用性"。④ 学术研究给大学带来了生命和活力。它吸引了能力出众的学者,而不是卖弄学问的教师和严格纪律的信奉者。它真正关注学生的心智发展。⑤ 美国大学直到后来才开始承认德国大学具有许多值得赞美的地方,清楚地表明了文化选择的作用。只有具备了友善的接受环境,文化产品的移植才能成功,而在1850年前,我们的教育观念中还不接纳学术

---

① *Life of Joseph Green Cogswell* (Cambridge, Mass., 1874), p. 134; Joseph Green Cogswell, "University Education," *New York Review*, VII (1840), 109-136.

② Henry E. Dwight, *Travels in the North of Germany* (New York, 1829), p. 175 以及其他各处。

③ Henry P. Tappan, *University Education* (New York, 1850), pp. 43-45, 68. 也可以参见 Alexander D. Bache, "A National University," *American Journal of Education*, I (May, 1856). 478。

④ James Morgan Hart, *German Universities: A Narrative of Personal Experience* (New York, 1878), p. 264.

⑤ 同上,pp. 257, 338-355.

研究的思想。①

然而，随着时间的推移，这些传统的观念受到质疑并被抛在一边。在美国独立百年后，按照德国模式建立了美国第一所大学——约翰·霍普金斯大学。丹尼尔·科伊特·吉尔曼就任这所大学的校长时，指出该大学的目的是"鼓励研究，促进年轻人的发展，通过最大限度地发挥各个学者的才智促进科学和社会的发展"。② 吉尔曼校长言行一致，任命了一支人数不多但学识卓著的教师，给他们时间和自由进行研究，并招收了少数有杰出才能的研究生，鼓励他们投身学术工作。以下这些杰出人士就是他取得成功的最好见证，其中包括：詹姆斯·西尔维斯特（James J. Sylvester），亨利·罗兰，赫伯特·亚当斯，亨利·亚当斯，乔赛亚·罗伊斯，索尔斯坦·凡勃伦，伍德罗·威尔逊，理查德·伊利，约翰·杜威。③ 人们恰当

---

① 这里不可能列出所有参考书目，以下这些关于研究是大学职能的观点，我认为值得一提：George S. Morris, "University Education," in *Philosophical Papers of the University of Michigan* (Ann Arbor, 1886—1.888), Series 1—2, pp. 8-9; Daniel C. Oilman 的许多演讲，包括他的 "Inaugural Address" (1876), in *University Problems in the United States* (New York, 1898'), pp. 18-19; David Starr Jordan, "The Building of a University" in *The Voice of the Scholar* (San Francisco, 1901), p. 28; Jordan, "Inaugural Address" (1891) in David Weaver, ed., *Builders of American Universities* (Alton, Ill., 1950), p. 356; F. W. Clarke, "American Colleges versus American Science," *Popular Science Monthly*, IX (August, 1876), pp. 467-474; Charles Phelps Taft, *The German University and the American College* (Cincinnati, 1871), p. 23; Francis A. March, "The Scholar of Today," in Northrup, Lane, Schwab, eds., *Representative Phi Beta Kappa Addresses* (New York, 1915), pp. 112-123; John W. Hoyt, "Address on University Progress," delivered before the National Teachers' Association, 1869, in *National University Pamphlets* (Columbia University Library), pp. 6-79. 传统主义者反对研究作为大学的职能，不过他们没有达成任何一致的看法。一些人不赞成德国大学强调自律的做法，而主张大学的任务是进行心智训练的旧观念。参见 "The American Colleges versus the European Universities," 7 Varion, XXXIV (Feb. 16, 1882), 142-143, 143-144。一些人仍然惧怕德国大学的反宗教教育，参见 L. H. Atwater, "Proposed Reforms in Collegiate Education," *Princeton Review*, X (July, 1882), 100-120。另一些人赞成古典学科和必修课程，参见 Andrew F. West, *A Review of President Eliot's Report on Elective Studies* (New York, 1886)。

② Gilman, *University Problems*, p. 35.

③ John C. French, *A History of the University Founded by Johns Hopkins* (Baltimore, 1946), p. 41 以及其他各处。

第三章 德国的影响

地称这所大学为巴尔的摩的哥廷根大学。该校 1884 年名册上的 53 名教授和讲师中,几乎所有人都在德国大学学习过,并且其中 13 位还获得了博士学位。① 约翰·霍普金斯大学采用讲座、研讨会和实验室教学方法,促进了教师和学生之间的密切联系和亲密关系。所谓研究生院相当于德国大学的哲学院,拥有广泛的学科专业,不强调实用性的目标,并致力于研究任务。并且大学的理念也颇似德国大学:乔赛亚·罗伊斯写道:"大学培养实干家,而不仅仅是一个听众,或是在上帝的感召下生产某种产品过程中的一个渺小的创造者。"②

由于受到约翰·霍普金斯大学的鼓舞,到 19 世纪末已经建立了 15 所主要的研究生院系。③ 年复一年,美国培养的哲学博士几乎以几何级数增加。1861 年之前,美国学院还没授予过一个博士学位;但在 1890 年,就授予了 164 个博士学位;在 1900 年,授予的博士学位数是 1890 年的两倍多。④ 1871 年,美国大学研究生人数只有 198 人,到了 1890 年,研究生人数已经上升到 2 872 人。⑤ 尽管这些数字显示了研究生院的数量庞大和研究生教育质量和标准的下降,但它们的主要意义在于证明了美国大学已经完全接受了德国大学的学术研究思想。

但是,任何理念都不会经历环境的巨大变化而仍然保持固定的

---

① Thwing, *The American and the German University*, p. 43.
② Josiah Royce, "Present Ideals of American University Life," *Scribner's Magazine*, X (September, 1891), 383.
③ W. Carson Ryan, *Studies in Early Graduate Education* (New York, 1939), pp. 3-14.
④ Walton C. John, *Graduate Study in Universities and Colleges in the United States* (Washington, D. C., 1935), pp. 9, 19.
⑤ *Report of the Commissioner of Education*, 1872, pp. 772-781; *Report of the Commissioner of Education*, 1890—1891, II, 1398-1413.

形式或内容。理念在新的思想环境中会失去原来的内涵,在陌生的制度环境中会衍生出新的含义。虽然美国移植了欧洲大学的学术研究理念,但是在实践中进行了适当的改变。美国的大学不同于法国大学:美国不存在像朱尔·费里(Jules Ferry)那样的教育部长,因此我们可以建立综合性的大学体系:大学分别受到公立和私立、地方和国家、世俗和专业等方面因素的影响;美国的大学也不像德国大学那样建立了严密一致的体系:由于各种原因,美国大学没有明确划分学院和研究生院、实用性知识与纯粹性知识之间的界限。在回答"新型大学应该是什么样"这个问题时,希望大学能够满足各种需要,能够包容各种技术。因此,内战后我们的高等院校,不只是种类不同,而且功能相互交叉融合;不仅各个院校有不同的规模、质量、独立性和复杂性(这是一个熟悉的美国模式),而且兼收并蓄各种特性和目的(大体上是新的东西)。我们呼吁注意这个事实,并不表示我们像某些美国大学评论家一样认为一致性对大学教育最有利。① 大学的多样性很可能是效率的标志,而一致性可能要以牺牲现实的活力为代价。但我们折中的办法似乎产生了大学与公众之间关系的混乱和矛盾,这种关系反过来影响了学术研究的精神目标。

对某些改革者而言,很明显本科生学院与大学不仅是不同的,而且是本质上不相容的机构。在一个著名的大学运动宣言中,哥伦比亚大学的政治学家约翰·伯吉斯(John W. Burgess)认为本科

---

① 对美国高等教育的批评各式各样。特别参见 Abraham Flexner, *Universities: American, English and German* (New York and London, 1930); Robert Maynard Hutchins, *The Higher Learning in America* (New Haven, 1936); Jacques Barzun, *Teacher in America* (Boston, 1945). pp. 253-319; Carnegie Foundation for the Advancement of Teaching. *Second Annual Report of the President and Treasurer* (1907), pp. 76-97。

生学院是异类的教育机构，不可能成为大学并且也不愿意成为大学预科（Gymnasium），因此，它应该被叫停。① 霍尔想把克拉克大学设计成为一个"教授的学校"，一个不承担本科生教学而进行原创性研究和研究生教育的大学。② 但这种立刻叫停本科生学院的事情实际上并没有发生。情感支配着逻辑，情感始终是学院获得财政支持的主要渠道。传统学院的校友和朋友更愿意看到自己的学院具有崇高地位，而不是被研究生院所破坏。公立大学不会采取这种"不民主"的方式来区分知识分子的利益。即使是新建的大学（约翰·霍普金斯大学，克拉克大学，芝加哥大学，斯坦福大学）都保留或建立本科生院（如克拉克大学），无论他们出于尊重当地情感的考虑，还是因为缺乏合格的研究生，或者完全为院校的规模所困扰。因此，最初的高等教育观念从来没有被消除。把1843年至1876年的大学教育目标与1909年至1921年的大学教育目标作比较，一位作者发现大学教育的基本价值观始终强调"道德和人格"教育，而后期大学教育更多地关注"公民权利和社会责任"，这种世俗教育取代了虔诚教育。③ 大学建立本科生学院使得大学生不成熟的传统看法能够长期存在下去，并且随着大学生入学年龄的增长，认为他们幼稚的年龄也在提高。在公众看来，美国的大学并没有被明确地界定为独立思想的中心和促进知识进步的机构，

---

① John W. Burgess, *The American University: When Shall it Be? Where Shall it Be? What Shall It Be?* (Boston, 1884), p.18. 伯吉斯从德罗伊森（Droysen）和冯·格奈斯特（Von Gneist）研讨会（Seminar）回来后，在阿默斯特学院历史系教测量课程。19世纪70年代的阿默斯特学院仍是一个古老的教会大学，伯吉斯企图引进德国研究生教育的研讨会模式，但遭到严重反对。怀着更高的期望，他又来到哥伦比亚大学，才发现这个资金更雄厚和较少教会性质的大学，这个美国各种学说争论的中心，同样反对研究。虽然最终他建立了一个政治学研究生院，他从中总结的教训是，本科生教育和研究生教育是不相容的。John W. Burgess, *Reminiscences of an American Scholar* (New York, 1934), pp.138-190.

② Ryan, *Studies in Early Graduate Education*, p.48.

③ Leonard V. Koos, "College Aims Past and Present," *School and Society*, XIV (Dec. 3, 1921), 500.

它可能主要是一所教育未成年人的学校和年轻人的代理父母。①

各个大学把应用性的兴趣和纯粹知识性的兴趣结合在一起,导致了这两类兴趣之间的冲突。大学的产生适应了工业化、城市化、农业商业化以及公司企业发展的需要。要使这个机器社会充满活力和不断发展,需要实用技术来运行它,科学知识来改进它,管理经验来组织它,以及工程技术来提高成本优势。赠地学院是教育领域中工业化运动最有影响的成果。赠地学院是按照《莫里尔法案》(*Morrill Act*,1862年)的条款建立的,这些条款是那些主张农业科学化和免费公共教育思想的倡导者以及提倡政府提供免费的公共土地建立学院的政治家共同努力的结果。② 作为教学机构,赠地学院提供了美国工业所需要的大量复杂的"诀窍"。作为研究机构,它们强调适合美国文化需要的应用科学——即"最佳途径"。但是,重要的并不是赠地学院和研究生院为了满足各自需要服务的领域共同存在,而是它们共存于同一所院校之中。从赠地中获得的收入最初打算用于在现有的10所大学发展农业和机械艺术学院,后来随着一些独立的赠地学院规模的增长,它们也开始建立研究生院。③ 康奈尔大学就是一个学术融合的完美典范,它是一所赠地学院,也是一个德国式的研究生院,还是一所私立大学和一个文理学院。④ 但是,在一个不包括赠地学院的大学,可以实现这种折

---

① 参见 Richard H. Shryock 对这一有趣问题的讨论,见 "The Academic Profession in the United States," *Bulletin*, AAUP, XXXVIII (Spring, 1952), 37ff.

② 关于教育工业化运动的比较好的分析,参见 Earle D. Ross, *Democracy's College: The Land-Grant Movement in the Formative Stage* (Ames, Iowa, 1942), pp. 1-45; Merle Curti and Vernon Carstensen, *The University of Wisconsin, 1848—1925* (Madison, Wis., 1949), Vol. I, Chap. 1; Frank T. Carlton, *Education and Industrial Evolution* (New York, 1913); Philip R. V. Curoe, *Educational Attitudes and Policies of Organized Labor in the United States* (New York, 1926), pp. 61, 88, 95-98.

③ Ross, *Democracy's College*, pp. 68-86.

④ Walter P. Rogers, *Andrew Dickson White and the Modern University* (Ithaca, N.Y., 1942), pp. 90-123 以及其他各处。

中的方法。芝加哥大学,体现了石油大亨(该大学赞助人)典型的专制主义思想,它从一开始就体现出实用性知识和纯粹性知识并存:它是一个传播大众知识的社区中心,一个伟大的科学和学术研究机构,一个工程实践的工场,一个专业培训的中心,也是一所本科生院校。①

其结果是,美国大学融合了两种不同含义的科学研究。一种观点认为,研究是一种产生于大学内部并被大学所引导的活动。研究者必须不仅能够独立地得出自己的结论,而且能够独立地选择自己的研究领域。学术研究的作用就是通过不断地探究填补知识空白,并遵循学科自身的逻辑开展科学研究。虽然研究可能会产生实用性的结果,但是任何能够促进前沿知识发展的研究都应该得到鼓励,而不应该仅仅局限在那些能够带来物质利益的研究领域。从根本上说,这是研究生院的研究概念。② 美国大学采用德国大学研讨会和实验室教学方法,它主张不懈地追求客观真理,重现过去"实际上已经发生"的事实真相。③ 随着新的学科专业的不断产生,研究型大学的学者倾向于把自己的研究成果提交给少数专

---

① Thomas W. Goodspeed, *A History of the University of Chicago* (Chicago, 1916), p. 26.

② 参见 Daniel C. Gilman, "The Future of American Colleges and Universities," *Atlantic Monthly*, LXXVm (August, 1896), 175-179; G. Stanley Hall's statement in Clark University, 1890—1899, *Decennial Celebration* (Worcester, Mass., 1899), p. iii, 可以看出当时对于研究生进行研究的各种观点。

③ 关于德国对于研究概念的影响, 参见 Herbert B. Adams, "New Methods of Study in History," *Johns Hopkins University Studies in Historical and Political Science*, II (1884), 94; Adams, *The Study of History in American Colleges and Universities* (Washington, D.C., 1887); Edward A. Ross, *Seventy Years of It* (New York, 1936), pp. 37-38; Ray Stannard Baker, ed., *Woodrow Wilson: Life and Letters* (New York, 1927), 1, 174-175; Carl Murchison, ed., *A History of Psychology in Autobiography* (Worcester, Mass., 1930), 1, 2-4, 102-107, 301-310, 450-452; II, 214-220. Paul Shorey, "American Scholarship," *The Nation*, LCII (May II, 1911), 466-469; C. M. Andrews, "These Forty Years," *American Historical Review*, XXX (January, 1925), 225-250。

业人士，希望他们能够认可自己的专业成果。此外，像德国的哲学院，美国大学的研究生院通过培养自己的教师来保存其文化的独立性。虽然不能说完全是有意为之，但是事实表明通常在那些能够授予博士学位的院校以及下文将提到的院校中存在买卖博士学位的现象。① 但不像德国哲学院——它在德国大学中位居"四大学院之首"(primus inter pares)，是其他学院的精神领袖——美国大学的研究生院，只是大学中的一个不同部门。在其他院系，研究往往要适应大学内部和外部的需要。例如，农学院研究的问题来源于农业社会的问题，往往是为了解决奶牛协会或当地园艺学会提出的要求。② 贸易系、工程学院、工商管理学院，往往为了完善工业和商业界所需要的专门技术。第二种观点为，研究是一个源于客户需要、终于客户满意度的公共服务。

如果认为我们混合型的大学与德国的大学相比一无是处，这种看法也是错误的。从科学的角度看，非常有必要建立纯粹研究和应用研究之间的相互联系；从社会政策的角度看，不对两种不同的兴趣、两类不同的学生以及两类不同性质的研究进行严格区分，这种体系在本质上也有可取之处；从学术自由的角度，我们发现大学学者从现实生活中找到要研究的问题，进一步激发了公民自由的愿望。不过，我们这种折中的方法同样存在弊端。它模糊了公众

---

① 人们建立研究生院的目的是希望为政府培养高层次人才，但公务员队伍发展的滞缓以及公务员招考优先考虑法学专业的毕业生，使人们对此感到失望。而且，研究生院也不像原来所设想的主要为新闻业、商业和中等教育培养高层人才，这些职能在下个世纪之初被一些专门的研究生教育机构所接管。参见 Richard Hofstadter and C. De Witt Hardy, *The Development and Scope of Higher Education in the United States* (New York, 1952), pp. 57-100。

② 关于"农业"学院的研究项目主要来自社会需要的分析，可以参见 W. H. Glover, *Farm and College: The College of Agriculture of the University of Wisconsin* (Madison, Wis., 1952)。

关于大学是什么和应该是什么的概念。就像哈姆雷特看到的云彩,一会儿像骆驼,一会儿像鼬鼠,一会儿像鲸鱼。一些人带着这种模糊的印象看待大学,认为它是探究深奥学说的避难所,另一些人则认为大学是满足各种人的需要的公共服务站。对大学的不同描绘意味着对大学权力的不同解释。作为一个文化上自治的行会,大学独立于各种社会群体,超越了各种利益冲突;作为一个服务性社会机构,大学是各种社会群体的工具,不敢损害选民的利益。大学的成员并没有缓解这种混乱。为了履行各种服务,大学赋予他们的教师绝对的探究自由是不合适和不恰当的。在大学中,研究者、真理的探索者类似于推广特别技术的技师,以及执行别人设计意图的技工。在一支由会计师、家政学家、社会学家、军事科学家、物理学家、医生、体育教育工作者、时装设计师、营销专家和采矿工程师组成的教师队伍中,不可能存在追求学术自由的统一意识,不可能形成保护大学自治的统一战线,不可能对大学的含义有明确的解释。

第二节 学习自由和教学自由

整个19世纪,特别是德意志帝国建立之后,德国学者夸耀他们的学术自由,并引起学术界的关注。学术界习惯于参照德国大学,并认为德国取得了学术自由的胜利,这更加导致了德国大学的沾沾自喜。值得一提的是,近来德国一直自诩的学术自由受到了尖锐的质疑。随着后来德国大学向伪科学和极权主义政治屈服,人们怀疑在希特勒之前的时期,德国大学是否真正享有学术自由。教授作为国家公务员要服从特殊的规则要求,在德国皇帝(Kaisers)的统治下,社会民主党人、犹太人和其他少数民族在就业时受到歧视。在涉及国家荣誉和利益的多数问题上(第一次世界大战期间见证了德国教授的表现),学术团体温顺地迎合了盲目的爱国主义狂热。① 同时,德国大学是专制国家的公立大学,大学的发展受到教育部长变化不定的意愿和一个比宪政体制更专制的国家的影响。② 如果以上都是正确的话,那么德国大学所鼓吹的学术自由的基础又是什么?

这个问题有两个答案。首先,在德意志帝国统治下大学享有的独立性超过了以往任何时期。欧洲的宗教改革把大学置于神学的统治之下。虽然18世纪时新教大学已经废除了学生的宗教宣誓,思辨哲学和神学怀疑论也随着正统神学的削弱而日益发展起来,不过直到霍亨索伦王朝(Hohenzollerns)时期政教完全分离之后,大学才最终脱离教会的控制。③ 同样,国家行使制裁权在普鲁士统一后也比较罕见。德国政府失去了大部分经济上的动力去直接管理各种事务。17世纪强制进行的领土宣誓和宗教审

---

① 参见 E. Y. Hartshorne, "The German Universities and the Government," *Annals of the American Academy of Political and Social Science*, CC (November, 1938), 210-212; Louis Snyder, "German Universities Are on the March Again," *Prevent World War III*, XIV (April—May, 1946), 28-30; R. H. Samuel and R. H. Thomas, *Education and Society in Modern Germany* (London, 1949), pp. 114-115; Frank Smith, "Presidential Address, Association of University Teachers," *Bulletin*, AAUP, XX (October, 1934), 383-384; Paul R. Neureiter, "Hitlerism and the German Universities," *Journal of Higher Education*, V (May, 1934), 264-270。

② 关于普鲁士教育部长阿特霍夫(Friedrich Althoff)的高压活动,参见 Friedrich Paulsen, *An Autobiography* (New York, 1938), pp. 361-369; Ulrich Wilamowitz-Moellendorff, *My Recollections, 1848—1914* (London, 1930), pp. 300-303。柏林大学的私人讲师阿隆斯(Leo Arons)因为尖锐地批评柏林大学哲学院而被普鲁士当局解聘,这个事件表明王权行使解聘教师的权力。*Die Aktenstücke des Disziplinarverfahrens gegen den Privatdocenten Dr. Arons* (Berlin, 1900)详细记录了这个事件。19世纪晚期王权干预各学院聘用私人讲师的权力,参见 William C. Dreher, "A Letter from German," *Atlantic Monthly*, LXXXV(March, 1900), 305。

③ 除了七个天主教神学院,在宗教压力下,他们的教授任命需要获得主教的批准。

查，例如1653年德国政府禁止马尔堡(Marburg)大学讲授笛卡儿哲学①，弗雷德里克·威廉一世(Frederick William)驱逐克里斯蒂安·沃尔夫(Christian Wolff)，以及首相沃尔纳(Wollner)对康德的训斥显示出18世纪德国专政的反复无常②，卡尔斯巴德法令(Carlsbad Decrees)和解雇哥廷根七位教授(Gottingen Seven)等例子反映了19世纪早期和中期德国的高压审查制度③，这些不光彩的过去都已经一去不复返。1850年普鲁士宪法规定的"科学与教学应该享有自由"集中体现了新体制更宽容的态度。最后，帝国时期德国大学不直接受公众舆论的影响。公众舆论的具体化、系统性和清晰度普遍没有达到英、法、美三国的程度。当时的大学像军队一样直接隶属于国家，以保护他们免受地方和宗派的压力。

---

① 1696年，耶拿大学也发生类似的事件，禁止任何教师质疑亚里士多德的学说。通常情况下，统治者会保护杰出的学者免于行会宣誓和心胸狭窄的教授们的诋毁。例如，在1673年，巴拉丁选侯卡尔·路德维希(Karl Ludwig)邀请斯宾诺莎(Spinoza)到海德堡大学任教，并保证他有哲学教学的自由，巴拉丁选侯只是要求他不要扰乱现有的宗教信仰。勃兰登堡选侯弗雷德里克·威廉(Frederick William)建议所有在当地受到迫害的学者聚集在他的城堡中——该计划最后并没有实现。参见 G. Kaufmann, *Die Leilrfreilieit an den deutschen Universitaten im neunzehnfen lahrhundert* (Leipzig, 1898)。

② 克里斯蒂安·沃尔夫被指控以他的宿命哲学蛊惑军心，限四十八小时内离开哈勒大学(1723年)。弗雷德里克大帝(1740至1786年)并不是真正同情德国学者，虽然他恢复了克里斯蒂安·沃尔夫的职位并宽容地对待宗教和学术事务。他去世后，出现了比较大的波动。1788年王室颁布了限制教学和出版自由的法令，在这一法令权威下，普鲁士大臣沃尔纳(Wollner)训斥康德利用自己的哲学"歪曲和藐视《圣经》和基督教的一些基本教义"。Lilge, *The Abuse of Learning*, p. 7.

③ 19世纪初军事上的失败以及伟大的普鲁士精神的复兴，使德国进入了自由人文主义的短暂繁荣时期。1809年至1810年，普鲁士文化教育和宗教部长洪堡寻求取消对学术、科学和文学作品的审查制度，但是在维也纳大会上遭到了反对，从而建立了严密的大学监控制度。1819年，卡尔斯巴德决议规定对大学实行严格的审查和监管制度。在此期间，哥廷根大学以达尔曼(Dahimann)为首的7名教授因为拒绝对1837年新颁布的限制自由的新宪法宣誓效忠而被开除。其他被开除的教师分别是：莱比锡大学的莫姆森(Mommsen)，图宾根大学的大卫·斯特劳斯(David Strauss)，海德堡大学的摩莱肖特(Maleschott)和库诺·费舍尔(Kuno Fischer)。参见 Robert B. Sutton, "European and American Concepts of Academic Freedom, 1500—1914", unpublished Ph. D. dissertation (University of Missouri, 1950), pp. 177 ff.

德国的管理体制给予大学相当大的行业自治权力。国家决定大学的预算、新教授席位的设定、教授任命以及教学内容的总体框架。不过,大学行政官员的选拔、讲师和私人讲师的任命以及教授提名则是教授会的权力。① 在国家的终极权力和教授的绝对权力之间不存在外行董事会的干预。大学也没有建立复杂的行政机构或者校长办公室。每个院系由全体教师推选出的系主任或者院长主持工作,每所大学则由全体教授推选出的校长掌管校务。德国大学都是公立大学,把政府的制约、文化独立、教授们有限的选择权以及推选大学管理者等方面有机结合起来,从而披上了一层大学自治的外衣。②

德国学术自由的定义包括两方面内容。当德国教授谈及学术自由③,必然会用两个词加以概括:学习自由(Lemfreiheit)和教学自由(Lehrfreiheit)。学习自由是指学习活动不受学校行政的强制干预。德国学生的学习自由包括:选择学习地点的自由,体验不同的大学生活;选择学习的课程和课程学习顺序的自由,自己决定是

---

① 德意志德国的联邦性质允许一定程度的州权。在普鲁士,教授会向国王提交三位教授候选人名单,国王通常——但并非一成不变——会选择其中之一任命为教授。另一方面,普鲁士赋予教授会享有任命私人讲师的所有权力[直到1898年通过的阿隆法案(the Lex Arons),这使得教育部长有任命讲师的最终决定权]。在巴伐利亚州,国王授予所有大学教师聘请私人无薪讲师的权力;而在萨克森州(Saxony)、符腾堡(Württemberg)和梅克伦堡-什未林(Mecklenburg-Schwerin),这必须经过教育部长的批准。

② 关于德国大学控制结构的一个很好的英语概要,参见"The Financial Status of the Professor in America and in Germany,", *Bulletin*, Carnegie Foundation for the Advancement of Teaching, II (1908), 66。

③ 实际上字面上翻译成的学术自由"akademische Freiheit"常用"Lernfreiheit"表示。参见 J. G. Fichte, "Ueber die einzig moglichel Storung der akademischen Freiheit," in *Sarntliche Werke*, VI, 449-476; Hermanai von Helmholtz, "Ueber die akademische Freiheit der deutschen Universitaten,". in *Vortrage and Reden* (2 vols.; Braunschweig, 1884), II, 195-216。德国所指的教学自由或者现在美国所谓的学术自由,他们常用"Lehrfreiheit"或者"akademische Lehrfreilieit"这两个术语表示。Friedrich Paulsen, "Die akademische Lehrfreiheit und ihre Grenzen: eine Rede pro domo," *Preussische Jahrbiicher*, XCI (January—April, 1898.), pp. 515-531.

否去听课;除了期末考试以外,他们可以免于参加其他任何考试;他们享有选择住宿地点和私人生活不受干预的自由。① 对于德国大学进行研究和培养研究人员的主要目标来说,学习自由是必不可少的。教学自由有两层意思。一方面是指大学教授可以通过讲座或者出版的形式,发表自己的各种研究发现而不受限制和审查,即教授享有教学自由和研究自由。这种自由可以说是从研究功能,从知识的不确定性或非终极性,以及保尔森所说科学是没有"法规限制"、没有权威的"法律规定"、没有"绝对的所有权"所衍生出来的。② 这种自由既不是德国人认为的那样是一项所有人都享有的不可剥夺的权利,也不是某些大学或某些人的专有权利,相反,它是大学教师的特权,也是所有大学都享有的基本权利。没有学术自由,任何院校都没有资格称为"大学"。③ 此外,教学自由也类似于学习自由,也指教学活动不受行政干预的自由:不受指定教学大纲的限制,能够自由履行教学职责,能够对教师感兴趣的任何话题发表演讲。因此,德国大学的学术自由含义,不仅仅是教授公正无畏地进行演说的权利,而且是贯穿整个研究和教学过程中的一种自由氛围。

德国人对这两方面的自由感到自豪,部分是因为自由在德国人心目中的重要地位及其所体现的爱国情感的重要意义。对于那些经过严格正规的大学预科教育的大学生来说,学习自由是一种珍贵的特权,是对他们进入另一个人生阶段的承认;对那些极为看重社会尊严的大学教授而言,教学自由使他们有别于普通公民。在

---

① 参见 Helmholtz, "Ueber die akademische Freiheit," pp. 195-216。
② Paulsen, *The German Universities and University Study*, p. 228.
③ Paulsen, "Die akademische Lehrfreiheit," pp. 515-531.

一个仍然存在贵族和封建道德的国家,社会等级地位的存在提出了尊重学术自由的要求。① 此外,学习自由和教学自由还交织着一种民族情感。它们与民族复兴的目标是一致的。18 世纪恢复了学生游历求学的做法,象征着国境封闭制度的瓦解和民族意识的觉醒。致力于学术自由的柏林大学开始从战败的阴影中恢复过来。梅特涅(Metternich)执政时期取消了学术自由,主要是受到天主教教条主义、新教排他主义、专制主义的影响,这些都是统一的德意志帝国的敌人。② 此外,德意志帝国统一后,认为学术自由弥补了政治自由的缺乏,是一种特殊的爱国主义品质。③ 19 世纪的浪漫主义倾向于赋予自由和国家同等地位,但是把"学术自由"看成其中的一个主要方面则是德国独特的思想。

德国学术自由的概念,反映了德国学术思想的思辨性,并且严格区分了大学内外的自由。在大学内部,允许甚至期待广泛的言论自由。以费希特这样勇敢的学者为榜样,大学教授认为自己不是日常生活中客观的观察员,而是真理的先知和代言人,是传递真理的圣贤。特别是在规范的科学术语中,德国的"以教授为业"意味着要不断对那些主观性较强的看法进行甄别。在某些教授中必然存在思想观念比较克制和谨慎的人。1877 年,在达尔文进化论的争论热潮中,伟大的德国病理学家鲁道夫·菲尔绍(Rudolph Virchow)认为,未经证实的假说绝不应该作为真理进行讲授,教授只有在自己专业领域内才有资格发表看法,他们在发

---

① 关于 19 世纪德国社会结构的分析,可以参见 Ernst Kohn-Bramstedt, *Aristocracy and the Middle Classes in Germany* (London, 1937)。

② 参见 Paulsen, *German Universities and University Study*, pp. 36-67, 227-262; Virchow, "The Founding of Berlin University," p. 685; Fichte, "Ueber die einzig mögliche Störung der akademischen Freiheit," Sämtliche Werke, VI, 451-476。

③ Helmholtz, "Ueber die akademische Freiheit," p. 214.

表某些危险的看法之前应该考虑是否违背人们的共识（consensus gentium）。① 生物学家恩斯特·海克尔（Ernst Haeckel）对菲尔绍的这种言论有一个著名的答复，他认为，不应该划分客观知识和主观知识之间的界线，只有经过错误观点和正确观点的公开争论才能推动科学的进步，强迫教授遵循确定的事实或接受现有的思想观念无异于把教育领域让给那些主张一贯正确的宗教主义者。② 这个时期支持海克尔的看法的著名学术自由理论家包括③：马克斯·穆勒（Max Muller），格奥尔格·考夫曼（Georg Kaufmann），冯·赫尔姆霍茨（Von Helmholtz），弗里德里希·包尔生（Friedrich Paulsen）。他们从理性主义或唯心主义的角度出发，提出能够让人们畅所欲言的唯一办法就是废除权威的教条，学术研究离不开学术争鸣。由于他们认识到教学中存在主观性和争论性的危险，因此他们认为必须充分保障学生的自由和发展，因为学生既不是被管制的对象，也不是被灌输的对象。正如包尔生所言："大学教师并不规定教学内容。他们作为教师和研究者没有任何权力，他只对自己的教学负责而不对其他人负责。他的教学对象——学生享有接受或拒绝他的观点的充分自由，有权批评教师的教学并提出改进的意见。师生双方只有一个目的：真理；只有一个标准：不遵循任何外部权威，而只服从于客观真理。"④ 又如赫尔姆霍茨所言：

---

① R. Virchow, *Freedom of Science in the Modern State*. Discourse at the Third Meeting of the 50th Conference of the German Association of Naturalists and Physicists, Munich, 1877 (London, 1878), pp. 8, 22-24, 41, 49-50.

② Ernst Haeckel, *Freedom of Science and Teaching* (New York, 1889; first printing 1878), pp. 63ff.

③ 马克斯·韦伯（Max Weber）是个例外。参见"Die Lehrfreiheit der Universitaten," *Hochschul-Nachrichten*, XIX (January, 1909), 89-91. 韦伯主张基本问题的中立立场，但是他坚持认为教授自己判断其言行的对错。

④ Paulsen, "Die akademische Freiheit," p. 517.

"任何人如果希望别人完全相信他的言论的准确性,他首先必须从自己的切身体会中认识到如何才能让别人相信以及如何会让别人不相信。因此,在没有任何前人帮助的情况下,他必须知道如何依靠自己来赢得别人的信任。这就是说,他必须在人类的知识领域中努力研究并不断征服新的知识领域。教师传授的真理不是他自己的研究成果,对于那些把权威当做知识来源的学生就足够了,但对于那些希望了解获得真理的最基本方法的学生来说是不够的……只有保证学者表达真理的自由和教学自由,学者才能获得自由的真理。"①

但是,在大学之外,教授是不能享有这种程度的自由的。虽然不少德国著名教授在 19 世纪发挥了重要的政治作用,其中一些人,特别是蒙森(Mommsen)和菲尔绍(Virchow),公开批评俾斯麦政府,但是不能认为教学自由可以纵容或保护这类活动。相反,人们普遍认为,教授作为公务员必须慎重和忠诚,并且参与党派政治活动会破坏学术习性。即便是坚定的自由主义者包尔生也认为:"学者们不能也不应该参与政治活动。如果他们希望按照职业的使命来发展自己的能力,他们不能这样做。科学研究是他们的主要任务,科学研究需要不断地对思想理论进行审查,直到最终与事实相符。因此,这些思想家必须养成尊重反对的意见、允许存在不同理论的习惯,同时为了让理论更能够符合实际情况,还要乐于尝试任何其他途径。现在,各种形式的实践活动,特别是政治活动,要求一切遵循已经选择的路径……政治活动……产生的机会主义习惯,对于理论家来说是致命的。"②

如果大学教师违背这个准则,参加社会民主党(1890 年后的

---

① Helmholtz, "Ueber die akademische Freiheit," pp. 208-209.
② Paulsen, *German Universities and University Study*, pp. 255-256.

第三章 德国的影响

合法党派)的活动,就会发现这种世俗权力的严厉。柏林大学的私人讲师列奥·阿龙斯(Leo Arons)博士发表关于社会民主党的演讲的事件就是一个很好的例子。在开除他的时候,德国教育部长宣布,每一个老师"必须反对各种针对现有社会秩序的批评"。① 柏林大学哲学系多年前就曾告诫阿龙斯"停止这种煽动……这可能会导致……大学的良好声誉遭到破坏"。② 然而,当他们聘任私人讲师的权力受到教育部长的干预时,他们又替阿龙斯辩护并要求留任他。当他们的要求被驳回,他们反驳的理由是大学教授"完全不同于其他政府官员",大学教授应享有"更广泛的话语权"。但他们承认,教授并不是"自由和独立的公民",作为国家机构的成员,教授有义务遵守特殊的社会准则。③ 显然,这份声明没有提到这种看法,即教授作为公民也享有不可剥夺的校外言论自由权利。这个看法的主要理由是教授享有特权,而不是公民的自由权利。

我们认为这种大学内外自由二分法的差异,是德国古典二元论哲学的变体。认为教授在两个领域享有不同自由的看法——一个是在大学内享有充分自由,另一个是在大学外的自由受到法律的限制——体现了康德对本体和现象的二元划分,对自由意志世界和因果规律世界的二元划分。把大学教授的言论自由限制在大学之内体现了路德(Luther)关于精神自由与现实需要相统一的观点。要求学者脱离世俗事务退隐到精神世界体现了费希特关于何谓真正的学生或虚假的学生的看法,以及他究竟是追求真理还是追求个人利益的看法。

---

① *Die Aktenstucke... gegen den Privatdocenten Dr. Arons*, p. 12.
② 同上,pp. 18-19.
③ 同上,pp. 16-17.

美国对于德国大学学术自由理念的反应再一次表现出明显的依赖性、选择性和创新性。① 当德国教授享有神学事务方面的自由引起了美国人的注意和羡慕，第一批美国人到德国留学之日起就表现出依赖性。蒂克纳在哥廷根写道："不管人们思考的是什么，都可以用于教学并发表出来，并且不受政府和公众舆论的干扰……虽然这种自由在法国能引起大革命，在英国将会撼动君主的根基——但是在这里自由照样存在……如果说研究自由可以获得真理，对此我丝毫不怀疑，那么德国教授和学者肯定走上了探究自由之路，这条路静静地在他们眼前展开。"② 乔治·班克罗夫特非常漠视怀疑论，同时对哥廷根大学神学家也十分不虔诚，他还对这样一个事实感到惊讶："德国的学术界非常强调民主。任何人都不会承认别人是至高无上的，每个人都感到能够非常自由地遵照自己嗜好的写作风格和感兴趣的研究领域从事著述活动……没有任何规定限制研究或实验的领域。"③ 几十年后，非亲德派威廉·萨姆纳赞扬德国学者在美国被认为是神圣不可侵犯的领域表现出来的追求自由的勇气："我曾经听到其他地方的人们谈论（追求真理）的崇高精神，但唯有德国的神学教授，是我所知道的真正以追求真理为生的

---

① 只有一篇文章专门介绍德国学术自由思想对美国的影响。参见 Leo L. Rockwell, "Academic Freedom—German Origin and American Development," in *Bulletin*, AAUP, XXXVI (Summer, 1950), 225-236. 虽然不少文献涉及学习自由和教学自由，但是还没有人研究这两种自由对美国思想的影响，有时候二者相互混淆。例如莫里森《哈佛的三个世纪》(*Three Centuries of Harvard*) 就是一个例子 (p. 254)。他给人以错误的印象，哈佛改革者率先呼吁的是教学自由而不是学习自由。大部分关于这个问题的论述可以从他的自传中找到。不过，自传提供的信息是不可靠的，因为它首先受到他的记忆力和偏爱的影响；其次，特别是第一次世界大战期间及之后，美国学者对德国大学学术自由的态度从羡慕转为敌视，因此作者后来的看法可能与他开始的印象不一致。

② Ticknor to Jefferson, October 14, 1815, 引自 Orie W. Long, *Thomas Jefferson and George Ticknor: A Chapter in American Scholarship* (Williamstown, Mass., 1933), pp. 13-15.

③ Bancroft's journal and notebook, March, 1819, in Long, *Literary Pioneers*, p. 122.

人士,他们为了追求科学真理可以放弃财富、政治地位、牧师的优厚待遇、声誉以及其他任何东西。正是在这个国家中被当做传统保存下来的这些学科损害了学者所珍视的一切。"①

南北战争之后,当大学庇护下的神学自由不再引起震惊,美国经济学家、心理学家和哲学家开始歌颂德国的自由。心理学家霍尔写道"德国大学是当今地球上最自由的地方"②;康奈尔大学的德语教授保罗·拉塞尔·波普(Paul Russell Pope)说,德国大学使他感到"理智上和精神上的自由"③;理查德·伊利对自己和美国经济学协会的其他创始人说"德国大学的规模之大和思想自由给我们留下了深刻的印象"。④

随着美国逐渐认识到德国大学的自由程度并不是那么大,我们试图找出对德国学术自由过度赞誉的原因。较早推崇德国学术自由的人,原因可能在于他们大多数人在德国最自由的大学——哥廷根大学和柏林大学——学习。这不是偶然的:在这些大学他们不需要像德国南部的天主教大学或牛津、剑桥大学那样通过宗教宣誓来考验他们的良知。⑤ 此外,还应当记起的是,在一个世纪中前往德国的美国人大多数是年轻人,他们突然置身于一个比自己国家

---

① "Sketch of William Graham Sumner," *Popular Science Monthly*, XXXV (June, 1889), 263. 也可以参见 Philip Schaff, *Germany: Its Universities, Theology and Religion* (Philadelphia, 1857), pp. 48, 146-151。
② G. Stanley Hall, "Educational Reforms," *Pedagogical Seminary*, 1 (1891), 6-7.
③ Thwing, *The American and the German University*, p. 63.
④ Ely, "Anniversary Meeting Address," *Publications*, American Economic Association, XI (1910), 77. "美国经济学协会的建立将坚持充分自由讨论的立场。我们十分向往德国大学学习自由和教学自由的理念。当我们认为它遇见危险时,会毫不犹豫地加入捍卫自由的行列之中。"(p.78)
⑤ 参见 Goldwin Smith, *A Plea for the Abolition of Tests* (Oxford, 1864)。牛津大学直到1854年才废除了学生必须遵从教会39条信纲才能获得文学、法律和医学学士学位的规定。剑桥大学直到1856年才废除这项规定,1871年才废除教师的宗教宣誓,1882年才废除其他宗教限制。参见 John William Adamson, *English Education, 1789—1902* (Cambridge, 1930), Chaps. III, VII, XV。

的文化更成熟和更宽容的文化。美国人的特性决定了他们将会如何处理这类情况,但我们可以设想,深受卡尔文禁欲主义和维多利亚正统主义影响的美国人如何能够抗拒德国无忧无虑的安息日、午后的小酒馆或者天真的风流韵事的诱惑。传记和自传不能很好地揭示这方面的情况,但许多美国小城镇的男孩像霍尔一样感受到了摆脱"狭隘僵化的正统思想、死气沉沉的道德观念以及被剥夺了快乐的清教徒"生活之后从未有过的解脱感。这位克拉克大学校长在自传中坦诚写道:"德国塑造了一个崭新的我……它给我一种全新的生活态度……我完全为这种前所未有的自由所陶醉。"①德国大学的声誉在很大程度上取决于大学所享有的广泛意义上的自由。不用说,这并没有降低大学的声誉。

詹姆斯·摩根·哈特写道:"在德国人的思想中,无论一所学院的捐赠经费多么充足,学生数量多么庞大,建筑多么宏伟,如果缺乏学习自由或教学自由,也不能称之为大学。"②如果谈到德国对美国学术自由思想的主要贡献,那就是真正意义上的大学必须具有学术自由以及学术研究的理念。这个简单但非常重要的思想与美国学术思想紧密相连,成为美国大学的核心理念。这种理念蕴涵于大学的各种仪式之中,透过这种华丽的外表反映出大学深层次的重要内涵。查尔斯·艾略特在他1869年的就职演说中深刻地表述了这个思想:"一所大学应该是本土的和资金雄厚的,最重要的是,它应该是自由的。自由的微风应该吹拂到校园的各个角落。自由的飓风能够扫走一切阴霾。理智自由的氛围是文学和科学赖以生存的空气。大学要立志服务国家,培训学生的诚实品质和独

---

① G. Stanley Hall, *Life and Confessions of a Psychologist* (New York, 1923), pp. 219, 223.
② Hart, *German Universities*, p. 250.

立思考能力。学校要求所有教师必须严肃、虔诚和高尚,同时学校给予教师自由,像给予他们的学生自由一样。"①

没有任何一位大学校长像杰斐逊一样推崇学术自由,并把学术自由放到如此高的地位。但是,杰斐逊对"人类思想的无限自由"的歌颂只是表达了一个渺茫的希望,而艾略特的话则预示这种希望最终会实现。学术界一次又一次地强调学术自由理念以此表达对这种理念的支持。吉尔曼在他的就职典礼上主张教师和学生的自由对于一个真正的大学是必不可少的。②安德鲁·迪克森·怀特对温切尔事件评论道:"一个学院自称为大学,却又违反了学院之所以能被称为大学的基本原则。"③芝加哥大学的威廉·瑞尼·哈珀指出:"在私立或者公立大学中,无论出于何种原因,任何院系的管理和教学都不能因为受到外界的干扰而改变。如果因为大多数人的政治态度或宗教感情发生了变化,导致出现试图开除某个大学职员或教授的现象,这个时候这个机构已不再是一所大学。只要这个机构仍然存在任何一点儿政治压迫的因素,它就不能再列入大学的范围中……个人、国家或教会可能发现某些学校传播某些特殊形式的教学内容,这类学校不是大学,也不能称为之大学。"④

这些赞美的话也不完全是发自改革者的声音:一位小型教派学院的校长,一位支持经济学权威李嘉图的大学董事,一位因为自己母校所取得的体育竞赛成绩感到自豪的校友,都愿意加入到这个

---

① Charles W. Eliot, "Inaugural Address," *Educational Reform* (New York,1898), pp. 30-31.
② Oilman, "Inaugural Address," *University Problems*, p. 31.
③ Andrew Dickson White, *History of the Warfare of Science with Theology* (New York, 1896),1,315.
④ University of Chicago, *President's Reports*, 1892—1902, p. xxiii.

行列。①

不用说这些话并没有得到执行。在查尔斯·艾略特担任校长早期,他曾经让一位教授在他将要出版的著作中放弃批评波士顿商人的观点,或者从扉页中删除任何提及他与哈佛关系的字眼——这位哈佛大学校长将为他的武断要求感到遗憾。② 由于安德鲁·迪克森·怀特校长没有很好地理解教授终身制的基本原则,因此当他担任校长后,提出董事会要对每个教授的年度工作表现进行评价,如果教授没有达到足够的满意票数将会被开除。③ 怀特在艾德勒事件中的可耻行为多次被提及。在威廉·瑞尼·哈珀发表学术自由声明的几年前,经济学家爱德华·比米斯因为意识形态问题被解雇。④ 在高歌学术自由之前,盛行的是相反的观念,即董事拥有随意雇用和解雇任何人的绝对权力。⑤ 尽管如此,最终产生了学术自由是大学的重要内涵的新思想。这个标准成为检验大学实践的尺度。这个观念更容易赢得有教养人士的支持。这个理念把人们对学术自由的模糊认识和无意识的追求提升到大学发展所必

---

① 参见 Julius Hawley Seelye, "The Relation of Learning and Religion," Inaugural Address as President of Amherst College, 1877, in Weaver, ed., *Builders of American Universities*, pp.181-182; Judge Alton B. Parker, "The Rights of Donors," *Educational Review*, XXIII (January, 1902), 19-21; Thomas Elmer Will, "A Menace to Freedom: the College Trust," *Arena*, XXVI (September, 1901), 255。

② Charles W. Eliot, *Academic Freedom*, Address, Phi Beta Kappa Society (lthaca, N.Y., 1907), p.13. 这段言论也可以参考 *Science*, XXVI (July 5,1907), 1 12, 以及 *Journal of Pedagogy*, XX (September-December, 1907), 9-28。

③ "Report of a Committee on Appointment of Faculty" (1867), in Rogers, *Andrew Dickson White*, pp.161-164. 这个计划并没有付诸实践。

④ 对于这个案例的讨论可以参见第四章。

⑤ 因此,普林顿(D. B. Purinton)说,"任何大学董事都必须看到它们所管辖下的所有教师都拥有在自己的专业领域进行探究真理并发表经过自己认真和严谨的研究所得到的成果的绝对自由",不过"如果教师发表的学说明显存在颠覆攻击政府、社会或者良好的道德风尚的现象,那么董事会将不会支持教师发表这种学说……至于某个学说是否真的具有破坏性,就是董事们决定的事了"。"Academic Freedom from the Trustees' Point of View," *Transactions and Proceedings*, National Association of State Universities, VII (1909), 181-182。

第三章 德国的影响

需的自觉追求。

自德国留学回国的学者们对于美国学术自由的发展所作的贡献是无法用语言来表达的。从19世纪90年代到第一次世界大战期间,学术自由事件中的大部分校长和教授当事人都曾经留学德国,其中包括:理查德·伊利,本杰明·安德鲁斯,爱德华·罗斯,约翰·麦克林,麦基恩·卡特尔(J. McKeen Cattell)。① 另外,还有塞利格曼(E. R. A. Seligman),阿瑟·洛夫乔伊和亨利·法拉姆(Henry W. Farnam),他们为陷于困境的同事积极声援。② 美国大学教授协会1915年"学术自由报告"的13个签署人中有8人曾在德国留学,他们是:塞利格曼,法拉姆,伊利,洛夫乔伊,韦瑟利(U. G. Weatherly),查尔斯·班尼特(Charles E. Bennett),霍华德·沃伦(Howard Crosby Warren)和弗兰克·费特(Frank A. Fetter)。③ 一些致力于争取教授自治的领军人物是德国大学的校友:卡特尔,约瑟夫·贾斯特罗(Joseph Jastrow)和乔治·拉德(George T. Ladd)。④ 当然,这些著名教授的立场并非完全因为他们在国外的经历所决定。很可能是他们具有的崇高声望以及他们对饱受威胁的社会科学的兴趣,使他们战斗在最前列。不过,美国学者出现反复无常的态度不足为奇,他们时而折服于外来文化而放弃自己的世界,时而又回归到本土文化的激励之中。

---

① 参见第四章和第五章对这些事例的讨论。
② 当伊利在威斯康星大学遭到攻击时,美国经济学协会主席塞利格曼支持伊利。他曾经调查了解雇罗斯的事件,在成立大学教授协会(AAUP)中起到了领导作用。阿瑟·洛夫乔伊是为了抗议学校开除罗斯和霍华德教授的行为而辞去斯坦福大学职位的教授之一,他也是一位著名的学术自由理论家。亨利·法纳姆是调查罗斯案件的经济学家。以上这三人,正如前面所提过的,参与制订了AAUP1915年报告。
③ 参见第五章对于AAUP成立的讨论。
④ 参见 J. McKeen Cattell, *University Control* (New York and Garrison, N. Y., 1913), pp. 6-8; Joseph Jastrow, "The Administrative Peril in Education," ibid., p. 321; George T. Ladd, ibid., p. 31。

我们认为这些都可以算是德国的直接贡献。不过很明显美国也进行了文化的选择和改进。1915年AAUP的"学术自由报告"一开始就声明"传统的'学术自由'有两层含意——教师的自由和学生的自由,即教学自由和学习自由"①,这里很诚恳地承认了德国的影响。不过,如果继续阅读这份经典的报告,就会发现美国的学术自由概念并不是从德国直接搬过来的。在借鉴过程中,无论学术自由思想的形式、内容还是条件都发生了很大的变化。美国大学的独特性——大学的学院、折中主义的教学目的、大学与社区的密切关系,以及美国文化的独特性——宪法保障言论自由、经验主义传统、丰富的实用主义精神,共同形成了一个具有美国特色的学术自由理论。

一个明显的差别就是美国的学术自由主张把学习自由和教学自由分隔开来。1915年报告的作者写道,"不言而喻","大家就知道这份报告提到的自由主要是指教师的自由"。② 报告涉及的内容则并非始终受到这种限制。事实上,在90年代以前,"学术自由"主要指的是学生的自由,特别是选择课程的自由。1885年,普林斯顿大学的院长安德鲁·威斯特(Andrew F. West)写了一篇文章问:"什么是学术自由?"他回答:选修制,科学课程,自愿的礼拜活动。③ 但是,一旦争取选修制的斗争取得了胜利,学术自由关注的问题转移到导致教师被解聘的社会意识形态的冲突上来。学术自由这个词语主要指教学自由,学术自由的对象是教育的生产者而不是消费者。新的学术自由的定义在90年代被明确下来,从最近发生的侵犯教学自由的事件中可以看出,人们援引"学术自由"和

---

① *Bulletin*, AAUP, I (December, 1915), 20.
② 同上。
③ Andrew F. West, "What Is Academic Freedom?" *North American Review*, CXL (1885), 432-444.

教学自由,似乎因为仅仅提到这种自由就具有某种魔力。① 1899年,芝加哥大学教授阿尔比恩·斯莫尔(Albion W. Small)撰写的题为"学术自由"的文章里面没有提到学生自由。② 此后,只有一份关于学术自由的重要资料又把学习自由和教学自由联系到一起,这份资料就是1907年查尔斯·艾略特在大学优等生荣誉协会上的致词。这位七十来岁的哈佛校长以"学术自由"为标题,认为学术自由包括:学生有选择课程的自由,拒绝参加礼拜活动的自由,公平竞争奖学金和选择自己朋友的自由;教授有选择自己认为最适宜的教学方式的自由,不受常规干扰的自由,享有终身教职保障的自由,以及获得稳定的工资和退休津贴的自由。③ 但这些做法对于天主教学校例外。

仔细阅读艾略特在大学优等生荣誉协会上的致词,会发现这篇致词论及了后来学术自由定义忽视学生自由的原因。艾略特讨论的教学自由几乎完全涉及大学的行政管理问题:教授和外行董事会的危险关系,以及教授和专断的校长之间的摩擦。他特别指出这样一个事实,即"只要……学院和大学董事会主张他们有权随意解聘他们所管辖的任何职员,就不可能保障教师的正当自由",以及"只要一个院系存在独断专横的领导,这个院系本身也会变得专断"。④ 教授在美国大学组织中的地位带来了一系列的特殊问题。美国大学教授是一个董事会控制下的雇员,他不像德

---

① 塞利格曼在给伊利的信中写道:"我在报纸上看到他们已经在麦迪逊成立了一个委员会来调查你的教学情况,对此我觉得很困扰。我原本以为在我国的任何大学,教学自由应该得到尊重。"(August 13, 1894; Ely Papers, Wisconsin State Historical Society)鲍尔斯(H. H. Powers)在给伊利的信中写道:"我们的教学自由遭到重大挑战。"(Oct. 4, 1892; Ely Papers)贾德森(H. P. Judson)在祝贺伊利最终获得胜利时说道:"每所大学都应该充分尊重教师的教学自由权利。"(Sept. 3, 1894; Ely Papers)
② Albion W. Small, "Academic Freedom," *Arena*, XXII (October, 1899), 463-472.
③ Eliot, *Academic Freedom*.
④ 同上,pp. 2, 4.

国大学的教授是国家的公务员,也不像英国大学的教授是自治行会的主人。此外,美国大学的教授处于有权作出重大决策的行政官僚的管辖之下,而英、德两国大学的行政官员是从教授队伍中选拔出来的,或者像德国一样由一位卸任的教育部长来管理。既要面对教师既是科研人员也是雇员这个异常现象,还要在一个高度官僚化的体制中维护教师的自主性,这些问题吸引了美国学者的兴趣。由于他们同时承担着粉饰教育问题、促进教育民主化和保护学术职业等多方面的任务,他们忽略了学习自由的任务。这个国家产生学术自由矛盾的主要原因是体制上的问题而不是教育上的问题。

美国和德国学术自由理论的另一个区别在于维护大学独立性的问题上。德国学者受到国家权力和传统行会特权的保护,而这些对美国没有意义。美国大学的董事会管理不仅反对教授的独立性,而且广泛宣扬教授不能自治的观念,联邦政府也无法依靠,因为美国地方捐资助学的传统使得大学不可能接受联邦政府的干预,认为这将导致联邦政府对大学的控制。联邦法院也不愿意推翻大学行政管理机构作出的决定,因为这明显违反大学的章程。诉诸国家立法机构也是危险的,因为这些机构的成员在处理涉及思想自由或大学自治方面的问题上并不比大学董事会或私人压力团体更擅长。因此,美国学者不能期望通过求助于立法者或法院产生实际影响,为了保护自己不受到持续的干扰,他们不得不寻求其他方面力量的保护,因此他们呼吁整个社会的关注。他们声称,所有大学,无论是私立的还是公立的,都属于全体人民,董事会仅仅是为公众服务的人员,教授是公职人员,大学是公共的财产。因此,如果无视有关大学管理的法律规定,把大学当做私人财产,让大学同他们特定的信仰或意识形态联系在一起,

第三章　德国的影响

让大学满足某个阶层、教派或政党的利益,这些行为就违背了公众的信任。这一点上,美国学者面临更深层的问题。如果像经常发生的那样,公众对违背自己信任的行为无动于衷呢?如果那些有正义感的报纸或有爱国心的团体,自认为代表了整个社会利益,实际上却试图误导大学以满足他们自己的利益呢?美国学者不得不承认,此刻的公众舆论并不代表真正的公共利益。事实上,从托克维尔(Tocqueville)到李普曼(Lippmann),任何一个团体对民主社会中公众舆论影响作用的批评都超过了学术自由的倡导者。① 美国大学提出各种各样的矛盾和问题,其中学术自由观念因为太超前而难以激发爱国情怀,同时学术自由观念因为太具有排他性而难以获得大众的支持。因此,美国学者只有提出一些超越当前各种观念的新思想,才能激发公众的兴趣。他们像卢梭一样发现公众真正的意愿和需要并不在于公众自己当前的想法,而是一些更为模糊和抽象的东西。最后他们不得不回归到公众的神秘意愿上。②

美国和德国学术自由的主要差别在于内部自由和外部自由概念的不同。我们没有必要为了说明它们各自涉及的领域是不适宜的,就认为确实应该划分两个概念之间的界限。德国教授"说服"学生,让他们认同教授个人的理论体系和哲学观点的看法,并不为美国学术界所认同。相反,对于课堂行为而言,认为美国教授适当的立场应该是对有争议的问题保持中立,并对自己专

---

① 参见 Eliot, *Academic Freedom*, p. 2; Arthur T. Hadley, "Academic Freedom in Theory and Practice," *Atlantic Monthly*, XCT(March, 1903), 344。

② "Preliminary Report of the Joint Committee on Academic Freedom an Academic Tenure," *American Economic Review*, Supplement, V (March, 1915), 316; Thorstein. Veblen, *The Higher Learning in America* (New York, 1918), passim; and Arthur O. Lovejoy, "Anti-Evolution Laws and the Principle of Religious Neutrality," *School and Society*, XXIX (Feb. 2, 1929), 137-138, 对于这个观点有不同的阐释。

业领域以外的实际问题保持缄默。大量的看法都肯定了这些限制。艾略特在那次演说中意味深长地宣称大学必须是自由的,他同时提出中立性也是这种自由的一部分:"哲学学科的教学永远不应该受到权威的限制。它们不是确定性的科学,其中包含各种有争议性的问题、悬而未决的问题和无止境的思索。教师的职责不是帮助学生解决哲学和政治上的争议,甚至也不是向学生建议哪些观点比其他观点更好。教师的职责是讲述某些观点而非强迫学生接受这些观点。学生应该了解各种争议性的看法和各个理论体系的主要观点;教师应该向学生介绍那些已经过时但仍然在发挥作用的制度和哲学体系,以及现在流行哪些新观点。'教育'一词有别于教条式教学。认为教育就是向学生灌输教师自己认为是正确的权威思想,这种看法在修道院可能是合乎逻辑的和适当的,但它在大学和公立学校,从小学到专业学校,都是令人不能容忍的。"①

哈珀校长在大会演讲中准确地总结了教师的职权范围:

"如果某些观点并没有经过专业同行的科学论证,教授却把它们当做真理发表是滥用职权……"

"教授利用课堂宣扬某个政党带有偏见的观点是滥用职权。"

"教授以煽情方式试图蛊惑他的学生或公众是滥用职权。"

"如果面对某个或多个院系的学生和专家,教授发表与自己专业领域无关话题的权威性看法,这也是滥用言论表达的权利。"

"在多数情况下,当教授在很大程度上与世隔绝并从事一

---

① Eliot,"Inaugural Address," *Educational Reform*, pp. 7-8.

个狭窄专业领域的研究,却向同事或者公众讲解他根本不了解的社会问题,这也是滥用职权。"①

这些规定不仅仅是教育领域中保守分子的谨慎劝告。某些大学董事会成员利用这些规定阻止教授批评社会秩序②,大学校长利用这些规定处分异端教授③,即使像霍华德·沃伦和杜威④那样的自由主义者,以及像阿默斯特大学进步的校长亚历山大·米克尔约翰(Alexander Meiklejohn)⑤也同样支持这些规定。大学的自由人士像所有其他人一样,仍然认为大学生存在不断受到教师思想上诱导的威胁。以前人们担心学生们很容易受到异端邪说的引诱,现在则担心学生无法抵抗教师循循善诱的"宣传"。⑥ "中立立

---

① University of Chicago, *President's Report* (December, 1900), p. xxiii.

② 关于保守的董事们解释这些规定的例子,可以参见 Judge Alton B. Parker, "The Rights of Donors":"大学教授和大学不应该向学生灌输这种社会、政治、经济或宗教的观念,因为这样做违背了学校创建人或董事会的意图,也与大学未来的发展没有多少联系。"(p. 21)

③ 关于某些大学校长利用这些规定处分异端教授的例子,可以参见:William Oxiey Thompson, "In What Sense and to What Extent Is Freedom of Teaching in State Colleges and Universities Expedient and Permissible," *Transactions and Proceedings*, National Association of State Universities, VIII (1910), 64-78; D. B. Purinton, "Academic Freedom from the Trustees' Point of View," pp. 177-186; Nicholas Murray Butler, "Is Academic Freedom Desirable?" *Educational Review*, LX (December, 1920), 419-421; Butler, "Concerning Some Matters Academic," *Educational Review*, XLIX (April, 1915), 397; Herbert Welch, "Academic Freedom and Tenure of Office," *Bulletin*, Association of American Colleges, II (April, 1916), 163-166。

④ John Dewey, "Academic Freedom," *Educational Review*, XXIII (January, 1902), 1-9; Howard Crosby Warren, "Academic Freedom," *Atlantic Monthly*, CXIV (November, 1914), 691. 有一篇文章阐述了德国大学课堂教学中的学术自由思想:Josiah Royce, "The Freedom of Teaching," *The Overland Monthly*, Vol. II, New Series (September, 1883), pp. 237-238。"先进的教学目的应该讲授那些有才华的正直人士对于有争议问题的看法……正直……要求教师能够自由地讲授他认为是正确的理论。"这个看法与上面艾略特以及哈珀的看法相似。

⑤ Alexander Meiklejohn, "Freedom of the College," *The Atlantic Monthly*, CXXI (January, 1918), 88-89.

⑥ 对于这种"中立性"原则有趣的分析,可以参见 Paul S. Reinsch, "The Inner Freedom of American Intellectual Life," *North American Review*, CCI (May, 1915), 733-742。

场"和"职权范围"的要求构成了教师思想领域的基本规范,因此得到各个方面的赞同。

当然,这些基本规范有更深层次的原因。大学教师的"中立立场"和"职权范围"不仅反映了美国对学术自由的限制,而且反映了美国学术思想的独特性。首先,它们反映了经验主义的思想倾向。即使在内战前期,由于受到苏格兰大学的影响,美国哲学的主流是经验主义、现实主义和常识性的。① 在此期间,我们的教授不会因为拿破仑的入侵而被迫寻求思想庇护以防止现实生活的干扰。先验论哲学是德国唯心主义的美国版,通常也具有思想局限性。美国的神职人员反对它的直观论,因为它将导致每个人透露自己的宗教信仰,并在宗教信仰方面我行我素;美国哲学家反对它的唯心主义,因为它将违反精神世界和自然界的规律,导致无神论或泛神论。② 随着大学的出现,以科学为主导的哲学理念促进了经验主义的发展。虽然康德与黑格尔哲学开始复兴,不过在更加进步的实用主义和实证主义光芒下也黯然失色。这个时期大多数到德国留学的美国人,带回了德国大学的研讨会和实验室方法,而没有带回直观唯心论。这一经验主义传统,必须归功于进化论对美国学术思想的影响。在德国,哲学第一次取得了反对宗教权威的胜利;在美国,正如我们所看到的,科学的倡导者打破了宗教权威的控制。经验主义传统巩固了这种观念,即只有事实才是检验不同真理看法的标准,从而强化了中立立场的要求;同时,它也巩固了这种观

---

① James McCosh, "The Scottish Philosophy as Contrasted with the German," *Princeton Review*, LVIII (November, 1882), pp. 326-344.

② 关于内战前学院先验论局限性的分析,参见 Ronald Vale Wells, *Three Christian Transcendentalists*: *James Marsh*, *Caleb Sprague Henry*, *Frederick Henry Hedge* (New York, 1943);关于正统思想反对先验论的情况,可以参见 Francis Bowen, "Transcendentalism," *Christian Examiner*, XXI (January, 1837), 371-385, 和"Loeke and the Transcendentalists," *Christian Examiner*, XXIII (November, 1837), 170-194。

念,即一般综合性知识必须让位于专业知识,从而提高了教师能力方面的标准。正如我们前面提到的,达尔文主义的影响促进了这种观念,即生命过程的特点是不变性,而研究过程具有不确定性(中立性);同时它也促进了这种观念,即只有具有专业资格(能力)的人才有权对科学问题作出判断。德国和美国关于大学内部自由的理论反映了各自不同的哲学传统。①

应当强调的是,这些看法涉及大学教授在校内发表言论的准则,以及他们作为教师发表言论的准则。在大学以外,美国大学教授比德国大学教授享有更多的公民权利,因为这反映了美国社会和宪法更为重视公民的言论自由思想。言论自由和学术自由之间的联系是多方面的、难以捉摸的。从它们二者的历史联系来看,有一点是明确的:一方的发展不会自动推动另一方的发展。② 例如,我们发现学术自由所赢得的那些胜利,不一定为言论自由所享有。北欧中世纪大学教师获得了一定程度的哲学自由,但这项权利其他普通人享受不到;18世纪的哈勒和哥廷根大学是狭隘的专制主义时代中思想自由的港湾,德意志帝国政治领域的自由程度远不

---

① 有人指出,美国学生经常对德国教授的党派性、教条主义和形而上学感到非常反感,除此以外,对其他方面普遍都很认可。蒂克纳并不是很认同他所观察到的德国教授表现出来的"强烈的哲学精神"(Hilliard, *Life, Letters, and Journals of George Ticknor*, p. 97)。霍尔指出,德国哲学教授"似乎是神圣的代言人。他们其中有些人要求忽略所有其他人的观点而只讲授他们自己的观点或发现,好像他们已经等待了许多年才有幸获得了证明上帝存在的证据,或好像现实世界的存在取决于他们的推理"(*Life and Confessions*, p. 212)。尼古拉·穆雷·巴特勒谴责冯·特赖奇克(von Treitschke)很少"关注欧洲和德国的教学历史,虽然解决这些问题本来应该是他的职责。冯·特赖奇克真正的贡献是他在欧洲和德国的历史上使讲座成为他表达个人对世界上的人和事的看法的非常有效的重要工具……其中提到了要联系当前的需要和存在的问题制定有效的大学教学措施,但是没有涉及把大学教学活动变成当前的新闻媒体活动""Concerning Some Matters Academic," *Educational Review*, XLIX (April, 1915), 397。

② 这点在学术自由文献中经常找不到,大概是因为非常有必要把学术自由这种我们比较陌生的权利上升到宪法所保障的公民权利。关于这两者之间的差异的最早论述可以参见:Arthur T. Hadley, "Academic Freedom in Theory and Practice," p. 157。

及大学教育领域。反之,言论自由取得进展的时候学术自由仍然停滞不前。《外国人及叛乱法案》(Alien and sedition Law)废除的同时,教派学院迅速发展,州立大学逐渐分化。人们可能会因此得出结论,这两种自由因为各自不同的原因独立发展,或者说它们碰巧与一些普通的长期因素有关,如政治权力的扩散或宽容习惯的发展。①

然而,必须指出的是,在某些有利条件下,这两种自由确实也互相影响,而且保障一种自由也会促进另一种自由的发展,并深化和扩大另一种自由的内涵和力量。美国保护言论自由,内战后美国大学呈现出了有利条件。首先,大学保障教师有时间参与校外活动——它取消了过去要求教师必须住校的规定,从而结束了教师值夜的旧俗。其次,大学聘任兼职教师,引进那些研究工作得到其他专家认可的专业学者。大学还引进了具有处理各种事务能力的新型校长,以及能够为社会提供咨询的技术专家。第三,大学教授开始慢慢从伦理学转向更关注世俗事务的社会科学。此外,推进这一运动发展的第四个方面的因素是实用主义哲学的兴起,实用主义哲学要求根据实际生活的不同需要培养人才。由于这些原因,美国大学教授相对于德国同行,在社会和政治活动中发挥了更大的作用。② 在这些活动中,大学教授同其他公民一样享有言论自由的特权。他们甚至有权对有争议的问题或他们专业领域以外的问题表达自己的看法。因此,学术自由成为他们争取公民自由权利斗争的一个方面。

---

① 因此,当法国国王宣称具有绝对权威时,在这种极权主义体系下两种自由的命运可想而知,法国大学失去了自治权。

② 参见 the report of Committee G, "Bxtra-collegiate Intellectual Service," *Bulletin*, AAUP, X (May, 1934), 272-286。根据对42篇文章和著作的分析调查,发现普遍赞成教授从事校外活动。

第三章 德国的影响

正是在这些活动领域产生了大量的学术冲突。试图把言论自由思想纳入到学术自由思想的范畴之中,引起了某些方面的反对。当教授参与激烈的政治协商活动时似乎需要特别的保护。为了防止教授不至于因为他们作为公民身份发表的言论影响到他们在学校中的地位,必须保护他们免受因为发表不受欢迎的言论而遭到经济上的制裁,例如学生人数的萎缩、学生的抵制甚至失业的威胁。大学教授需要的这种保护超出了宪法保障的言论自由的范围,甚至超出了主张思想自由的伟大哲学家"自由市场"概念的范围①,必将引起本来就不怎么宽容的美国大学董事和管理者的不满。这种保护引发了一连串的争论。大学教授和某些大学校长赞同这种保护,提出了有力的观点:"思想需要接受实践的检验"②,"哲学的职能"是澄清人们对于当前社会和道德冲突中的不同想法③;从大学管理的角度看,"如果大学或学院审查教授的言论,那么它们必须为限制大学教授的言论承担责任,它们对待学术机构的这种行为是非常不明智的"④;从教学方面看,"年轻人需要的不是隐士般的学者,而是积极热心的市民,有权对公众关心的问题积

---

① 因此,弥尔顿在争取言论和出版自由反对政府审查制度时,没有主张社会惩罚是不可接受的。而且,他在描述自由的知识竞争中表示弄虚作假者终将自食其果。"尽管让各种学说泛滥将危及整个社会,但是无论我们是否承认,真理都客观存在,我们无法怀疑真理的力量。应该允许真理与谬误相互竞争,任何人都知道只有让真理和谬误在自由和开放的环境中相互竞争,这样得到的真理才是最好的和最可靠的。"*Areopagitica*(Regnery edition, pp.58-59)。约翰·斯图亚特·密尔(John Stuart Mill)的《论自由》(*On Liberty*)一书主要反对大多数人的专制,而不是国家的专制。其中一段著名的话是:"除了少数摆脱了经济利益的束缚而不受其他人意愿影响的人,大众舆论具有与法律一样的效力;人们只有摆脱了衣食之忧的困扰,才能自由表达自己的思想观点。"(Regnery edition, p.39)。但密尔并没有说这豁免权属于任何特定团体,而是属于所有反对专制统治的人或少数人。

② 参见 John Dewey, *Democracy and Education* (New York, 1916), pp.76-77 及其他地方。

③ John Dewey, *Reconstruction in Philosophy* (New York, 1920), p.26.

④ A. Lawrence Lowell, "Report for 1916—1917," in Henry Aaron Yeomans, *Abbott Lawrence Lowell* (Cambridge, Mass., 1948), p.311.

极发表意见"。① 这些看法经常遭到——但不仅仅是——大学校长或者大学董事的反对。他们也提出了有力的反对意见:当教师参与政治活动时,他的行为"代表了党派的利益,从而失去了作为一个公正无私的人的立场"②;从大学管理的角度看,"利用大学提供的设施和经费从事违反捐赠者意愿以及整个社会需要的活动,允许他们宣传个人的异端思想,是对公众信任的亵渎"③;从教学方面看,"大学教授利用自己的身份实现其'政治目的'会影响教育效果"。④ 这些观点目前仍然存在。

另一个发生冲突的领域与大学教授在公众场合的职业道德问题密切相关。尽管大学教授的言论自由权利必须得到保护,但是学术界普遍承认应该合理限制教授专业行为的边界,防止他们发生诽谤、诋毁或煽动的行为。但是应该如何划分这个边界线?教授竞选政治职务或为某个政党积极奔走是否恰当?学术界在这一点上有两种不同的看法。⑤ 教授公开批评同事或上级的行为是否合适?在这种高度官僚化的职业中,不容易决定哪些行为超出了言论自由的范围,因此应该加以制止。教授和董事之间的关系是否同司法权和行政权之间的关系相似?这个比喻对于建议董事不要随意开除职员是有益的,但它是一把双刃剑,因为它同时也建议

---

① Editor's Table, *New England Magazine*, XVII, New Series (September, 1897), 126;以及 Edward P. Cheyney, "Trustees and Faculties," *School and Society*, II (Dec. 14, 1915),795。也可以参考 W. H. Carpenter, "Public Service of University Officers,"*Columbia University Quarterly*, XVI (March, 1914), 169-182。

② 北达科他大学校长弗兰克·麦克维伊(Frank L. McVey)写给莱文森(Joseph L. Lewinsohn)教授的信,参见"The Participation of University Professors in Politics," *Science*, Vol. XXXIX, *New Series* (1914), pp. 425-426。

③ "Free Thought in College Economics," *Gunton's Magazine*, XVII (December, 1899),456。

④ 麦克维伊校长的信,参见"The Participation of University Professors in Politics," p. 426。

⑤ 参见 U. G. Weatherly, "Academic Freedom and Tenure of Office," *Bulletin*, Association of American Colleges, II (April, 1916), 175-177。

教授严格遵守公共道德准则。① 此外，言论自由和职业道德之间的冲突始终是学术自由的核心问题，并且这种冲突从未停止。

第三节　美国学术自由思想

我们最好先深入讨论美国大学教授协会学术自由与终身教职委员会的1915年报告。这份报告是否能代表大学教师的看法仍然存在争论。严格来说，这是大学教授集体的思想成果。AAUP成立初期明确规定大学校长和学院院长不能成为其成员。这些起草报告的著名人士未必是大学教授中最有代表性的成员。13名成员中有7名是社会科学家，这能反映出他们的学科偏好。尽管如此，报告仍有非常重要的指导意义和参考价值。这个报告不是仓促或即兴之作，也不是对一些不公正事件的愤怒回应。报告中的许多观点在作者以往发表的文章中已有所体现，其雏形甚至可追溯至一年前经济学家、政治学家和社会学家联合大会起草的一份报告。② 它给人的印象是具有广泛的代表性。一份新闻评论称赞它是"这个国家有史以来关于学术自由基本原则最全面的声明"。③ 美国联邦教育部长称它是"当年最有价值的教育政策讨论之一"，

---

① 学术上对于同司法权类比利弊的争论，可以参考 John H. Wigmore, "An Analogy Drawn from Judicial Immunity," *The Nation*, CIII (Dec. 7, 1916), 539-540; Arthur O. Lovejoy's rejoinder, "Academic Freedom," *The Nation*, CIII (Dec. 14, 1916), 561; Wigmore's counter-reply, *The Nation*, CIII (Dec. 14, 1916), 561-562。这个争论在接下来的几十年也很激烈，参见 Raymond Buell, Letter to the New York *Herald Tribune* (June 17, 1936); Lippmann's rejoinder. Letter to the New York *Herald Tribune* (June 20, 1936); Walter E. Spahr in defense of Buell's position. Letter to the New York *Herald Tribune* (June 29, 1936).

② "Prefatory Note," 1915 Report, *Bulletin*, AAUP, I (December, 1915), 17.

③ *Current Opinion*, LX (March, 1916), 192-193.

联邦教育部分发了数千份报告。① 这个报告成为学术自由与终身教职原则声明的基础,后来得到代表大学管理阶层的美国学院联合会(AAC)以及美国大学教授协会的认可。② 一位现代的评论家非常恰当地称它是"教师职业发展中的一个里程碑"。③

一、学术自由是大学不可或缺的特征

学术自由与终身教职委员会认为学术自由的存在有三个方面的原因:学术研究的需要、高质量教育的需要和为公众提供专业化服务的需要。其中一些观点和德国非常相似。"在国家知识发展的初期,教育机构比较关注的问题是培养下一代和传授已有知识。"大学保存知识的职能开始逐渐让位于研究职能。"现代大学越来越成为……科学研究的基地。"现在,在所有的知识领域,包括自然科学、社会科学、宗教和哲学,科学发展的首要条件是"有充分的、无限制的自由来进行科研和发表科研成果。这种自由是所有科学活动赖以生存的空气"。④

这种自由对于教师来说同样重要。报告中说,如果教师得不到学生的尊重,就不能算是一名成功的教师,而如果学生怀疑教师的智慧和勇气,就不能尊重教师。赫尔姆霍兹非常认可下面的看法:"真正发挥教育作用的不仅仅是教师的教学风格,而且包括教师的人格。如果学生有理由认为教帅本身就不真诚,这种教育的影响作用必然会削弱。教师必须没有任何思想上的保留。他必须把自

---

① *Report of the Commissioner of Education* (1916), 1, 138.
② Robert P. Ludlum,"Academic Freedom and Tenure," *Antioch Review*, X(Spring, 1950), 23.
③ 同上,p.19.
④ *Bulletin*, AAUP, I (December, 1915), 27-28.

己拥有的所有知识传授给学生,把自己最真实的一面展示给学生。"①

学术自由存在的第三个方面的理由源于美国。报告起草者还认为,现代大学的目标应该是培养专业人士来帮助解决复杂的社会问题,这反映了进步主义思想。只有教授自己及其研究成果都是公正无私的,那么他对于立法者和大学管理阶层来说才是有用的。②

二、大学独立性和公众意愿

教授们撰写这份报告时并没有质疑大学董事会至高无上的法律地位,但他们的法律权力不能等同于道德义务。正如他们所见,大学董事会的道德义务有两方面。当董事会按照大学章程宣传具体的理论时,他们应该十分公正。董事会不应该误导公众,使公众误以为学校是在追求真理,而事实上却在传播教条。在任何情况下,董事都是公众的董事,"如果他们希望寻求广大公众的支持,他们不允许表现出私心和特权"。学术权威的基础也是公众,大学教授职业的特性仍然离不开这种基础。任何关于教授是董事会雇员的说法都是毫无道理和不能被接受的。

"大学教师主要是对公众负责,他们的任务是对自己的专业问题做出判断。同时,在大学教师职业的外部环境方面,他们应该对自己所任职的学校当局负责,通过他们的专业活动履行服务广大公众的职责,这是大学所允许的。"③

---

① 同前文注,p.28.
② 同上,p.21-22.
③ *Bulletin*, AAUP, I (December, 1915), p.22-23, 26.

为了进一步说明这一点,学术自由与终身教职委员会对(教授和董事之间的关系)同行政权和司法权之间的关系进行了类比,尽管这种比喻未必恰当。

"就大学教师思想言论的独立性而言——即便不考虑其他方面——教授和董事之间的关系好比联邦法院的法官同任命他们的总统之间的关系。大学教师在提出和发表研究结论方面,不受董事的控制,正如法官的裁决不受总统的控制一样。"①

报告的起草人提到的政治代言人和当前公众舆论并没有让公众感到困惑。大学完全依靠政府是危险的:"如果大学的资金依赖于立法机构的支持,那么该院校的行为有时就会受到政治因素的影响;如果政府对于经济、社会或政治问题有明确规定,或者公众对这些方面的问题有强烈的看法,这种强制性的舆论将威胁到学术自由。"②

同样,由于公众舆论易于对任何偏离正统的思想持怀疑态度,因此是不可靠的。相反,大学"应是一个思想实验站,在那里可以产生新思想,也许这些新的思想成果在整体上还不符合社会的口味,但是要允许新的思想成果逐步成熟,它将成为整个人类或国家精神食粮的组成部分"③。

董事会要代表公众利益,以及教授要对公众负责,可以概括为一切为了"子孙后代"。

三、中立性和职责权限的原则

本着自由从来都不是绝对的和无条件的,而是需要限制和义

---

① 同前文注,p.26 的斜体字部分。
② 同上,p.31。
③ 同上,p.32。

务的观点,学术自由和终身教职委员会赞成中立性和职责权限的原则。

"学者在大学内享有言论自由是有条件的,其前提是学者必须遵循科学研究的方法和精神,实事求是地提出研究结论。也就是说,学者得出的任何结论都必须是在他们所专长的领域进行细致、真实的研究的结果,然后郑重地、谦逊地、审慎地提出他们的研究结论。"

这并不意味着,教师要用模棱两可的措辞来掩饰自己的观点。不过他应该"是一个公平正直的人。教师在涉及有争议性的问题时,不应该隐瞒或讽刺其他研究者的不同观点,而应该客观地加以介绍。教师应该让学生了解目前关于这个问题已经发表的各种最有代表性的学说。最重要的是,教师要始终牢记他的本职工作不是向他的学生提供现成的结论,而是训练他们自己思考的习惯"。①

学术自由和终身教职委员会反对进行深奥的教条式教学的主要原因,是认为学生还不成熟:"在美国的许多大学,尤其是大学一二年级,学生的性格尚未完全形成,其心智还不成熟。在这种情况下,考虑到学生的成见和习惯,以及学生性格的塑造,教师要谨慎地传授科学真理,并逐渐向学生介绍新的思想。"

教师必须特别小心防止"利用学生的不成熟,在学生能够公正地看待关于争议性问题的其他观点,以及他有足够的知识和成熟的判断力来形成自己明确观点之前,向他们灌输自己的看法"。②

再次需要强调的是,大学教育是青少年教育,年轻人的思想具有很强的可塑性。

---

① 同前文注,pp. 33-34.
② 同上,p. 35.

四、校外的言论自由

　　学术自由与终身教职委员会明确提出了校外言论自由的基本原则。他们认为,学者在校外的言论受到中立性和职责权限原则的限制是不可取的。阻止他们"对于有争议的问题表达自己的观点,或者他们在校外言论自由仅局限于自己的专业内"是不合适的。禁止他们"积极支持他们认为符合公众利益的有组织活动"也不是适当的。① 但是,委员会也承认,大学教授应该履行专业人员应尽的义务。"很显然,学者的特殊使命要求他们尽量避免草率的或未经核实的或夸大其词的陈述,避免过度的或耸人听闻的表达方式。"这导致了令人烦恼的问题,即是否应当允许教授为某个政党效力或竞选政治职位。据该委员会某个成员后来透露,委员会对这个问题存在分歧,有些人认为学术研究和政治活动并不是对立的,另外一些人则认同德国的观点,即政党活动和客观研究是不相容的。② 委员会没办法,只能含糊其辞。报告写道,一方面,"很显然,大学教师必须不受党派忠诚思想的限制,不为党派的热情所鼓动,不带有个人政治野心的偏见。大学应该避免陷入党派斗争的矛盾之中"。另一方面,"对于那些关乎国家利益和安全的内容,必须受到十分严格的限制。即使这个方面的公职不允许任何大学教师担任,也必须得到谅解"。③

　　1915年的报告以这个没有结论的说明作为结束。

　　虽然1915年报告像本章一样采用了分析的方法而不是历史的

---

　　① 同前文注,p. 37.
　　② 参见 the statement of U. G. Weatherly in "Academic Freedom and Tenure of Office," pp. 175-177。
　　③ *Bulletin*,AAUP,I(December,1915),38.

第三章 德国的影响

方法,但它确实为我们提供了研究这个主题的历史线索。报告的作者指出,在过去的几十年中侵犯学术自由的现象发生了一些变化:"在美国大学发展初期,学术自由的主要威胁是教会,受到影响的学科主要是哲学和自然科学。近来,这种威胁已经转移到了政治科学和社会科学上。"

正如学术自由与终身教职委员会所发现的,目前的问题是,政治、社会和经济领域的问题触及了某些阶层的私人利益,而且"由于大学董事会大多由那些擅长经营大型私人企业的人士组成,而且大学的捐赠者以及大多数私立院校的学生家长属于比较保守的富人阶层,很显然,各种相关利益群体施加的压力必然影响到大学当局,因此发生各种冲突就在所难免"。①

学术自由和终身教职委员会的成员比同期其他专业团体的成员更冷静和明智,他们支持这种看法,即金钱是学术的敌人,而且某些阶层反对学术自由。我们现在必须对这种看法进行评价,因此我们要进入产生这个理论的民粹主义时期。

---

① 同前文注,pp.29-31.

第四章

学术自由与商业大亨

> 大学的官僚化改变了美国学术自由斗争的方向。学术自由斗争的结果变成了建立预防制度和促进大学立法,而不仅仅是为了事后纠正不公正的行为。无论好坏,学术自由与终身教职紧密地联系在一起,从而带来了许多好处。

第四章　学术自由与商业大亨

第一节　正面交锋

在19世纪的最后几十年,美国的商业领袖开始以前所未有的规模支持大学发展。此前,具有资助传统的老一代富裕商人能够用于慈善事业的财富有限,现在新一代工业资本家的财富在不断增长,但是他们一直专心于不停地赚钱,还没有形成捐赠的高尚品质。因此,据记载,美国内战前美国学院获得的最大一笔捐赠是艾伯特·劳伦斯捐给哈佛学院的5万美元。① 建立阿默斯特学院所花费的5万美元,主要是小笔捐赠积累起来的。② 与那些商业大亨的大笔捐赠相比,这笔钱似乎不值一提。约翰·霍普金斯大学从巴尔的摩的一个商业资本家那里获得了350万美元的捐赠;小利兰·斯坦福大学(Leland Stanford Junior University)获得了加利福尼亚铁路大王2 400万美元的财产捐赠;芝加哥大学从斯坦福石油公司的创建人那里获得了3 400万美元的捐赠。③ 基金会提出了新的捐赠形式,建立了实物捐赠方法。早期建立的资助大学和学院的基金会包括:1902年洛克菲勒建立的普通教育委员会(General Education Board),拥有资产4 600万美元;1911年建立的卡内基委员会,拥有资产1.51亿美元;1918年斯蒂芬·哈克尼斯(Stephen V. Harkness)夫人建立的联邦基金会(Commonwealth Fund),拥有

---

① Charlse F. Thwing, "The Endowment of Colleges," *International Review*, XI (September, 1881), 259.
② Ibid., p. 260.
③ Daniel Coit Gilman, *The Launching of a University* (New York, 1906), p. 28; Oririn L. Elliott, *Stanford University*, *The First Twenty-five Years* (Stanford, 1937), p. 251; Thomas W. Goodspeed, *A History of the University of Chicago* (Chicago, 1916), Appendix I, p. 487.

资产 4 300 万美元。① 实际上,新一代的富人经营他们的慈善事业如同经营他们的商业一样。

随着捐赠数量的提高,捐赠人和受赠人之间的关系必然发改变。借用一个经济学史的术语来说,捐赠人成为高等教育领域的创业者,他们负责筹措资金并决定其用途。1905 年,哈珀(William Rainey Harper)写道:"捐给一个大型慈善机构 90% 的经费是由捐赠人来决定的,而不是由所涉及的大学来决定。"② 内战前,美国学院的院长提出根据他们的需要进行捐赠的要求实际上是不可能的,这种被动的角色不适合新一代的富人。克拉克(Jonas Gilman Clark)而不是霍尔作出决定在沃斯特(Worcester)创建一所新大学,克拉克聘用了霍尔来执行他的决定。③ 利兰·斯坦福而不是乔丹提出了帕洛阿托(Palo Alto)大学城计划。④ 再举一个突出的例子,卡内基决定为大学教授提供退休金,并不是大学教授提出了这种要求。⑤ 有时,取决于捐赠人的兴趣,他们也积极参与制定教育政策。内战以前,商业人士很少捐助具体的教育项目。

艾伯特·劳伦斯捐资哈佛大学的工程学校是唯一的例外,不过有趣的是哈佛校长爱德华·埃弗雷特(Edward Everett)违背了捐赠人的意愿,把这所学校变成了哈佛的自然科学系。⑥ 比较哈佛校长埃弗雷特对待劳伦斯的态度与克拉克对待霍尔校长的态度,可

---

① Ernest V. Hollis, *Philanthropic Foundations and Higher Education* (Chicago, 1905), p. 178.
② William R. Harper, *The Trend in Higher Education*(Chicago, 1905), p. 178.
③ Calvin Subbins, "Biography of J. G. Clark," *Publications of the Clark University Library*, I(April, 1906), 138-176.
④ David Starr Jordan, *The Days of Man* (New York, 1922), pp. 268-269.
⑤ 见 1905 年 3 月 16 日卡内基写给卡内基金会董事会的信,见 *Annual Report of Carnegie Foundation for the Advancement of Teaching*(Washington, D. c., 1906), pp. 7-8。
⑥ Samuel Eliot Morison, *Three Centuries of Harvard* (Cambridge, Mass., 1936), p. 279.

以看出5万美元捐款的影响力远不及几百万美元捐款的影响力大,还可以看到一所著名学院的独立性远远高于一所完全屈从于某个人的善行的年轻大学的独立性。我们在霍尔校长的自传中发现他不得不按创建人的要求取消教师聘用合同,不得不削减教师薪水因为创建人希望节省开支,不得不放弃建立研究生院的打算而建立本科生院,因为创建人希望这样做。① 霍尔与克拉克之间的冲突并不是普遍现象。比较普遍的是像怀特和康奈尔(Ezra Cornell)之间和谐融洽的合作关系,以及像乔丹校长讨好利兰·斯坦福夫人的态度。② 但是,霍尔的经历确实说明大学的主动权开始移交到已经出现的大学捐赠人手中。

大学董事会成员的职业背景变化反映了工商业人士在教育领域的影响力不断扩大。财富和经营能力曾被认为是大学董事会成员具备的优点,现在则被看成是先决条件。大学收入和捐款的增加带来了经费预算、投资管理以及资源开发利用等新问题,工商业人士对此十分熟悉。结果,当选一所著名大学董事会的董事如同入选社会名流一样,成为具有经济实力的商业成功人士的象征。当查尔斯和玛丽·比尔德写道"19世纪末美国高校董事会花名册看起来就像公司通讯录",他们一点也不夸张。③ 1865年,康奈尔可以炫耀以他的名字命名的大学董事会成员的广泛代表性。他说除了有3名成员是上一届董事会保留下来的地方政府代表和州政府代表以外,其他成员包括3名机械师,3名农场主,1名制造业主,1名商

---

① G. Stanley Hall, *Life and Confessions of a Psychologist* (New York, 1923), pp. 225-257.
② Carl L. Becker, *Cornell University: Founders and the Founding* (Ithaca, N.Y., 1943), p. 118.
③ Charles A. Beard and Mary Beard, *The Rise of American Civilization* (New York, 1927), II, 470.

人,1名律师,1名工程师,还有1名"精通文学的绅士"。① 到1884年,康奈尔大学董事会成员包括5名银行家,3名律师,2名制造业主,2名法官,1名编辑。② 后来又增加了亨利·塞奇(Henry W. Sage),当时一位规模最大的木材工厂主。③ 到1918年,董事会又增加了新成员:卡内基、伯利恒钢铁公司(Bethlehem Steel)董事长查尔斯·施瓦布(Charles W. Schwab),西屋公司(Westinghouse Company)董事会主席威斯丁豪斯(H. H. Westinghouse)以及其他高层商业精英。④ 这种趋势在其他大学也可以看到。麦格拉斯(McGrath)在一项对20所私立和州立大学的研究中发现,1860年,48%的董事会成员是工商业人士、银行家、律师,到了1900年,这些行业的董事会成员的比例达到了64%。⑤ 由外行人士支配专业人员这一非常奇特的现象,成为美国高等教育的重要特色。

但是商业和学术之间的鸿沟是无法跨越的,如果仅仅依靠单方面的努力的话。由于受到现实生活中的问题的激发,大学的社会科学教授开始关注社会的组织和活动机制问题,经济学领域开始从寻求普遍规律的理论研究转向历史的和统计的方法。在这一时期,西利曼撰写了他的《公共财政研究》;陶西格撰写了《关税的历史》;亨利·卡特·亚当斯撰写了"联邦与工业活动之间的关系"的文章。这一切表明作者不再坚信生活必须遵循基本原理的观念。⑥ 在这一时期,艾利撰写了关于劳工和社会主义的文章,并且认真思考这些问题,证明了经济学也具有重要的作用,并不是传统保守的

---

① Becker, *Cornell University*, Document 11.
② 多数情况下,大学董事会成员来自多种职业。
③ Henry W. Sage, *National Cyclopedia of American Biography*, IV, 478.
④ Register, *Cornell University*, 1918—1919, p.8.
⑤ Earl McGrath, "The Control of Higher Education in American," *Educational Record*, XVII(April, 1936), 264.
⑥ Joseph Dorfman, *The Economic Mind in American Civilization*(New York, 1949), III, 167, 245-257, 264-271.

卫道学(apologetics)。① 此外,在这个时期,美国经济学联合会(AEA)反对曼彻斯特(Manchester)法令,表明其反对自由放任(Laissez-faire)经济的立场,呼吁全国的经济学家在制定国家政策方面发挥影响作用。社会学与经济学一样,试图影响现实社会的愿望非常明显和强烈。沃德和萨姆纳的"纯理论"社会学都支持社会调查计划,"应用"社会学——社会学的另一个大的分支领域,研究社会改良的策略。② 到1901年,没有一个学院不承认只要是标明是"社会学"课程,内容必然涉及"城市问题"、"智力缺陷、犯罪和监护人"、"社会主义的历史及其哲学"或"社会改革的方法"。③ 最后,社会科学的最新分支——政治学,其学者主要关注政治和行政改革问题。④ 在整个社会学领域中,关注社会问题取得了合法表达的地位。

正是因为人类理智的紊乱导致产生了这个新的学术领域。长期以来美国人已经习惯了社会变迁,例如人口迁徙,经济波动。但是19世纪晚期的社会变迁是有节奏的变化,是社会关系的大变动,从而挑战了美国人已有的观念。个人主义和发财的观念挑战了传统的道德观念,催生了无视纪律的富人阶层,他们产生了个人大于法律的思想,从而威胁到民主制度。以往的小商业世界和竞争原则已经让位于垄断企业集团,他们打压封杀竞争对手,操纵市

---

① Richard T. Ely, *Ground under Our Feet* (New York, 1938), pp. 309-323.
② 哥伦比亚大学政治科学学院在宣布建立社会学讲座教席时这样解释:"非常明显的是,工业和社会的发展使现代社会不得不面临大量的社会问题,解决这些问题需要最好的社会学研究和最诚实的实际努力。"Frank L. Tolman, "The Study of Sociology in Institutions of Higher Learning in the United States," *American Journal of Sociology*, VIII (July, 1902), 85;见 Albion W. Small, "Fifty Years of Sociology in the United States (1865—1915)," reprinted in the *American Journal of Sociology*, Index to Vols. I-LII (1947), pp. 187ff.
③ Tolman, "The Study of Sociology," pp. 88-104.
④ Anna Haddow, *History of the Teaching of Political Science in the Colleges and Universities of United States*, 1636—1900 (New York, 1939).

场机制。最糟糕的是,出现了持续不断的贫穷——繁华世界中的饥饿者,无阶级社会中的阶级战争,希望国度中的绝望者,这一切使我们的社会信仰受到质疑。

传统思想体系的崩溃有助于美国社会科学的兴盛。不是因为我们的社会科学家对于社会政策和制度取得了一致意见,而是因为像社会进化论者萨姆纳和达尔文主义的社会学家凡勃伦(Veblen),主张金本位思想的拉芙林(Laughlin)和银本位思想的罗斯(Ross),以及主张提高关税的帕坦(Patten)和降低关税的沃克(Walker),这些人都坚持同一种看法,即科学应用于社会可以缓解社会危机和解决社会问题。虽然这个基本看法古已有之,但是具有新的魅力,许多类似的观点支持这种看法。有观点认为其他科学家要受到思想意识的限制,而社会科学家不受这种限制;其他学科提出的对策被认为是空想,而社会科学提出的建议被认为是有事实和社会规律依据。① 社会科学家认为显示自然科学家资质的重要标志之一是门第出身。②

于是,商业大亨与大学教授面临重要的斗争。前者为大学提供经费,并掌控大学的管理机构;后者调查研究社会并试图改变社会的进程。这两方面的活动和兴趣以前是分开的,现在则相互联系并交叉在一起。虽然这种对抗还没有马上表现出来,也不是在任何时候都不可避免,但是这种对抗将是敌对的。如果世界上确实普遍存在"行动者"和"思想者"之间的斗争,那么在这种情况下,至少也有许多理由认为二者之间也应该存在友谊关系。一种情况

---

① Cf. Lester F. Ward, *Applied Sociology*(Boston, 1906), pp.5-6, 28-29; *Glimpses of the Cosmos*(New York, 1913—1918), III, 172; IV, 11; Albion W. Small, *General Sociology* (Chicago, 1905), pp.36-37.

② John Lewis Gillin, "The Development of Sociology in the United States," *Papers and Proceedings of American Sociological Society*, XXI(1926), 1-6.

是，一些表达能力比较强的商业大亨，特别是那批暴富的商业人士，乐于表现出对于学习和研究生活方式的羡慕。然而也存在另一种情况，资助大学的大款通常是些轻视书本知识的没有文化修养的人，他们认为给员工发工资比捐资教育更有意义。像慈善家卡内基就向往知识分子的生活。他始终认为富人要提高生活品味，不要贪图物质享受。他经常与作家和哲学家交往。虽然不是每个慈善家都像卡内基，但是他所坚持的"财富的信条"——财富用于促进知识的传播和发展，对于那些积累了一定财富而又没有受过教育的人来说非常有吸引力。① 因为他们具有的各种怪癖和庸俗，美国第五大道和新港（Fifth Avenue and Newport）的商业巨头与波士顿毕康街（Beacon Street）的显贵的关系要比与商业街的商业贵族的关系更为亲近。而且，大学的赞助人获得了大学的热忱感谢。他们不是大学中的入侵者，他们得到大学居民的欢迎和感谢。在大学兄弟会中，培养对大学捐助者的良好祝愿是一种非常受欢迎的活动，以此彰显良好的公益心。违背捐助者的意愿被认为是一种极度不忠诚的欺诈行为。由于存在自私自利和急于得到社会认可等迫切需要解决的问题，因此诚实成为教授最基本的品质。

既然有这些理由说明在商业大亨与大学教授之间存在友谊关系，那么关于学术自由问题产生的尖锐对立就特别奇怪了。几乎从双方发生对抗的那一刻起，在教授的观念中就把商业大亨定格为学术自由的敌人。这种对抗开始于 19 世纪 80 年代中期，当时康奈尔大学的教授亨利·卡特·亚当斯因为发表了支持劳工的演讲

---

① Andrew Carnegie, "Individualism and Socialism," in *Problems of Today* (New York, 1908), pp. 121-139; "Wealth," ibid., p. 35; "Variety and Uniformity," ibid., p. 145. Cf. John D. Rockefeller, *Random Reminiscences of Men and Events* (New York, 1909), p. 166; Sarah K. Bolton, *Famous Givers and Their Gifts* (New York, 1896), pp. 108-128.

引起了一位有影响的捐助者的不满而被解聘。① 大学教授的这种对抗在90年代趋于激烈,当时类似的事件大量发生。不像亚当斯那样,受害者不再愿意保持沉默。这期间,美国人民党(Populist)提出一种看法,怀疑商业大亨赞助大学只是为了他们自身的利益,对学术自由的攻击是他们阴谋的一个部分。在进步主义时期及其后的时期,还有一种看法,认为工厂和会计室的价值观对研究的价值观来说是有害的,对学术自由的攻击就是这种冲突的结果。我们无法估计诸如"阴谋论"和"文化冲突论"这些看法在教授中的影响程度。社会科学的教授一般要比工商管理科学的教授对商人更为敌视。在大学的每个系必然会有少数批评者和斗士比其他人更直言不讳。但是,毫无疑问,商人作为坏人的印象成为美国大学特有的现象。在教授受到不公正待遇的殉教史和受到压制的大学董事会的仇人名单中,商人在仅仅几十年的时间,就留下了非常不好的印象。

下面依次对这些看法进行重新评价。"阴谋论"和"文化冲突论"有充分的依据吗?我们清楚这个问题影响到当前的思想意识冲突。但是我们会尽量避免目前在"新保守主义者"和"新政拥护者"之间的纷争,避免使用诸如"强盗资本家"和"自由企业"之类的冒犯性的词语。我们保持中立立场的原因有几个方面。首先,能否从这些素材中高度概括出商业大亨的社会角色是值得怀疑的。对待学术自由的态度非常明确,不能作含糊其辞的解释。在这个明确的范围内,许多方面的行为是没有关联的:某个人可能不断地

---

① 见 E. R. A. Seligman, "Memorial to Former President Henry Carter Adams," *American Economic Review*, XII(September, 1922), 405; R. M. Wenley, Lawrence Bigelow, and Leo Sharfman, "Henry Carter Adams," *Journal of Political Economy*, XXX(April, 1922), 201-211. 1901年2月27日亚当斯写给塞利格曼的信, in Seligman papers, Columbia University。

向大学捐赠,但他是个坏人,或者他虽然十分吝啬,但他是一个圣人。其次,如果我们用现在的看法去解释历史就会歪曲历史。在我们关于洛克菲勒基金会创始人表现如何的看法上,第三代洛克菲勒基金会是没有发言权的。但是,最重要的是,如果要为我们具有包容性的理论进行辩解,我们必须让事实说话,这是一个艰巨而又可行的任务。因此,在下面的内容中,我们将考察第一次世界大战前发生的学术自由事件以及大学管理的一些趋势,我们希望对于"阴谋论"和"文化冲突论"进行检验。

第二节 阴谋论

1901年,曾担任堪萨斯州立农学院教授和院长的托马斯·埃尔默·威尔(Thomas Elmer Will)列举了此前已经发生的学术自由事件。他经过分析发现所有这些事件的发生如出一辙:教授主张改革或批判社会秩序,于是他们立即遭到解聘。这些事件包括:1892年,劳伦斯学院(Lawrence)的院长斯蒂尔(George M. Steele)因为坚持自由贸易和自由货币主张而被解聘;1893年,北达科塔农学院院长施托克布里奇(H. E. Stockbridge)因为政治的原因而被解聘;1894年,威斯康星大学经济学教授艾利因为发表劳工关系的言论和"异端"的社会经济观点,被指控犯有煽动公众动乱罪而受到审查;1894年,芝加哥大学的讲师赫维齐(I. A. Hourwich)因为参加人民党人(Populist)大会而被解聘;1895年,芝加哥大学的经济学家比米斯因为反对垄断和批评铁路工业而被解聘;1897年,玛丽埃塔(Marietta)学院的政治学家史密斯(James Allen Smith)因为在教学中批评垄断(antimonopoly teaching)而被停职;1897年,布朗大学校长安德鲁斯因为发表支持自由银币(free silver)政策的观点而被迫辞职;1896 年,印第安纳大学经济学家康芒斯(John R. Commons)因为其经济观点而被解聘;1899 年他因为同样的原因被锡拉丘兹大学(Syracuse University)解聘;1899 年,帕尔森(Frank Parson)和比米斯(Edward W. Bemis)因为他们的经济观点而被堪萨斯州农学院解聘;1900 年,西北大学校长罗杰斯因为反对帝国主义而被迫辞职,斯坦福大学的罗斯因为他关于银本位和劳工移民的观点而被解聘。① 威尔以这个名单呼吁当时大学中的自由主义者进行反抗。

在威尔看来,这些对于学术自由进行攻击的原因非常清楚。他认为所有学术自由事件都是无私探究与追求私利之间不可调和的矛盾的结果。以前,这种矛盾主要表现为科学与神学之间的战争,现在则公开表现为科学与财富之间的战争。科学致力于不计名利发现真理,但是,真理的公正无私对于"工业寡头"来说是他们不敢也不愿意面对的。因为"自由探究对于揭露现存腐败的经济制度是必不可少的",因此,"我们的大财阀的自负傲慢丝毫不逊色于奴隶制统治时期,他们已经发布了要求学院和大学必须遵守的命令"。"因此,冲突在所难免。"② 民粹主义者关于这个问题有三种看法:自由探究揭露了社会弊病,因此必然是革命的;商业大亨害怕这种揭露,因此这对他们来说是不能容忍的;同时还侵犯了已经获得广泛认可的学术自由。③ 后来许多历史学家在思考 19 世纪 90 年代发生的这些事件时,虽然经常没有采用民粹主义者的分析框

---

① Thomas Elmer Will, "A Menace to Freedom: The College Trust", *Arena*, XXVI (September, 1901), pp. 254-256.
② Ibid., pp. 246-247.
③ Charlse A. Towne, "The New Ostracism," *Arena*, XVII(October, 1897), 433-451; Edward W. Bemis, "Academic Freedom," *The Independent*, LI(August 17, 1899), 2196-2197; Edward A. Ross, *Seventy Years of It*(New York, 1936), p.64.

第四章　学术自由与商业大亨

架,但是也认同这些看法。①

再次审视这个问题的第一步要问:威尔所列举的事件准确可靠、完整无缺吗? 在斯蒂尔事件中,威尔明显存在错误,因为斯蒂尔是在 1879 年辞职,他作为校长的最后一次报告表明他是自愿辞职的。② 在施托克布里奇、赫维齐、罗杰斯这 3 个事件中③,陈旧的董事会档案记录不能证明威尔的看法,也没有提供当事人的声明,只有他自己的看法。④ 在另一个事件即康芒斯事件中,提供的证据

---

① Cf. Russel B. Nye, *Midwestern Progressive Politics*(East Lansing, Mich., 1951), pp. 154-155; Eric F. Goldman, *Rendezvous with Destiny*(New York, 1952), pp. 100-104; Arthur M. Schlesinger, *The Rise of the City*(History of American Life Series, X, 1933), pp. 227-229; Howard K. Beale, *A History of Freedom of Teaching in American Schools*(New York, 1941), pp. 227-234.

② 1879 年 3 月 7 日斯蒂尔校长最后一次的年度报告回顾了他任校长 14 年期间的经历,提到他作为经费筹措人所面临的困难,他已经花去了相当一大笔经费。"我辞职的原因主要是学校当前面临的困境,我感到已经到了无法保证自己有力应对局面的关键时刻,我相信其他人能够应对这个局面,我和你们有责任听从上帝旨意的召唤。"1953 年 10 月 7 日,劳伦斯学院图书馆长布鲁贝克(H. A. Brubaker)写给作者的信。

③ 北达科塔农学院图书馆馆长宣称董事会办公室和校长办公室的许多档案记录遭到毁坏,现有的档案无法说明问题。1954 年 1 月 3 日斯塔林斯(H. D. Stallings)写给作者的信。

芝加哥大学的档案没有关于赫维齐及其被解聘的记录:他的名字只是出现在年度花名册上(*Annual Register*)。董事会档案仅仅记录了赫维齐讲师在 1895 年 2 月 1 日辞职。

西北大学档案馆关于罗杰斯被解聘的唯一公开资料是一封辞职信,日期是 1900 年 6 月 12 日。他和董事会之间的所有对抗被礼貌性的语言所掩盖:"我认为终于到了应该退职的时候……在结束我们之间的正式关系之际,我希望对于你们一直以来给予我生活或工作上的关心表示我诚挚的感谢。"

④ 认为罗杰斯因为反对美国在菲律宾的政策而被解聘的依据是报纸上对他的大肆攻击。见"The Menace to Free Discussion," *The Dial*, XXVI(May 16, 1899), 327。1895 年 11 月 8 日 Elgin(Ⅲ.)的一篇新闻报道导致人们误认为赫维齐是因为他的言论被解聘的。"芝加哥大学的政治经济学教授似乎非常倒霉,由于受到过去学院教师关于自由贸易思想的影响,他们不仅教授异端思想,而且竟然支持社会主义和民粹主义的邪恶思想,比米斯教授为此被迫辞职,现在赫维齐博士被停止授课,因为他是一个'可怕的社会主义者、不忠实的人、人民党的同情者'。最后一点并没有什么,因为每个人都有权表达自己的政治信仰,但是任何自尊的院校一刻都不允许教师中存在像赫维齐博士那样危险的思想。不过,哈珀校长的果断措施避免了学校受到严重伤害,应该提醒他以后在聘用教师的时候,一定先要搞清楚他是否符合条件。"赫维齐博士的儿子乔治·赫维齐先生向作者透露了他所知道的情况,哈珀校长提醒他父亲要么放弃其政治主张,要么辞职,但是另一位家庭成员对此予以了否认,认为从来没有发生这种情况。

十分片面。① 然而,在其他的 6 个事件中,有大量的证据支持威尔的基本观点。有关资料如艾利的信件、塞利格曼的信件、詹姆森的文章②,表明在每个事件中,都是由于教授表达的个人看法引起了官方保守人士的不满而被解聘。艾利就是因为坚持自己的主张而被指控和解聘。③ 安德鲁斯因为不再坚持自己的主张而没有被解聘。④ 尽管如此,这 6 个经过证实的事件非常清楚地表明:19 世纪 90 年代(奇怪地和不恰当地被称为"灰色"年代)开始产生一种新的异端思想,可以称为经济学异端思想。

然而,还有其他真实的事件没有被列入威尔著名的名单,这些事件的起因是民粹主义左派捍卫经济学正统思想所造成的。艾伦·史密斯(J. Allen Smith)的经历充分说明了党派之间不宽容的本质。玛丽埃塔学院的史密斯写过一篇关于货币问题的学位论文,他是一位自由主义者,也是 1896 年大选中威廉·杰宁斯·布莱恩(William Jennings Bryan)的支持者,他后来被查尔斯·道斯(Charles G. Dawes)控制的董事会解聘,道斯是一位富裕的共和党保守派人士。⑤ 然而,当史密斯应聘西部一所大学的教师

---

① John R. Commons,*Myself*(New York,1934),pp. 50-68. 曾经要求查阅锡拉丘兹大学档案,但是锡拉丘兹大学图书馆长告知没有这方面的资料。S. R. Rolnick,"The Development of the Idea of Academic Freedom in American Higher Education,"未发表的博士论文(威斯康星大学,1951),p. 169. 这位作者就是后来的锡拉丘兹大学校史的作者,他认为他没有发现"所说的他被解聘的理由"。1953 年 11 月 20 日加普林(W. F. Galplin)教授写给作者的信。

② 艾利的文章保存在威斯康星州历史协会,位于威斯康星州的麦迪逊。关于学术自由事件的信件的缩微胶片保存在哥伦比亚大学特藏室。詹姆森(Jameson)的文章为利奥·斯托克(Leo Stock)所保留,他是位于华盛顿特区的卡内基金会的历史研究员。

③ 关于艾利事件的讨论也可见于第 425-436 页。

④ 关于安德鲁斯事件的最充分的讨论参见:Elizabeth Donnan 的"A Nineteenth Century Cause Celebre,"*New England Quarterly*,XXV(March,1952),23-46.

⑤ 见"The Case of Professor James Allen Smith,"*The Industrialist*,XXIII(September,1897),180. 这篇文章有力地揭穿了玛丽埃塔学院行政当局宣称的是迫于财政原因才解聘史密斯的真相。在他们的观念中,最重要的是国家的财政而不是学院的财政,因为被解聘教授的职位很快被新人填补。

职位时，他发现在那里单一本位货币思想成了异端邪说，而自由银币思想成了正统思想。密苏里（Missouri）大学的民粹主义校长提出通过解聘一位持金本位思想的教授来给他这位真正相信银本位思想的教授腾地方。史密斯看到这种情况和玛丽埃塔学院做法之间的道德困境，因此决定不接受聘用。然而，思想意识因素在他后来的求职中仍然占有重要位置。堪萨斯州立农学院院长和华盛顿大学校长都具有民粹主义思想，他们都同意聘用史密斯，但是他接受了华盛顿大学提供的职位。① 双方都存在寻求志同道合的倾向。

堪萨斯州农学院事件进一步证明了并非保守派才会犯错。1894年，在大多数民粹主义分子控制之下的学院董事会宣布："对于土地国有化思想的原则、政府控制公共设施、改革财政和金融制度等方面的思想应该毫无偏见地、公正坦率地进行陈述和审视。"② 出于这种目的，威尔，一位立场坚定的社会改革派，被聘为经济学教授，以此保证这是一次代表民粹主义利益的"没有偏见"的考察，这是一个反对共和主义思想的"没有偏见"的声明。在1896年，民主党和民粹主义在全国的胜利导致了所有大学的彻底重组。大学与教师签订的所有合同立即终止，大学校长被迫辞职。虽然许多大学教授仍然得到了续聘，但是民粹主义盯上了校长职位和经济系。③ 威尔当上了校长；从芝加哥的洛克菲勒乐园被放逐的爱德华·比米斯当上了经济系教授；弗兰克·帕森斯（Frank Parsons），

---

① Eric F. Goldman, "J. Allen Smith: The Reformer and his Dilemma," *Pacific Northwest Quarterly*, XXXV(July, 1944), 198ff.

② Julius T. Willard, *History of Cansas State College of Agriculture and Applied Science*(Manhattan, Cansas, 1940), p.96. 威拉德提供了关于这个事件的大量文件。

③ George T. Fairchild, "Populism in a State Educational Institution, the Kansas State Agricultural College," *American Journal of Sociology*, III(November, 1897), 392-404.

一位改革斗士,当上了历史和政治科学教授。① 教师出版的《工业家》(The Industrialist)杂志成为改革党的发言人。② 这所学院的流行仅仅持续了3年。在1899年,学院的政治风向发生了变化,共和党重新掌权。现在轮到"右派"开始实行党派报复了。威尔、比米斯、帕森斯立即被解聘,堪萨斯州农学院又成为保守主义经济学的天下。在评价民粹主义控制下的董事会的行为时,比米斯在写给他的朋友艾利的信中认为董事会"并没有真正违反学术自由"。但是,当反思共和党的清洗行动时,他写道:"毫无疑问,当前解聘教师完全是因为政治原因,目的是为了阻止一种不为私立大学和学院的捐赠人所提倡的思想在全州学生中的传播。"③可见,人们总是盯住别人所犯的错误。

按照"阴谋论"的说法,必然存在某些必要的条件,以及造成侵犯学术自由的有效原因。一位从事科学研究的自由主义者的教授,一个为商人所控制的保守的董事会,这些是必要条件。一位敌对的大学董事或一位专横的捐赠人,这是有效的原因。从以上两个方面仔细考察威尔事件,提供了检验这个理论因果关系的机会。理查德·艾利和爱德华·比米斯同样都是经济学的叛徒,都提倡"新"经济学而反对自由经济理论的永恒性。他们都主张国家是公众福利的保护者,都把经济学研究看成是捍卫公众利益的

---

① 堪萨斯农学院事件在《瞭望》(The Outlook)杂志的通告中可以看到。见 LVI(May 15, 1897), 144, and(May 29, 1897),240-241; LVII(September 4, 1897), 10,和(September 25, 1897), 209。关于 Parsons,见 Arthur Mann, "Frank Parsons, The Professor as Crusader," *Mississippi Valley Historical Review*, XXXVII(December, 1950), 471-490; Benjamin O. Flower, "An Economist with Twentieth Century Ideals," *Arena*, XXVI(August, 1901), 157-160。

② 在威尔担任校长期间,《工业家》很好地反映了大学教师的一家之言。见第24-25期。

③ 1897年10月3日比米斯写给艾利的信,见艾利的文章;1899年6月10日比米斯的声明,见艾利的文章。

一种方式。① 他们在社会改革方面是改良主义者，在社会行动方面是渐进主义者，都反对无政府主义的方法和社会主义者彻底革命的灵丹妙药。② 但是，当他们陷于困境时，各自的境遇大不一样。艾利因为他的异端思想受到审查，被证明无罪，澄清了嫌疑；比米斯也因为异端思想受到审讯，没有履行程序就被解聘。这两个人情形的对比表明：其中存在的因素和条件远比民粹主义者想象得更为多样、更加复杂。

1894年，威斯康星大学经济学、政治学和历史学院的负责人艾利受到董事会派出的委员会的审讯，因为他支持"抗议罢工活动，并为正在进行的罢工活动进行辩护"。指控他的人是一位公立学校的负责人和上一届董事会的成员。他指控艾利：曾经威胁抵制一个员工正在罢工的公司；曾经说过无论工会会员多么卑劣和浪费，总是会被优先考虑聘用，而无论非工会会员工作多么努力、多么值得信任；曾经在家中接待一位工会代表，并向他提出建议。另外，董事会董事韦尔斯(Wells)还指控艾利的著作包含着"同样的思想"，并"为自己抨击生活和私有财产进行道德辩护"，因此是"不切实际的或有害的空想"。③ 在那样一个歇斯底里的时代，加上董事会和公众的指控，艾

---

① Cf. Sidney Fine, "Richard T. Ely, Forerunner of Progressivism, 1880—1901", *Mississippi Valley Historical Review*, XXXVII(March, 1951), 599-624; Edward W. Bemis, "A Point of View," *Bibliotheca Sacra*, LIII(January, 1896), 145-151.

② 艾利的保守主义思想出现于他的 "Fundamental Beliefs in My Social Philosophy," *Forum*, XVIII(October, 1894), 173-183. 比米斯在写给哈珀校长的信中表达了自己的看法，这封信是他知道自己受到怀疑的时候写的。"今天我得到权力部门转告的可靠消息，我们大学的权力部门(我估计是董事会)对于他们所猜想的我在这次工人大罢工中的态度不满意，我写信以便澄清任何错误的报道。就在罢工以前，因为我对德布斯先生有点儿了解，就给他写了一封信，劝他不要参加罢工。后来，当所有的工会在考虑是否举行一场城市大罢工时，我花了几个小时的时间试图劝阻一些工会的领导人……我用尽各种办法试图平息事端，同时也利用机会敦促雇主采取基督徒的和解态度。" 1894年7月23日比米斯写给哈珀校长的信，见芝加哥大学档案馆保存的哈珀的文章。

③ 威尔斯写给《国家》杂志的信，LIX(July 12, 1894), 27. Theodore Herfurth, *Sifting and Winnowing: A Chapter in History of Academic Freedom at the University of Wisconsin* (Madison, Wisconsin, 1949), p. 8.

利的职位岌岌可危。最让艾利及其支持者担心的是董事会和审查委员会中的那些保守主义的律师和商人,然而他们的担心被证明是多余的,因为审查的结果不仅证明艾利无罪,而且还发表了一个支持学术自由的声明,一位大学的历史学家称之为"威斯康星自由宪章"①,艾利也被拥戴为"美国大学官方认可的捍卫教学自由的勇士"。②

"作为一个大学董事会,我们拥有100名教师,在他们身后有200万美国人的支持,这些教师对于当前困扰人类思想的许多重要问题提出了大量不同的看法。我们任何时候都不能想到建议解聘或哪怕是批判教师,即使他们的某些看法被认为是不切实际的。否则就等于说任何教授都不能传授那些还没有为所有人认可为正确的知识。这样一来,我们的课程将会大大减少,以至于所剩无几。我们任何时候都不能认为知识已经实现了它的最终目标,或者当前的社会状况已经完美无缺了。因此,我们应该欢迎我们的教师开展这样的讨论,探讨有助于促进知识发展以及根治或防止目前社会弊病的方法和途径。我们认为如果我们不能支持所有学科知识的发展,我们将有愧于我们所负的职责。在所有领域的学术研究中,最为重要的是研究者必须完全自由地遵循真理的引导而不管真理将导向何方。无论其他地方在科学研究方面进行多少限制,我们相信伟大的威斯康星州立大学将一如既往地鼓励大学长期无畏地从事知识的筛选甄别工作,只有这样才能发现真理。"③

在此期间,艾利以前的学生比米斯引起了芝加哥大学当局的不满。他发表演讲批判铁路公司,当时正在发生铁路工人大罢工,他宣称:"如果铁路公司要求工人遵纪守法,他们自己应该做出表率。然

---

① J. F. Pyre, *Wisconsin* (American College and University Series, New York, 1920), p. 292.
② 1894年12月24日,艾利写给劳埃德(D. Lloyd)的信。
③ Herfurth, *Sifting and Winnowing*, p. 11.

而在这方面事实证明他们过去公开违反国际贸易法,以及通过贿赂法官拉关系……在这些事情方面应该一视同仁。"①这个演讲被新闻报道,在芝加哥某些人士看来,这个演讲被认为是煽动性的。

芝加哥大学校长哈珀很快表示了他的不满。"你的演讲使我非常恼火。我进入芝加哥的任何一个俱乐部几乎都不安全,我受到各方面的猛烈批评。我建议你还担任芝加哥大学教师期间,在公开讨论可能使别人不安的问题时必须十分谨慎。"②但是,这时候后悔已经太晚了。在学年结束的时候,比米斯没有经过听证会或公开的辩护就被解聘。

目前关于比米斯被解聘的原因有不同的看法。艾利、罗斯、康芒斯确信比米斯是拜金主义血腥祭坛上的牺牲品。③ 芝加哥大学校长哈珀和社会学系主任阿尔比恩·斯莫尔坚持认为比米斯是因为不合格被解聘的。④ 虽然仅仅从一次教师解聘事件还不能判断

---

① 1894年8月13日比米斯写给艾利的信。
② Ibid.
③ 罗斯写给比米斯的信:"我看到你和大学董事会之间的冲突已经成为一个全国性的事件。我确信尽管公众愤怒的风暴今年因为来得太晚而不会对你有好处,但是公众的抗议声援将最终使你从大学受到的不公正待遇中获得补偿。我了解那所大学的倾向,但始终试图以自由主义精神对待它,不过从现在开始我发誓再也不会向任何学生推荐芝加哥大学的经济学、政治学和社会学系……芝加哥当局已经没有资格再提高这个大学的名声,除非这个大学由其他人来接管。"1895年9月5日艾利在写给《瞭望》编辑汉密尔顿·马堡的文章中写道:"我坚信比米斯教授比目前经济系中的任何教授都要出色,如果他不固执己见,他将成为芝加哥大学最杰出的教授。"1895年8月24日艾利的文章。然而,阿伦·内文斯在他的《洛克菲勒传记》中提出,艾利晚年改变了自己的看法,并在1939年告诉他这不是一个真实的学术自由事件。*John D. Rockefeller* (New York, 1940), II, 263-265.
④ 斯莫尔在一封信和一篇文章中认为比米斯的解聘与他信奉的理论没有关系。他试图对哈珀的信作如下解释:"应该指出的是哈珀校长要求比米斯先生在发表言论的时候要谨慎并不是针对比米斯先生在大学教学或研究活动中发表的言论,而是针对他在校外面对各种各样的听众的言论。这种情况下,发表任何使他人不安的言论都是非常不明智的。还应该指出的是哈珀校长并没有与比米斯讨论任何'学说',而是要求他发表不合时宜和不成熟的言论时要谨慎。"1895年10月18日,斯莫尔关于比米斯的新闻报道,见艾利的文章。这个解释几乎与它试图解释的行为一样可恶。斯莫尔关于学术自由的范围不包括教师校外言论的观点是对学术自由的狭隘理解,表明他在最为关键的问题上向比米斯的支持者屈服了。他含糊其辞,故意装着没有理解哈珀校长的信中透露出的威胁口吻。

解聘的动机，或做出明确的结论，但是，解聘的时机以及校长自我辩白的信，使得这一看法非常可信，即如果比米斯是一个安静的保守主义者，那么他就不会被解聘。

因为对他们各自不同的遭遇感到困惑，艾利和比米斯寻求解释的原因。他们得出的结论带有"阴谋论"的嫌疑，即导致各自不同遭遇的关键因素是各自大学中商业大亨控制大学的程度。艾利认为在由州所控制的威斯康星大学，降低了商业大亨的影响作用。"德国人有一种理论提出社会是专制组织，国家是自由机构。在我的事件中就说明了这一点。州政府保护我免受私人的攻击。"相反，他认为，私立大学必须寻求法院的支持，没必要为它的行为进行公开解释。① 比米斯认为由于芝加哥大学的商业气息特别浓厚，所以地方公司的影响力特别强。他认为较为典型的代表包括保守主义者拉芙林和胆怯的阿尔比恩·斯莫尔，因此他断言芝加哥大学已经确定了满足这些商业利益的路线，任何教授都不能偏离这个方向，否则就别想保留自己的职位。②

所有这些解释都不能完全掩盖事实。从当前和随后州立大学的学术自由受到的抨击来看，艾利的分析不够深刻，当然也没有预见性。州立大学教师终身教职受到的冲击在堪萨斯州发生的大规模解聘教师事件中得到了体现。③ 甚至在威斯康星大学，学术自由

---

① 1895 年艾利写给劳埃德的信，见艾利文章。
② 刚开始比米斯谴责洛克菲勒解聘自己，但是后来他认为芝加哥煤气信托公司董事长才是真正的罪魁祸首。1895 年 1 月 12 日比米斯写给艾利的信。见艾利的文章。内文斯 (Nevins) 提供了相当可靠的证据表明洛克菲勒没有把自己的经济观点强加给大学，虽然他确实干预了神学方面的事情。Nevins, *Rockefeller*, II, 259-262. 认为煤气信托公司董事长反对比米斯并对他的解聘负有责任的看法是乔治·希伯利 (George H. Shibley) 提出的，但是芝加哥大学校长亨利·贾德森 (Henry P. Judson) 在 1914 年召开的董事会代表委员会上对此予以了否认。见 Rolnick, "Development of the Idea of Academic Freedom," p. 142.
③ 1887 年，在衣阿华州立大学，民主党一派动议解聘 3 名共和党教授，他们都是贸易保护主义者。1893 年西弗吉尼亚大学董事会解聘了所有教师，包括校长。Rolnick, "Development of the Idea of Academic Freedom," pp. 108, 116.

原则也没有在实际中得到体现,因为罗斯发现在 1910 年他受到了董事会的批评,因为他向学生宣布无政府主义者爱玛·戈尔德曼(Emma Goldman)将在麦迪逊进行公开演讲。①艾利的观点后来受到了 AAUP 的学术自由委员会的反驳,学术自由委员会收集了从 1915 年 AAUP 成立到 1947 年的资料。在这期间,学术自由委员会公布了 73 件违反学术自由的事件,其中的 37 件,超过半数,发生在州立大学。② 比米斯的解释也不完全,例如,他没有解释为什么一位社会主义者的查尔斯·祖柏林(Charles Zeublin)教授仍然还在社会学系任职③;为什么天生的叛逆者索尔斯坦·凡勃伦能够在芝加哥大学任职长达 14 年之久④;为什么哈珀校长在解聘比米斯之后让詹姆斯担任推广部主任,他是复本位制(bimetallism)和工会的支持者⑤;既然比米斯的观点已经为人所知,为什么一开始他还被聘用?⑥ 显然,必须寻找其他的原因。

原因之一就是威斯康星和芝加哥大学校长所起的作用。从一

---

① Herfurth, *Sifting and Winnowing*, pp. 14-31.
② 这些统计数字是以 1915—1947 年 AAUP 发布的公告的统计分析为基础,第 1 至 33 页。
③ 祖柏林于 1892 年聘为讲师,1895 年聘为助理教授,1896 年聘为副教授,1902 年聘为正教授。他于 1908 年辞职,担任《20 世纪杂志》主编。*National Cyclopedia of American Biography*, XIV, 454-455.
④ 非常奇怪的是,劳伦斯·拉芙林是凡勃伦在芝加哥的保护者。拉芙林是比米斯的死对头,比米斯把他们之间的敌意视为思想意识的差别。但是,在 1903 年,当凡勃伦在一篇文章中直接攻击拉芙林的信用理论时,拉芙林安排发表了这篇文章。凡勃伦在很大程度上是依靠拉芙林的关系才当上了《政治经济学》杂志的执行主编,并于 1900 年晋升为助理教授,尽管他不是一个受学生欢迎的教师,尽管哈珀校长对他的个人生活进行了批评。Alfred Bornemann, *J. Laurence Laughlin* (Washington, D. C., 1940), pp. 26-28.
⑤ "Personal Notes, University of Chicago," *Annals of the American Academy of Political and Social Science*, VII(January, 1896), 78-86; "Personal Notes, University of Chicago," *Annals of the American Academy of Political and Social Science*, XVII(March, 1901), 318-321.
⑥ 在与拉芙林的通信中,比米斯非常清楚地表明他在电报的政府所有权、关税、移民管制、童工法、货币问题等方面的立场。拉芙林也同意比米斯将享有表达自由的权利。1892 年 2 月 27 日比米斯写给拉芙林的信。见哈珀的文章。

开始,威斯康星大学的校长查尔斯·肯德尔·亚当斯就支持艾利和他的理由。因为校长比艾利更加保守,显然主要不是思想意识方面的原因,也不是管理思想方面的原因,因为校长经常采取粗暴高压手段冒犯教师。① 比较可能的是他个性方面的原因,他刚好比较喜欢这位年轻的教授而厌恶控告他的董事会。无论如何,1894年整个暑期,当艾利准备他的申诉时,亚当斯安慰他并帮他出主意。在听证过程中,亚当斯还出示了一份有利于艾利的证据。也有迹象表明他写了那篇支持学术自由的声明。② 由于有校长的可靠支持,艾利不再因为被象征着大学权威的父母所遗弃而感到孤独。亚当斯的态度举足轻重:在学术界中他是一位家长式的人物,是一个有人脉的大企业家,是一个不可多得的珍贵盟友。出于同样的原因,专横跋扈的哈珀是一个强大的敌人。在对待比米斯的问题上,他冷漠无情、不公正。如果他愿意,他应该能够捍卫教授享有与其他公民一样的言论自由权利。相反,他却承认了其他公民限制教授的言论自由权利;如果他是一个公正的人,他应该给予比米斯申诉的机会;如果他是一个仁慈的人,他就不会向新闻界暗示这些指控非常可憎。③ 尽管丝毫没有误解哈珀的敌意,但是关于

---

① Waterman T. Hewett, *Cornell University: A History* (New York, 1905), I, 198; Jessica Tyler Austen, *Moses Coit Tyler* (New York, 1911), pp. 249, 250, 253, 264; Merle Curti and Vernon Cartensen, *The University of Wisconsin, 1848—1925* (Madison, Wis., 1949), II, 576-577.

② 罗伯特·拉弗利特(Robert LaFollette)推测是调查委员会的主席切诺维特(Chynoweth)写了那篇声明。Robert M. LaFollette, *Autobiography* (Madison, Wis., 1913), p.29. 但是,艾利确认亚当斯是声明的作者。1942年6月5日艾利写给埃德温·威特(Edwin S. Witte)的信,见艾利的文章。

③ 比米斯写给艾利的信:"如果我掌握了哈珀直接抨击我的证据,事情就简单了。但是他可能在谈到我的个性和工作时却耸耸肩,并向我校长表达他的希望。'试试他,我希望你们会喜欢他或相处得比我们好一些。'我现在认为当哈珀校长说,'如果我们不喜欢你(例如:他解释,不喜欢我的个性),你不会在美国的任何一所大学找到工作'。因此,他所想到的办法就是这种带有'贬义的褒扬'以及利用董事会的行为特点。"1895年9月24日艾利的论文。然而,这正是哈珀校长私下向新闻界所说的话。见1895年8月1日,哈珀写给 *Northwestern Christian Advocate* 杂志编辑亚瑟·爱德华兹(Arthur T. Edwards)的信。

他的动机仍然争论不休。一种比较善良的解释认为他遇到一位不称职的教授,对这个问题没有处理好。也许更准确的看法应该是他时刻梦想学校成为一个富有的著名大学,为了实现这个梦想他希望给他的赞助人留下美好的印象,考虑到这一点,牺牲大学推广部的一个多嘴的教授还是值得的。但是,很明显在这两个事件中,甚至多数事件中,难道不是校长对事件的结果起着至关重要的作用吗?

另一个不同的因素是受害人的专业地位。艾利在来到威斯康星大学以前,曾经在约翰·霍普金斯大学任教11年,当时他的声望已无人能及。美国任何教师都没有这样一批前程远大的研究生,也没有人敢夸口拥有这样专心投入的学生。艾利的学生包括:当时正在接受审查的威斯康星大学历史学教授弗雷德里克·杰克逊·特纳(Frederick Jackson Turner),伊利诺伊大学政治经济学教授大卫·金雷(David Kinley),威斯康星大学历史学教授查尔斯·霍默·哈斯金斯(Charles Homer Haskins),史密斯大学经济学和社会学教授鲍尔斯(H. H. Powers),普林斯顿大学政治经济学副教授威廉姆·司各特(William A. Scott),斯坦福大学经济学教授爱德华·比米斯,印第安纳大学经济学教授约翰·康芒斯,芝加哥大学社会学系教授阿尔比恩·斯莫尔(Albion W. Small),《观点评论》(*Review of Reviews*)杂志编辑阿尔伯特·肖(Albert Shaw),诺克斯学院(knox college)校长约翰·芬利(John H. Finley),《公理会教友》(*Congregationalist*)杂志副主编乔治·莫里斯(George P. Morris)。① 艾利

---

① 许多没有正式成为艾利的学生的人也表示是他的学生。其中包括:弗雷德里克·豪(Frederick C. Howe),拉弗利特,西奥多·罗斯福(Theodore Roosevelt)。见 Howe, *The Confessions of a Reformer* (New York, 1925), p. 28; Ely, *Ground under our Feet*, pp. 216, 277-279。

说:"这些学生是我的宝石。"① 他们确实是无价之宝。司各特、特纳、芬利帮助艾利策划申诉;肖(Shaw)、华纳(Warner)、莫里斯(Moriss)写了支持他的新闻报道;肖、斯莫尔、特纳、金雷作为听证会的人证。他们的呼吁引起了整个大学教师群体的关注,全国各地的社会科学家也积极声援艾利的抗辩。② 他们使董事会认识到艾利不是孤立的一个人,而是一支强大的学术力量;他们也使董事会认识到自己容易忽略的问题,以及责任义务是相互的——如果说教授依赖大学支付薪水和提供平台,那么大学则是依靠教授赢得了声望。③ 在审查并宣布艾利无罪的影响因素中,他所处的重要地位是起关键性作用的因素。

相比之下,比米斯对芝加哥大学的重要性远不及芝加哥大学对比米斯的重要性。因为比米斯还不是一个重要人物,他还没有多大名气,也没有那么多学生。因为他是大学推广部的一位教师,所以他在大学也没有多高的地位。如果他在芝加哥大学,从商业的角度看,他甚至不能吸引足够多的学生来支付他的薪水。④ 与艾利事件相比,尽管许多大学教师对比米斯事件和他所处的困境感兴趣,但是他们没有表现出与声援艾利事件同样高的热情,并且往往

---

① 1894 年 8 月 14 日艾利文化讲习会声明(Chautauqua Statement),见艾利的文章。
② 哈佛大学一位非常保守的经济学家查尔斯·邓巴(Charles Dunbar)曾经因为 AAUP 太激进而拒绝加入 AAUP,他也成为艾利的支持者。1894 年 8 月 23 日阿什利(Ashley)写给艾利的信。见艾利的文章。当事件发生时,哈佛大学的历史学家阿尔伯特·布什内尔·哈特正在巴黎,由于不了解事件的真实情况,他给报纸写了一封谴责艾利的信,在全国有影响的学者中只有他这样做了,当他后来回国知道事实真相以后,向艾利道歉。1894 年 9 月 7 日哈特写给艾利的信。见艾利的文章。
③ 因此,艾利的一个朋友,芝加哥大学教授杰罗姆·雷蒙德(Jerome L. Raymond)写信给威斯康星大学董事会:"我不能想象(失去艾利)会对威斯康星大学造成多么大的损失,他的影响不仅仅局限在美国,而且在国际上都有影响。如果你让艾利留在麦迪逊,你将拥有全国最著名的经济学系。即使你在全国搜寻,你也找不到一个像他这样的教授,能够吸引学经济的学生到麦迪逊来。"1894 年 8 月 13 日雷蒙德写给戴尔(H. D. Dale)的信。见艾利的文章。
④ 见 1895 年 10 月 18 日斯莫尔的新闻报道,见艾利的文章。

持保留意见或某种程度的迁就态度。汉密尔顿·马堡在写给艾利的信中认为比米斯是"一个正直诚实的人,在工作中认真勤奋、业务熟练;但是……他缺乏突出的人格魅力和赢得公众和学生欢迎的感染力……一年前当你的事件发生时,你有牢固的基础。我认为比米斯不具有这种条件"。① 比米斯缺乏最初能够抵制指控的人际关系和专业资源,否则也能赢得战斗。

第三个方面的差别在于艾利和比米斯将理论付诸实践的程度。在艾利所有关于必须进行实质改革的言论中,他对社会秩序倾向于进行一般性而不是具体性的批评,劝告性而不是具有具体实施方案的批评。② 虽然他具有浓厚的人道主义思想,但是他与普通大众并没有密切的联系。他写道:"在一生中我只有两次演讲面向工人听众,我始终对我专业领域之外所不了解的争议保持中立立场。"③ 针对董事韦尔斯(Wells)指控他同情支持工人,他坚决予以否认。对于指控艾利曾经在自己的家中接待一位被解雇的工人代表,以及他曾经威胁抵制一个反对工会的公司,或他曾经提倡商店关门的思想,《工人运动的互助历史》的作者在他的听证会上全部予以了否认。④ 艾利写到,如果这些指控是真实的,"我根本不可能成为一所著名大学的青年讲师"。⑤ 这些话表明他是一个彻底的大学改革者。

在写信祝贺艾利的胜利的所有人中,只有比米斯认识到虽然他在这个事件中胜利了,但是他放弃了一个重要原则。他写道,"这

---

① 1895年10月4日马堡写给艾利的信。见艾利的文章。
② 在他的论文中也有例外的情况。参考他对Pullman公司的批评,见"Pullman:A Social Study," *Harper's New Monthly Magazine*, LXX(February, 1885), 452-466。
③ 1894年7月22日艾利写给埃莫斯·怀尔德(Amos P. Wilder)的信,见艾利的文章。
④ *Transcript of the Ely Trial*, p.19, 见艾利的文章。
⑤ 1894年8月14日艾利在文化讲习会上的声明。见艾利的文章。

对您来说是一个辉煌的胜利","我感到遗憾的是您似乎对于接待一位步行到家的工会代表或为罢工工人提供建议的问题予以了坚决否认,好像这些都是错误行为,而不是在某些情况下的一种责任"。① 这就是他们两个人之间的不同:比米斯不仅参加了反对受压迫者的运动阵线,而且是其中活动积极的成员。在鲍尔斯写给艾利的信中,比米斯是"一个思想稳健但是毫无疑问具有强烈的'付诸行动'倾向的人,由于他在这个阵线中能力出众,引起了相关党派的憎恨"。② 在艾利写给马堡的信中,他说"我肯定祖柏林教授与比米斯博士一样勇敢,但是他的工作性质并没有要求他特别地关注煤气问题、汽车公司等问题。无论如何比米斯博士的思想并不激进,但是他碰巧对一两个特别危险的科学研究领域感兴趣"。③ 这些看法非常有启发性。它们说明了这样一个重要的事实,在世俗的环境下,教授威胁了具体的利益远比质疑既定理论所冒的风险大。让商业界最恼火的不仅仅是怀疑的念头,而是怀疑到煤气的价格。艾利和比米斯后来的职业经历说明了这点的重要性。艾利在这场异端言论和著述的灾难中幸免于难。④ 他一生的其他时间仍然保持了旺盛的学术生命力,1925 年他在西北大学任职,1937 年他在哥伦比亚大学任职。比米斯成为一个不受大学欢迎的人,他再也无法使人们忘记他有党派偏见和愤世嫉俗的名声。除了他在堪萨斯州有过一次短暂的、不成功的任职以外,他再也没有获得

---

① 1894 年 10 月 4 日比米斯写给艾利的信,见艾利的文章。
② 1895 年 11 月 14 日鲍尔斯写给艾利的信。见艾利的文章。
③ 1895 年 8 月 24 日艾利写给汉密尔顿·马堡的信。见艾利的文章。
④ 后来艾利变得越来越保守,他担任了被称为土地经济学和公共设施研究院的主任(这个组织主要由全国房地产董事会联合会和公共设施公司赞助),这个组织被劳工组织指控为代表其赞助人的利益。见 Laura P. Morgan, "The Institute of Politics and the Teacher," *American Teacher*, XII(November, 1927), 12-14.

其他大学的聘用。① 大学界的董事会对这种异端分子最可怕的惩罚就是永不录用。

最后，在这些事件的影响因素中，还包括艾利的首要指控者的个性、权力和态度。应该指出的是公开审判是由董事会而不是由艾利和他的朋友提出来的。艾利和他的朋友对此有许多误解。他们担心在那个多事之秋进行公开审判根本不会尊重辩护人的权利。② 他们担心思想信仰方面的审判将标志着又倒退到过去宗教审判的习惯，威斯康星大学又会重蹈安多弗的覆辙。《日暮》杂志社的新闻记者写道："据我们所知，威斯康星大学始终有权为审判与神学无关的异端思想提供楷模。调查委员会传唤公立学校的科学教师审查他的观点，这种做法如此新奇并让人感到惊讶，以至于人们要考虑这样做的意义，以及这样做可能导致的思想后果。"③ 但是这次审判所要达到的目的是艾利和他的支持者所没有想到的。审判一开始，审判委员会就决定不采用关于艾利文章中直接与课堂教学内容有关的证据。审判委员会宣称他们不愿意审查图书馆中的书籍或陷于从课本中寻章摘句的无聊活动。④ 这个决定对于事件的指控者来说是致命的打击，因为这样一来其他的任何指控都没有事实依据。韦尔斯在审判过程中表示抗议，反对对于审查范围进行的限制。之后，审判委员会改变了先前的决定，允许艾利提供从自己的文章中选择的任何内容。很明显，审判委员会是站在艾利一边的，因此必然遭到抗议。韦尔斯董事十分不讨人喜欢，

---

① 从1901至1909年，克利夫兰市提倡改革的市长汤姆·约翰(Tom L. John)利用比米斯在实践方面的才能，让他担任水利部门的主管。从1913至1923年，他担任州际贸易委员会评价局(Valuation Bureau of the Interstate Commerce Commission)顾问。"Edward W. Bemis", (obituary), 纽约时报, 1930年9月27日。

② 1894年7月21日威廉·斯科特(William A. Scott)写给艾利的信；1894年8月4日特纳(Frederick Jackson Turner)写给艾利的信。见艾利的文章。

③ "The Freedom of Teaching," *The Dial*, XVII (September 1, 1894), 103.

④ 艾利的听证会记录, p.22, 见艾利的文章。

也不为人信任,从前他曾经与同事发生纠葛,留下了惹是生非的不好名声。他是唯一一位前董事会成员,因为民主党在一个通常是共和党控制的州赢得了一场意外的胜利,所以他被推选为董事会董事。他自己被完全孤立起来,因为他让董事会首脑非常恼火,他指责新闻媒体,他暗示大学包庇艾利教学中所犯的错误,是他的帮凶。因此,这次审判秘而不宣的目的是让这个隐藏在大学高级委员会中的敌人团伙名声扫地。在过去的宗教审判中,以及晚些时候的某些国会听证会中,控告人和调查人是一体的。在威斯康星大学的艾利事件审判中,控告人站在被告人一边。

因此,在某些情况下,教授的命运是由许多非思想意识方面的因素所决定。然而,应当承认,这两个事件并没有说明商业赞助人的作用。在威斯康星大学,对学术自由的攻击是由一位粗鄙的小镇教师发起的,而保护学术自由的则是由银行家、富裕的医生和小镇律师组成的董事会的一个委员会。在芝加哥大学,对学术自由的攻击主要是当地某些大商人发起的。不过,有其他两个事件明白无误地表明了商业领袖的态度。一个就是斯坦福大学的爱德华·罗斯事件,另一个就是1903年三一学院(Trinity)发生的约翰·巴塞特(John S. Bassett)事件。他们两个人所在的大学都完全依靠一位富裕的赞助人。他们都因为发表了不受欢迎的言论而受到激烈的批评。罗斯最终被解聘,成为胸襟狭隘的赞助人的牺牲品;巴塞特因为其赞助人的宽容而保住了自己的职位。这两个事件的对比再次说明,情况并不像"阴谋论"者想象得那么简单。

根据捐资创建斯坦福大学的有关规定,完全由创建者行使董事会的职能。① 1893年,利兰·斯坦福去世后,他的妻子接替并履行

---

① 1903年斯坦福夫人修改了大学章程,规定董事会接管创建者的权力。Jane Lathrop Stanford, *Address on the Right of Free Speech*, April 25, 1903, pp.3-6.

其全部职责,使得这种少见的寡头统治变成极为罕见的女家长制统治。像对待自己的孩子一样,这位意志坚强、充满感情的女性把自己所有的精力都投入到大学创建中。在大学创建初期,斯坦福的房产还在质押期,她捐献了自己的收入,甚至变卖了自己的财产,使斯坦福大学度过了危机。① 由于得到了非常好的关怀,新生的斯坦福幸存了下来,学校迅速发展壮大起来。但是大学像孩子一样必须为自己的依赖付出代价。它们二者都必须独立才能走向成熟,二者都必须成熟以后才能获得自由。斯坦福大学成为权威的和爱干预的爱的牺牲品,这种爱是对待独生子女的一种极端的母爱本能。

不久,斯坦福大学的教授就发现这种母亲般的关怀难以忍受。1898年,政治学专业一位非常受欢迎的教授鲍尔斯发表了关于宗教问题的演讲,碰巧让斯坦福夫人听见了。② 非常虔诚的"大学母亲"对演讲中的异端邪说非常震惊。③ 虽然她慷慨,但也同样专横,她要求解聘鲍尔斯,斯坦福大学建校章程规定只有校长才有解聘教师的权力,校长可以任意行使这种权力,因为所有教授的聘期都是一年时间。幸运的是,乔丹校长是一位著名的植物学家,一位进化论的支持者,一位大学改革的先锋。他清楚地认识到允许外行干预大学言论的危险性。不幸的是,乔丹校长所具有的职责以及献媚的个性使他不得不顺从学校创建者的意愿。他既要同意这边

---

① 艾略特在《斯坦福大学》(第251-308页)一书中形象地描述刚刚成立的斯坦福大学的危机故事。这本书还非常坦诚和全面地讨论了罗斯事件。

② 据我们所知,这次演讲没有被录音。鲍尔斯对此事的解释如下:"我应一个学生组织的要求发表了关于哲学上的宗教人物的演讲,我没有发现斯坦福夫人也在那儿,她对我的悲观主义和异端思想感到非常恼火,不必说她并没有理解我所讲的观点。"1898年1月14日鲍尔斯写给艾利的信,见艾利的文章。

③ 见 Bertha Berner, *Mrs. Leland Stanford*, *An Intimate Account*(Stanford University, 1935),因为斯坦福夫人的私人秘书写的冗长的吹捧性的自传无意中表明了斯坦福夫人的天真。

的看法,还要听从另一边的意见,作为教师和斯坦福夫人之间调停人的角色,他感到无所适从。在这种情况下,他恳请斯坦福夫人不要解聘鲍尔斯,并谈到鲍尔斯对学校作出的贡献,但是仍然遭到斯坦福夫人拒绝。他只好听从她的指示。1898年,鲍尔斯被迫辞职,开创了董事会开始大肆解聘教师热潮的先河。

爱德华·罗斯就是引发这场热潮的人。罗斯对艾利的研讨班非常新奇,他因为自由主义立场而被解聘,他相信商业大亨的目的就是为了阻止社会批评。罗斯事件几乎导致斯坦福大学面临灭顶之灾。许多年后罗斯在自己的自传中写道:"作为美国经济学联合会的秘书长,我促使内部认识到经济学家面临越来越大的压力,并且我绝不会参加这种愚弄公众的活动。我将检验这种被夸大了的'学术自由'——即使我什么也没有发生,别人会表达自己的意见,经济学家将会在影响公众舆论方面再次发挥重要作用。如果我被解聘了,我想结果可能会这样,那么所有的人将看到我们作为'独立学者'角色的虚伪性。"①罗斯的勇敢近于逞能,他的所作所为引起了大学创建者的注意。在保守的公众认为尤金·德布斯(Eugene V. Debs)是魔鬼附体时,罗斯公开为他辩护;斯坦福大学是由一位修筑铁路而发家的共和党人创建的,他主要是依靠自由劳工发家致富的,但是罗斯却提倡市政当局拥有公共设施权,并提出禁止亚洲移民;在大多数经济学家支持共和党人麦金利(McKinley)和提倡金本位思想时,他却撰文支持民主党所提倡的自由银币思想。也许,如果利兰·斯坦福先生还活着,他可能会宽恕这位反传统的教授。因为利兰·斯坦福也有那么一点反传统,他在担任国会参议员时提交的不兑现纸币(fiat money)的议案就说明了这一

---

① Edward A. Ross, *Seventy Years of It* (New York, 1936), pp. 64-65.

点。① 但是他的妻子具有她所在阶层的所有偏见，这些偏见因为她的愚昧而使她变得更加专制。她在给乔丹校长的信中写道："当我拿起报纸……并读到罗斯教授的文章时，我认识到作为小利兰·斯坦福大学(Leland Stanford Junior University)的教授应该珍惜这种机会，以自己高尚的人格和高质量的教学在学生中享有盛名。然而他却离开自己的专业领域，去结交这个城市中蛊惑民心的政客，煽动他们邪恶的激情，夸大人与人之间、所有工人与在上帝看来平等的人之间的差别，从而给最拙劣和最卑鄙的社会主义团伙以可乘之机，这让我痛心得流泪。我必须承认我讨厌罗斯教授，我认为他不应该再留在斯坦福大学。"②

几年来，乔丹校长为了有过错的教师的利益不断与斯坦福夫人进行调解。他坚持认为罗斯的学术研究很出色，课堂教学也很明智，个人生活也无可指责。他称赞(他后来又后悔不该这样表扬)在斯坦福大学罗斯是一个"明智、博学和高尚的人，最忠诚和最有献身精神的教师成员之一"。③ 同时，他要求罗斯尽量克制。为了让罗斯不再惹麻烦，他把罗斯从经济学系调到社会学系。④ 最后，他孤注一掷，劝说罗斯直接给赞助人写信陈述自己在这个事件中的立场。⑤ 所有这些努力都是枉然。斯坦福夫人仍然坚持自己的

---

① George T. Clark, *Leland Stanford* (Stanford, 1931), pp. 459-461.
② Elliott, *Stanford University*, p. 340-341.
③ Ibid., pp. 346-347.
④ 1897年3月25日，罗斯写给弗兰克·莱斯特·沃德(Frank Lester Ward)的信；见再版：Bernhard J. Stern, "The Ward-Ross Correspondence, 1897—1901," *American Sociological Review*, XI(October,1936), 594.
⑤ 罗斯甚至也向斯坦福大学屈服，并表达了自己对学校的忠诚。"我已经与您所创建的大学完全成为一体，我已把自己的全部身心和力量贡献给了光荣的斯坦福大学，并相信斯坦福大学会照看我……斯坦福夫人，除非您给予我足够的信任，否则我不会再留在这里。我个人认为我对学校的忠实服务应该得到这种信任，如果失去了这种信任，我不可能在这里好好工作。我是忠诚于您的，出于对您，这所大学的母亲的尊敬，我会充分遵守您的意愿。我愿意做一切事情，除了牺牲我的自尊……"Elliott, *Stanford University*, p. 343.

看法:"无论罗斯教授的才华多么出众,我对于他要说的是一个具有如此激进思想的人不可能不向他的学生灌输这些思想。这将引起整个社区的仇恨和极大不满……斯坦福大学将陷于党派主义和危险的社会主义的漩涡……罗斯教授不值得信赖,他必须被解聘。"①乔丹校长明白自己的权力因为斯坦福夫人的愤怒情绪受到了侵犯。② 这使得他最终的屈服更值得谴责。但是,胆怯并不是最好的解释理由。假如乔丹校长辞职,斯坦福夫人无疑不会让步;假如乔丹校长辞职并威胁带走教师,斯坦福大学将会关门。在乔丹校长看来,大学的利益高于个人的利益:相对于大学的其他价值,大学生存的价值更重要。1900年,罗斯被迫辞职。

对罗斯来说,静悄悄地退却是不可能的,因为这违背了他反抗的初衷。因此,在他被解聘之日,他就向新闻媒体发布声明,从而使"罗斯事件"公之于众。这个声明的行文很有技巧性地表明这个事件明显违反学术自由。罗斯引用乔丹校长的信中的内容,认为乔丹校长是一个不愿意成为殉道者的受害者。罗斯利用美国西部人对于"亚洲移民威胁"的担心,暗示自己关于亚洲劳工移民的演讲是导致自己被解聘的主要原因。借助大学舆论的力量,他挑起了关于科学能力的争论。"我自知不会对那些自己还没有多少研究的话题发表看法。作为一个经济学家,我的责任就是传授知识,并时而让人们保持清醒的头脑,以及本着科学的态度对于自己专业领域的话题提出自己的看法……因此,很明显这里没有我的位置。"③此时,学术自由事件,尤其是那些涉及富裕的捐助人的事件,已经成为全国关注的热点。罗斯的控诉成为全国各大报纸的头条

---

① 同前文注,pp. 343-344.
② Ibid.
③ Ross, *Seventy Years of It*, pp. 69-72.

新闻。到了此时,许多公众也已经习惯了接受这个具有轰动效应的控诉事件。各种报刊也站在罗斯一边谴责斯坦福大学当局。一些报刊,如《瞭望》,十几年来一直被怀疑是站在反对大学的商业阴谋一边。① 其他报刊像甘顿主编的《杂志》(Gunton's Magazine),始终主张"大学管理当局"有权解聘任何雇员,也碰巧支持罗斯关于应该限制亚洲移民的主张。② 罗斯的支持者包括:《纽约晚邮报》(New York Evening Post),该报新任编辑曾在艾利事件中表现出自由主义者的看法;共和党的《旧金山新闻报》(San Francisco Chronicle),该报也反对修建南太平洋铁路。③ 全国各地以各种理由发起了声援罗斯的抗议活动。

当学院是宗教院校时,解聘那些发表(不当)言论的教授往往比较直截了当。辩解和自欺不是基本的管理艺术。这并不表明具有道德上的优越性:那些认为自己没有犯任何错误的人以及只是为了得到教区的认可的人,往往比较坦诚。然而,斯坦福大学当局太忠于学术自由,对公众舆论太敏感,因此不可能讲真话。他们不愿意承认罗斯是因为其异端思想受到惩罚,他们也不愿意向别人承认罗斯的异端思想是由学校的捐赠人发现的。犯罪感和担心影响学校声誉使他们运用最古老的方法即从受害人必然存在的缺点方面来为他们的行为辩护。虽然斯坦福夫人仍然采用了这种方法,不过让她不理解的是她的所作所为引起了人们的担心。1903年,在把管理大学的权力移交给董事会时,她否认反对罗斯的理由是因为他的政治观点。她断言罗斯在课堂上享有充分表达自己观点

---

① Editorial, "Freedom of Teaching Once More," Outlook, LXVI (November 24, 1900), 727-728.
② Gunton's Magazine, XX (April, 1901), 367-369.
③ New York Evening Post (February 23, 1901); San Francisco Chronicle (November 15, 16, 17, 21, 24, 25, 27, 29; 1900年12月16日;1901年2月18日)。见于加利福尼亚大学 Bancroft 图书馆。

的自由。但是,他违反了任何教授都不应该利用自己的优势从事选举活动或参与政治活动这一基本原则。他被解聘是因为他破坏了大学的中立立场。① 乔丹校长只不过让大家了解罗斯不是"那个教职最合适的人选"。罗斯在解决当前的问题时显得"粗俗卑鄙,他通过呼吁公众的帮助和泄露大学隐私的方式达到了自己的目的,暴露了自己卑鄙的人格"。② 可能是斯坦福夫人深信她保护了大学珍贵的中立立场,也可能是乔丹校长真诚地希望来自大学教授的献身精神,即使他们已被大学驱逐出去。但是,事实上,1896年斯坦福大学的50名教授签名支持麦金利也没有引起"党派主义"的指责,乔丹校长在最终解聘罗斯之前一直积极为罗斯的人格进行辩护。③

中立立场和指控教师道德卑劣并不能让斯坦福大学的几位教授信服。罗斯辞职以后,乔治·霍华德拿起了反抗的火炬。他在写给报社的签名信中写道:"因为罗斯博士敢于直率地但是完全本着科学的精神发表了关于社会问题的朴素真理的演讲而被解聘……这个事件是一次直接针对学术自由的打击,因此是对斯坦福大学和美国教育事业的一次严重的羞辱。这次打击不是直接来自大学的创建者,而是产生于社会的偏执和商业主义的不宽容,这正是美国民主最致命的敌人。"④ 霍华德成为戏剧中的新角

---

① Stanford, *Address on the Right of Free Speech*, passim.
② 罗斯也被指控攻击斯坦福的生财之道。他对此完全否认。然而,毫无疑问,他没有借助南太平洋铁路之事强烈抨击商业活动。见 "Still Deeper in the Mire," *San Francisco Chronicle*, 1900 年 11 月 17 日,加利福尼亚大学 Bancroft 图书馆。
③ 在旧金山《新闻报》(*Chronicle*)长达两页的广告中联名支持麦金利和抨击民主党领袖是斯坦福大学学术评议会(Stanford Academic Council)37 名成员中的 17 位教授和副教授,斯坦福大学学术评议会曾为乔丹校长解聘罗斯进行辩护。见旧金山《新闻报》,1896 年 9 月 27 日,pp. 27-28,加利福尼亚大学 Bancroft 图书馆。见 *Science*, *New Series*, Vol. XIII (May 10, 1901), p. 751.
④ Elliott, *Stanford University*, pp. 361-362.

色,从而改变了整个戏剧的进程。因为罗斯比较任性、傲慢,而比他的前辈、作为斯坦福首批教师成员的罗斯年轻20岁的霍华德以小心谨慎为人所知。当斯坦福夫人成功地向乔丹校长施压,要求他解聘这位口无遮拦的教授时,也引起了连锁反应。总共有7位教授递交辞职报告以示抗议,他们是:经济学教授法兰克・菲特(Frank Fetter),哲学副教授亚瑟・洛夫乔伊,经济学副教授莫顿・奥德里奇(Morton A. Aldrich),英语教授威廉・亨利・哈德森(William Henry Hudson),修辞学教授亨利・拉瑟普(Henry B. Lathrop),数学教授查尔斯・利特尔(Charles N. Little),数学副教授大卫・斯宾塞(David E. Spencer)。罗斯在写给艾利的信中高兴地问道:"从太平洋沿岸传来了震惊的消息,不是吗?""为了抗议斯坦福夫人的行为,到目前为止已经有12 000美元的年薪被自愿放弃。这就是明证!"①一个社会主义者的机构发现最具个人主义的被剥削的工人最终产生了阶级意识。② 这个结论下得有些草率,因为大多数教师仍然忠实于乔丹校长。但是,美国大学教师以前从来没有表现出如此强大的凝聚力和如此勇敢的反抗精神,这确实是事实。

  同样史无前例,甚至是更具有里程碑意义的是,在1900年美国经济学联合会(AEA)第13届大会上,经济学家决定对罗斯事件展开调查。因为这个决定,第一个调查学术自由事件的专业组织的设想被提了出来并付诸实施,成为AAUP学术自由委员会的前身。毫无疑问,当年12月三四十名经济学家汇集底特律(Detroit),并成立了一个调查委员会,他们认识到他们所采取的措施的重要历史意义。也许其中有些经济学家确实认为:由于目前大学管理者

---

① 1901年1月19日罗斯写给艾利的信。见艾利的文章。
② "College Class-Consciousness," *International Socialist Review*, I(1901), 586-587.

的世故圆滑,他们提出的设想很难实现;由于事件的高度复杂性,非常关键的是事实调查的公正性;只有让独立的外界人士开展调查,结论才是可靠的;只有教授的专业同行才有资格对问题进行评价。① 但是,许多人无疑对当时发生的这一事件进行了抗议。他们有的为罗斯的人格魅力所感染(他曾担任美国经济学联合会的秘书长,是莱斯特·弗兰克·沃德的女婿,艾利的追随者);有的对斯坦福夫人的丑恶行径感到愤怒(他们让顽固的保守主义分子和机械的自由主义分子感到惊慌)②,还有的对乔丹校长所提供的理由感到荒唐(这些理由很容易被揭穿,从而显示出这个事件的真实面目)。③

或者因为缺乏长远目标,或者因为没有处理这些事情的经验,调查委员会的组织者犯了两个策略性的错误。首先,考虑到不希望牵连联合会其他的成员,他们没有以美国经济学联合会的名义开展调查,而是作为一个非正式组织进行调查。这使他们受到公开的指责,指责他们没有权威性和真正的代表性。尽管他们的成员包括出席底特律会议的大部分会议代表,尽管他们成立了由3名非常著名的保守主义者组成的调查委员会,但是仍然无法改变公众印象中整个调查是片面的看法。④ 此外,调查的范围也限定得太窄。调查委员会设法解决一个问题——"斯坦福夫人要求罗斯辞职

---

① 当时,约翰·霍普金斯大学的教授西德尼·舍伍德建议艾利:专业组织应该抓住机会"调查和报道教学自由这个主题,从而引起公众的关注,并形成一种大学教授联合起来的机制"。1900年12月22日,舍伍德写给艾利的信,见艾利的文章。

② 即使斯莫尔曾经写文章明确地否认大学的赞助人侵犯学术自由,也被斯坦福夫人激怒。他在写给艾利的信中写道:"帕洛·阿尔托的遗孀获得了蠢材奖,无人能够企及。"1900年11月24日的信,见艾利文章。

③ 1901年6月7日,艾利写给塞利格曼的信,见塞利格曼的文章。

④ 由于这个缘故,几个期刊都拒绝认真采纳委员会的结论。见 *Science*, New Series Vol. X(March 8, 1901), pp.361-362; *Dial*, XXX(April 1, 1901), 221-223.

的原因是什么?"①这种停留在表面问题上的调查,容易忽略那些揭示深层次动机的重要问题:大学为某个人的意愿所左右,无论这个人的意图多么高尚,这种方式健康吗?慈善家向大学捐资以后就把大学当做自己的私人财产进行控制,这对整个大学有好处吗?打着非党派性的旗号,回避各个学科专业人士之间的区别,这对经济学的发展有益吗?实行教授一年一聘能够保护学术自由吗?

试图揭示动机面临非常大的困难。调查委员会无权传唤证人,也没有保证合作的身份,只能依靠义务提供的证据,即主要通过信件获取证据。这种方法对于调查大学管理者思想深处的隐秘是不够的。调查委员会甚至没有见到斯坦福夫人,也许她认为委员会无权干涉她的事务。调查委员会对于乔丹校长充满了信心。调查委员会的主席塞利格曼问道:"除了那些已经提到的罗斯辞职的原因以外,我们可以了解是否还有其他的原因?如果存在其他原因,希望您能够告诉我们。"②乔丹校长回答:如果教师委员会"掌握了这些事实",会回答调查委员会的问题。但是教师委员会的回信如同其他任何一所大学校长的回信一样盛气凌人和敷衍了事。斯坦福大学的教授伯拉纳(Branner),斯蒂尔曼(Stillman),吉尔伯特(Gilbert)在回信中写道:"我们抱歉地说大学管理当局在罗斯教授发表你们所指主题方面的言论之前就已经对他不满意。他被解聘主要不是因为他在亚洲劳工移民或市政设施所有权问题上的著述或言论。而且我们向你们保证解聘罗斯不应该看成是对言论自由或恰当合理的思想表达的干涉。我们是在充分了解这个事件的事

---

① "The Dismissal of Professor Ross," *Report of a Committee of Economists*(1901), p.3.

② 1900年12月30日,塞利格曼、法拉姆、加德纳写给乔丹的信,见 *Report of a Committee of Economists*, Appendix, p.9.

实的基础上作出以上陈述的。"①经济学家们不愿意相信这个结论竟然来自教师委员会。他们又给乔丹校长写信,收到了这封目空一切的回信:"我认为不必要也不合适对于我信中的内容、我的讲话和声明或宣称是我的声明,以及我其他在报纸上发表的文章等进行调查……你们应该相信我了解所有情况。"②这封信以宣言的方式结束。

调查委员会的报告不得不否认任何关于动机方面的明确看法。但是报告得出的结论是官方关于为什么解聘罗斯的解释是不可信的、没有证据的。同时,报告进一步指出有证据表明斯坦福夫人反对罗斯至少有部分原因是罗斯的言论和信仰。由于报告没有打算得出一般性的结论,所以它明显不支持商业大亨的阴谋这一理论。③ 但是,对于斯坦福夫人的控告,得到了社会科学领域18位非常著名教授的签名支持,使那些相信"阴谋论"的人更加坚定了自己的看法。④ 因为报告关注的范围有限,它没有提及事件的其他许多特点如:女赞助人的无能;斯坦福大学的依赖性;缺乏诸如有效的、长期以来形成的传统这样的对抗因素;一位强有力的大学校长;或者一个发挥作用的董事会。相反,报告描绘了一幅资本家侵犯学术自由的画面,这种情况丝毫没有缓解的迹象,只是表现出不同的人格特点和境遇。

---

① 1901年1月14日,J. C. Branner,斯蒂尔曼(J. M. Stillman),吉尔伯特(C. H. Gilbert)写给塞利格曼的信。
② 1901年2月7日,乔丹写给塞利格曼,法拉姆,加德纳的信,ibid.,pp. 14-15.
③ Ibid., p.6.
④ 签名的教授包括:约翰·克拉克(John Bates Clark),理查德·艾利(Richard T. Ely),西蒙·帕顿(Simon H. Patten),富兰克林·吉丁斯(Franklin H. Giddings),戴维斯·杜威(Davis R. Dewey),弗兰克·陶西格(Frank W. Taussig),亨利·亚当斯(Henry Adams),马约·史密斯(Richmond Mayo-Smith),威廉·阿什利(William J. Ashley),查尔斯·赫尔(Charles H. Hull),亨利·艾默瑞(Henry C. Emery),亨利·西格(Henry R. Seager),约翰·施瓦布(John C. Schwab),西德尼·舍伍德(Sidney Sherwood)。

第四章　学术自由与商业大亨

约翰·巴塞特事件发生在一个不同的环境中,它从另一个不同的方面揭示了商业赞助人的本性。1894年,当约翰·奇尔高(John C. Kilgo)主教成为位于北卡罗来纳州的达勒姆市(Durham)的三一学院(Trinity College)的校长时,这所学院是一所贫穷的教派学院。到1910年奇尔高校长退休时,这所学院要比任何其他的南方学院获得的捐赠都要多。① 这所学院的发展和富足要得益于杜克(Duke)家族的慷慨捐助,它像斯坦福大学一样受到捐赠者的限制。奇尔高校长曾经是一位民粹主义者,后来成为金本位思想和烟草公司的拥护者,因此导致了一句带有敌意的俏皮话,宣称由于学院过去的校训"知识和虔诚"(Eruditio et Religio)受到杜克家族的影响已经变成"知识和虔诚、蔗糖和烟草、雪茄和奇尔高"(Eruditio et Religio et Cigarro et Cherooto et Cigaretto et Kilgo)。② 但是达勒姆不是帕洛阿尔托。杜克家族是公开的共和党人和"新南方"(New South)的工业领袖,是不被当地人信任的少数派,他们被社会保守人士鄙视为高贵白人的敌人,他们在农业社会的改革者看来是剥削穷人的垄断者。③ 而且,三一学院仍然保留了其卫理公会身份,它不是由单个的寡头管理,而是由牧师和商人组成的董事会管理。还有一个不同是:奇尔高属于自以为是的传教士校长,而不是新型的公共关系专家。由于支持不受欢迎的主张(他反对州立大学并对黑人问题持自由主义的看法),他和他的三一学院并不指望得到

---

① 对于三一学院历史最杰出的研究要数加伯(Paul Neff Garber)所著的 *John Carlisle Kilgo*(Durham, N. C.,1951)。还可以参考:Robert H. Wood, "Biographical Appreciation of William Preston Few,"见 *The Papers and Addresses of William Preston Few*(Durham, N. C., 1951),以及 John Franklin Crowell, *Personal Recollections of Trinity College, North Carolina, 1887—1894*(Durham, N. C., 1939)。

② Garber, *John Carlisle Kilgo*, p.226.

③ 当地保守主义者和改革者对杜克家族的攻击的描述见:Josephus Daniels, *Editor in Politics*(Chapel Hill, N. C. 1941),pp. 116-118, 232-233, 426-438; Aubrey Lee Brooks, *Walter Clark*, *Fighting Judge*(Chapel Hill, N. C., 1944), pp. 102-128.

所有人的热爱。①

1903年,巴塞特作为《南太平洋季刊》(South Atlantic Quarterly)的编辑和三一学院的历史学教授,因为写了一篇关于黑人问题的论文,而成为别人攻击的目标。由于民粹主义思想的觉醒,掀起了反对恶意诽谤和剥夺公民权利以及歧视黑人的法律的浪潮。巴塞特试图通过诉诸理智和理解的方式平息事态。他写道,南方人应该认识到黑人之间有很大的不同。虽然布克·华盛顿(Booker T. Washington)不是典型的黑人,但是却是"最伟大的人。此外,李(Lee)将军在100年前就出生在南方"。②南方人应该认识到在黑人问题上已经出现了不择手段的现象以及仅仅为了政治利益唤醒了"南方的恶魔"。③巴塞特宣称黑人问题的解决不能依靠暴力侵犯和威胁的方式,而要向南方的白人灌输和解的思想。作为一个南方人的儿子,他认为可以向自己的亲戚朋友毫无顾虑地说出这些不悦耳的事实。④

但是,巴塞特触痛了南方人道德良知的敏感神经。因此,这篇文章立即遭到了恶意诽谤。约瑟夫斯·丹尼尔斯(Josephus Daniels)是主张改革的《罗利新闻与观察》(Raleigh News and Observer)报纸的民主党出版商,他首先发起了攻击。他写道:"芝加哥大学并不是庇护怪人的唯一大学,这些人仓促发表荒唐言论和危险学说——如果这些言论传播开来将毁掉北卡罗来纳州,如果这些学说得到执行将摧毁南部的文明。"他相信教授将发起全面的反抗。

---

① 见 Luther L. Gobbel, *Church-State Relationships in North Carolina Since 1776* (Durham, N. C. ,1938), pp. 132-171; Garber, *John Carlisle Kilgo*, pp. 43-83。

② John S. Bassett, "Stirring Up the Fires of Race Antipathy," *South Atlantic Quarterly*, II(October, 1903), p. 299.

③ Ibid. , p. 304.

④ 关于对这篇文章的评价,参见 Wendell H. Stephenson, "The Negro in History and Writing of John Spencer Bassett," *North Carolina Historical Review*, XXV(October, 1948), pp. 427-441.120。

否则,他悲观地说,"我们不要指望南方人能够容忍别人发表这样的言论。几乎每个村庄的哗众取宠的报纸都发起了新一轮的批评。兰伯顿的《罗伯逊人周报》(*Lumberton Robesonian*)称他是一个十足的傻瓜;格林斯博罗的《每日电讯报》(*Greensboro Telegram*)认为他疯了;格林威尔的《东部观察周报》(*Greenville Eastern Reflector*)认为他具有颠覆性和煽动性;利特尔顿《新闻记者报》(*Littleton News Reporter*)认为他打算应聘塔斯克基(Tuskegee)大学的职位;亨德森《金叶报》(*Henderson Gold Leaf*)暗示他在向北方邀宠。①

要求立刻解聘巴塞特的呼声高涨起来,似乎解除了这位教授的职位就能平息此事的讨论。虽然巴塞特拥有霍普金斯大学的博士学位,是本州著名的历史学家②,但是他的文章被认为证明他不胜任他的职位。③ 仅仅因为他不受欢迎,有人就主张他对学院不再有利用价值。当地方压力不断上升,学院受到抵制的威胁,巴塞特递交了辞呈。

但是,在三一学院的例子中,应该注意到反抗的力量。著名的北卡罗来纳人居住在北方并具有自己的文化观念,他们与杜克家族和学院董事会保持着联系。15名校友,现在是哥伦比亚大学的学生,恳请董事会不要解聘巴塞特,以免损害三一学院在全国的声誉。④ 沃特·汉斯·佩杰(Walter Hines Page)的兄长是董事会成员,佩杰认为这个事件是学术自由事件,因此把这一事件反映给了本杰明·杜克(Benjamin N. Duke):"无论他在文章中发表的冒犯

---

① Garber, *John Carlisle Kilgo*, pp. 244-260.
② 巴塞特已经发表了的论文包括:Regulators of North Carolina, Slavery and Servitude in the Colony of North Carolina, Anti-slavery Leaders in North Carolina,以及 Slavery in the State of North Carolina.
③ Garber, *John Carlisle Kilgo*, pp. 252-253.
④ 参加请愿的有布鲁斯·佩恩(Bruce R. Payne)和其他14名校友,包括索斯盖特(Southgate),1903年11月21日,杜克大学图书馆三一学院论文。

性看法正确与否，这个问题并不重要。最重要的是三一学院的教授应该有权坚持或表达有关任何主题的任何理智看法。"①三一学院内部开始宣称一股强大的反抗力量。奇尔高校长全力支持巴塞特的抗辩。他向董事会宣讲基督教宽容的品行，他用虔敬的而不是科学的语言提醒董事会解聘巴塞特将给学院带来严重的打击。它将会"导致对于100年前就已经消亡了的专制主义的崇拜"；它将使三一学院受到"审讯政策"的约束；它将否定"南方卫理公会的教义精神"。② 如果董事会不考虑他的要求，他打算辞职。不仅是奇尔高校长，每个做出了承诺的教师都签名支持巴塞特，他们准备了辞职信，一旦董事会拒绝了他们的要求，他们将集体辞职。③ 无疑，这是奇尔高校长在三一学院教师中取得的一次史无前例的团结。他给了教师们道义上的支持，离开了这种支持没有几个教师能够如此勇敢；他没有给教师们留下任何妥协的退路；他与教师们一起策划，共同分担罪责。

董事会以18∶7的票数通过了继续聘用巴塞特的决定，同时还发布了学院院长撰写的声明。虽然董事会不同意巴塞特的观点，但是他们表明了依据事实澄清真相的立场。他们宣称他们"不愿意自己出现任何破坏或限制学术自由的现象。近些年来，这种现象在有些情况下时有发生"。在他们关于学术自由的解释中包括了校外的言论自由："我们不赞成这种可耻的观点即美国学院的教授不具有与其他公民同等的思想言论自由权利。"他们从社会、政治、宗教角度(应该注意的是，不是科学的角度)说明他们观点的合理性。社会应该了解狭隘、压制的危害性远比愚蠢带来的危害性

---

① 1903年11月13日，佩杰写给杜克的信，杜克大学图书馆三一学院论文。
② Garber, *John Carlisle Kilgo*, pp.269-273.
③ 见"Memorial from the Faculty to the Trustees," December 1, 1903, *South Atlantic Quarterly*, III(January,1904), 65-68.

大。"我们相信社会最终会发现实施宽容要比屈服于仇恨更能够给社会带来确切的好处"。在政治上,重要的是"通过流血和苦难争取到的权利现在不能因为需要毅力、宽容和高尚的自制而受到威胁"。最后,"三一学院是一所伟大的教派学院,具有宽容和善良的思想精神,充分尊重这个基督教社会的教学传统要求我们作出的判决符合其思想精神"。① 这些话语是值得纪念的,它们是对学术自由含义的重要补充。

这个声明的宗教语调可能让人们认为巴塞特的主要支持者是董事会中的牧师,而不是商业人士。然而事实恰恰相反。投票反对巴塞特的 7 名董事中,有 5 名是卫理公会牧师,1 名美国国会参议员,只有 1 名本地商人即银行家布鲁顿(J. F. Bruton)。② 支持巴塞特的有 4 名牧师以及 12 名银行家和工商业家。投票支持巴塞特的工商业人士包括:詹姆斯·索斯盖特(James H. Southgate),是本州最大的保险公司经理和达勒姆一家银行的行长③;威廉·布拉德肖(William G. Bradshaw),是当时南方一家最大的家具制造公司的执行经理④;艾德蒙·怀特(Edmund T. White),是格兰维尔(Granville)银行总裁和欧文棉纺织厂经理(Erwin Cotton Mills)⑤;威廉·奥代尔(William R. Odell),是本州最大的一个纺织品制造厂厂长⑥;詹姆斯·朗(James A. Long),是林奇堡(Lynchburg)和

---

① "Trinity College and Academic Liberty: The Statement of the Trustees," *South Atlantic Quarterly*, III(January,1904), 62-64.
② *National Cyclopedia of American Biography*, XXXVI, 129.
③ Samuel A. Ashe, et. al., *Biographical History of North Carolina* (Greensboro, N. C., 1905), II, 28-31.
④ Ibid., III, 28-31.
⑤ Archibald Henderson, ed., *North Carolina: The Old North State and the New* (Chicago, 1941), III, 129-130.
⑥ Ashe, *Biographical History*, II,1325-1327.

达勒姆铁路主管和诺克斯伯格工厂的董事长。① 最重要的是,三一学院的赞助人本杰明·杜克投票支持巴塞特。难道他这样做是因为他认识到对巴塞特的攻击就是间接攻击他自己或他的利益和他的赞助吗?难道他这样做是因为巴塞特受到支持银本位和社会主义思想的指控吗?与其他所有事件一样,这个事件的动机也不清楚。不容置疑的是赞助人坚定地提倡宽容,拒绝迎合流行的偏见。据报道杜克曾对奇尔高校长说:"巴塞特这个人干了蠢事,不应该继续当教授,但是他不能被解聘。除了把大麻绳套在一个人的脖子上然后再把绳子扔到树杈上以外,有许多处罚人的方式。公众舆论可以处罚人,这正是北卡罗来纳州现在正准备对巴塞特采取的措施。别这样做,如果您这样做了,您将无法从中恢复过来。"② 对于学术自由的宪章,一些大学赞助人原形毕露,但是有些赞助人(记载得很清楚)站在了天使这一边。

虽然我们所举的例子具有一定的主观性,但是前面提到的例子足够证明"阴谋论"存在一些缺陷。首先,像所有简单化的解释一样,它缺乏复杂环境下要求的社会的和心理的维度。它忽略了许多重要的因素,如校长的性格,被指控教师的专业地位以及控告者的身份,这些因素可能决定教授的命运;它还忽略了许多其他重要因素,如学院的地理位置,学院的特殊理念和传统,学院对各种压力的承受力,赞助人的权力和个性,这些因素可能决定工商业人士的作用;它没有对不同类型的异端教授,例如理论家和活动家进行基本的区分,也没有区分不同类型的商业赞助人,例如那些持有与社会公众相同偏见的赞助人和那些自己本身就是异端分子的赞助

---

① 同前文注,III, 231-236.
② Robert H. Woody, "Biographical Appreciation of William Preston Few," pp. 40-41.

人,也没有区分不同类型的商业压力,例如产生于赞助人和董事会的压力,以及来自外界的压力。其次,像所有具有严重党派偏见的理论,"阴谋论"在这个案例中错误地归结为一个方面的原因即经济学保守主义者——一个特别危险的角色。但是,我们通过调查这些事件发现美德并非为"自由主义者"所独有,而罪恶广泛存在。威斯康星学术自由宪章、三一学院声明,以及经济学家关于罗斯事件的调查报告,并不是自由主义的改革者起草的,而是由保守主义人士撰写的。奇尔高、亚当斯、塞利格曼与艾利、罗斯、威尔一样,是自由斗争的先锋。事实上,这个时期所发生的事件的一个重要意义就是打破了大学教师存在的思想意识界限,激发了大学教师对于受到攻击的教师的联合声援。这个"彼此彼此"(tu quoque)的主题同样可以适用于侵犯学术自由的事件。在堪萨斯州的争论中,民粹主义者并不比共和党人的道德高尚。保守主义者斯坦福夫人的态度与改革者约瑟夫斯·丹尼尔斯的态度之间几乎也没有什么区别。"阴谋论"存在的缺陷,也许是其思想活力之所在,在于它把人类的瑕疵投射到极少数熟悉的孤立的某个人身上。"阴谋论"揭示的真理就是权力容易导致邪恶。魔鬼理论所反映的史实很少是完全错误的,特别是当它们所描述的魔鬼是非常富有的人,他们掌握着控制权,并习惯于发号施令。权力可能为某些人所操纵,也可能受财富的影响,但是,权力可以通过传统和体制的保护进行限制和控制。

第三节 文化冲突论

对于阴谋的担忧通常产生于社会危机时期。当人类面临新的复杂的社会问题而无法用固定的习惯加以控制或用现有的知识去解释的时候，他们将把这些问题归结为外界作用的结果，例如上帝的嫉妒和恶意，或者怀有敌意的陌生人的阴谋诡计。但是，当人类暂时适应了他们的困难，他们失去了对困难的恐惧之后，就不再相信超人力的解释。在人们对改革充满信心的时期，他们将社会问题视为功能性障碍，人类的智力对此完全可以纠正；而在知识分子被异化的时期，他们将社会问题视为机体缺陷，讽刺最能够揭露这种问题。因此，在神经质的 90 年代，"阴谋论"相当流行也就不是偶然了。虽然在接下来的进步主义时期以及"大圣战"（The Great Crusade）时期，"阴谋论"不再流行，但是它从来没有消失过。那些致力于揭示合理原因的观点希望进行更加深刻的分析，以便以此为基础提出一项改革方案，而那些让人们感到失望的观点要求提出更多宽泛的假说，以便提供机会进行嘲讽性的评论。因此，"文化冲突论"更加符合这个时期的特点。这个时期的批评家认为资本主义文化而不是资本家的阴谋诡计是大学邪恶产生的根源；他们发现学术自由的威胁来自某些习惯和价值观，而不是阴谋；他们谴责商人的习性，而不是他们的恶意。

1918 年凡勃伦出版的《美国的高等教育》（The Higher Learning in American）一书就是这种理论的原型和最深刻的阐述。由于凡勃伦具有高度抽象性的倾向，他提出了科学文化与商业文化两极之间的冲突。一极是科学家，他们"在闲暇的好奇心和冲动的引导下"，寻求"对知识的无私追求"。凡勃伦认为科学家的好奇心是"闲暇的"，是因为它不考虑利害关系；他认为他们的知识是"无私的"，是因为它不考虑自身的利益。另一极，新产生的一极，是大学董事会中的商人和选派到大学校长职位上的商人。不是故意地，而是由于他们职业思维习惯的原因，他们向美国的大学强加他们粗俗的实用主义看法、巧取豪夺的寄生性策略以及他们的"寂静、谨慎、妥协、串通和诈骗"的习性。① 他们无意之中把本应该是学术研究的场所逐渐变成了普通的商业机构。在他们的支配下,全国的大学采用商业管理中的员工官僚科层制,采用竞争性企业所实行的销售和晋升策略,他们把美国大学教授降低到商业雇员的地位。在凡勃伦看来,其中任何一个商业化的特点都对大学教授的学术自由带来潜在的威胁。首先,大学的官僚化提供了自上层控制教师的便利方式;其次,大学教师的晋升活动优先考虑知识分子是否顺从;第三,把学者降低到雇员的地位摧毁了他们的自尊,限制了他们的行动自由。②

凡勃伦控诉的每个方面既包含了一种事实的成分,也传达了一种错误的印象。他敏锐地觉察到官僚化趋势正在改变大学的人员、结构和行为。这种变化已经体现在大批的大学职员中——院长、系主任、注册主任和秘书,他们就是为了管理大学事务才出现的。同时,这种变化也体现在教师组织中出现了官僚化的职务层次,职务晋升受到一系列的正式晋升制度的约束。③ 此外,还体现在关于大学教授和大学董事会的权力和责任的书面规定中。④ 虽

---

① Thorstein Veblen, *The Higher Learning in American* (New York, 1918), p. 70.
② 在批判这种商业敌意的大量文献中,具有代表性的文献包括:Robert C. Angell, *The Campus* (New York, 1928), pp. 215-218; John E. Kirkpatrick, *Academic Organization and Control* (Yellow Springs, Ohio, 1931); Scott Nearing, "The Control of Public Opinion in the United States," *School and Society*, XV (April 15, 1922), 421-422; "Report of the Committee on Academic Freedom and Tenure," *Bulletin*, AAUP, IV (February-March, 1918), 20-23; Frank L. McVey, "Presidential Address," National Association of State Universities, 摘自 *Bulletin*, AAUP, X (November, 1924), 87-88; Robert Cooley, "A Primary Culture for Democracy," *Publications*, American Sociology Society, XIII (December, 1918), 9.
③ 见 A. B. Hollingshead, "Climbing the Academic Ladder," *American Sociological Review*, V (June, 1940), 384-394.
④ 见 C. R. Van Hise, "The Appointment and Tenure of University Professors," 摘自 *Science*, XXXIII (February 17, 1911), 237.

然这种变化不会导致但是标志着一个大学时代的结束。在这个时代，大学是一个共同体，教师是一群专业同行。任何人都无法否认这种官僚化趋势带来了新的问题和新的威胁。凡勃伦敏锐地认识到官僚化所引起的冲突，即大学对效益与对创造性思想两方面兴趣之间的矛盾。这将存在这种威胁（继续存在），即机械性的行政管理体制使大学受到常规制度的束缚，因而将磨灭大学的精神；这还将带来另一种威胁（继续存在），即效益成为一切的衡量标准，将导致数量成为评价学术研究的唯一标准，顺从成为评价教师个性的唯一标准，成本成为评价服务的唯一标准。①

但是把这些变化完全归于商业也是非常不公允的。商业公司的某些做法，特别是事务管理和财务管理确实为大学所采纳。但是反过来，这也是大学和商业共同具有的一些基本特点。一方面，追求合理的效益是由问题的大小引起的。现代大学太复杂：它包括不同的学科专业和承担多种功能，因此只有通过集权的方式才能使之有机结合在一起；现代大学太庞大：它招收了大量的学生，聘用了大量的教师，从而导致人际关系冷淡。据说，现代大学太迷恋于规模大小。不过，在美国"庞大"不仅为商人所崇拜，而且为每个希望提高自身地位的社会组织所迷恋，虽然有时它也受到诅咒。在一个全国各地充满激烈竞争的社会，规模大小是提高声誉的关键，是展示影响力的标志。因此，"大商业"可以与"大劳工"相媲美，"大政府"也及时产生了。"大教育"不可能姗姗来迟。

此外，不可忽视的是官僚化的强大推动力部分是因为日趋激烈的教授职位竞争。在 1890 到 1900 年间，美国学院和大学的教师

---

① 讨论官僚化对于大学生活的影响的文献还有：Logan Wilson, *The Academic Man: A Study in the Sociology of a Profession*(New York, 1942), pp. 60 ff. , 80ff. ; Charles H. Page, "Bureaucracy and Higher Education," *Journal of General Education*, V(January, 1951), 91-100。

数量的增长超过了90%。① 虽然学术市场继续扩大,至少大学部分比较有吸引力的职位已趋近于饱和。例如在刚刚建立的芝加哥大学,一个让大学界感到沮丧的场景是成千上万的人向哈珀校长求职,其中的大多数人以前并不认识哈珀校长。② 在学术市场供求规律不起作用:随着应聘教师的数量增长,他们的集体谈判的影响力减弱;随着更多的求职者来到大学,在职教师越来越没有安全感。在这种竞争环境下,更加迫切需要终身职位,教师对终身职位的要求也越强烈。授予终身职位毕竟需要一系列的规章制度,包括:规定履行职责的合同,统一的解聘程序,以工作业绩为基础的职务晋升标准——简言之,就是体现明确具体的、非人性化的、客观公正的官僚主义的本质特点。再次,官僚化产生的深层次原因并非仅仅因为仿效了商业化管理方式,而是因为保障职业安全的需要,在政府部门和工业界的年资规定中同样体现了对于职业安全的需要。

这些官僚化的特点并不必然有损于学术自由。凡勃伦本能地反感机械式的官僚主义,他不无批评地认为官僚化服务于专制统治的目的。但是对于官僚指令式管理的评判,必须与其相对的自由决断式管理进行比较。毫无疑问,根据教师职务高低而不是他是否经常讨好上级来确定终身教职,按照事先的规定而不是教师个人谈判调整教师工资,使教师更独立、更自信、更愿意冒险。③ 至于官僚化的专制主义影响,同样需要对于现有的制度进行审视以

---

① *Bulletin*, United States Department of Interior, Biennial Survey of Education 1928—1930(Washington, D. C., 1932), number 20, p.18.
② Goodspeed, *The University of Chicago*, pp.134-136.
③ 旧学院的人格化管理要比大学的官僚化时期更能够容忍怪癖的看法,在学术界非常流行。因此,杜威说:"旧式学院的教师非常确信学校是一个彻底的民主机构,它的教师遴选更看重他们突出的个性特点,而不纯粹是学术成就。每个人都是独立的……现在一切都被改变了。""Academic Freedom," *Educational Review*, XXIII(January, 1902), 12-13.

后才能作出评判。随着官僚化的发展,行政对具体事务的干预将会减少,校长随心所欲的管理也会减少,这对那些热爱自由的人来说并不值得痛惜。同时,非常肯定的是,由于不可能实现完全的官僚化管理,因此只要存在自行决断的情况,必然存在暴政的可能性。另外可以肯定的是,规章制度不会自动得到实施,只要想绕过制度,总可以找到办法的。规章制度不是那种可以引发校长良知的东西。有许多方式可以使终身教职失效,可以延长试用期,或拒绝晋升教师职务,以及提出"明智的让人烦恼的理由"迫使教师辞职。事先确定的工资标准也可以被推翻,可以制定同级职务的不同工资水平,蓄意分配给不同的人。但是这只是说官僚化组织像其他组织一样需要忠诚于其标准和精神的人去执行。

在理论上,官僚系统可适用于专制的或民主的程序。假定在一个官僚体系中,政策的制定可以在最低级的官僚层次——系一级而不是最高层。① 假定一连串的指令,大学教师的意愿可以通过在董事会中的教师代表或控制高级职务的聘用得到体现。② 在实践中,大学官僚机构的运行环境存在着不同程度和方式上的专制和民主的结合。康奈尔大学可以作为一个典型的极端民主的大学。在1917—1918年,在100所公、私立学院和大学中,康奈尔大学是唯一一所允许董事会成员中包括教师代表的大学,是10所规定由教师提名学院院长人选的院校之一,是27所赋予教授参与制定教育政策的正式权力的院校之一。③ 康奈尔大学不像其他院校所有重要的决策都自上而下进行传达,而教师的时间都消耗在投票表决

---

① "Report of Committee T," *Bulletin*, AAUP, XXIII(March, 1937), 224-228.
② 见 W. A. Ashbrook, "The Organization and Activities of Boards Which Control Institutions of Higher Learning,"未出版的博士论文(俄亥俄州立大学,1930)。
③ "Report of Committee T," *Bulletin*, AAUP, VI(January, 1920), 23-30.

大学的琐事上。① 1940 年,一般的学院和大学都没有建立明确的体制,促进教师与董事会或校长之间的思想交流,也没有提供明确的措施,保障教师能够与董事会共同协商决定校长、院长或系主任的人选。不过,确实都规定了系的负责人在涉及系内的预算需求时要进行协商。从总体上看,相对于所有大学,1940 年州立大学的教师参与预算过程更多一些;女子学院存在非常多的教师与董事会的合作,教师广泛参与教师聘用、晋升和解聘;而师范学院在管理方式上一般更加专制。非常有趣的是,那些接收捐赠比较多的、设有研究生院的、高度官僚化的大学,其在现实中的民主化程度要比其他所有大学的民主化程度高。②

大学的官僚化改变了美国学术自由斗争的方向。学术自由斗争的结果变成了建立预防制度和促进大学立法,而不仅仅是为了事后纠正不公正的行为。无论好坏,学术自由与终身教职紧密地联系在一起,从而带来了许多好处。在多数情况下,试图为解聘的教授昭雪无异于身后的审判——更明智的做法是想办法制定预防措施。在多数情况下,虽然学术自由事件的争论被无聊的动机问题所遮蔽,但是教师任职制度对于违反制度的情况规定了非常明确的标准。然而,危险在于大学教授在反对大学内部制度的过程中,可能会放弃社会准则。由于重点是"解聘"而不是"聘用",他们容易把学术自由看成是保障联合会中教授安全的同义语,而不是社会需要保护那些具有独立思想的人士,无论他们的看法多么与众不同。③

---

① Logan Wilson, *The Academic Man*, p.76.
② "Report of Committee T," *Bulletin*, AAUP, XXIII(April, 1940), 171-186.
③ 关于终身教职与学术自由的关系,见 Henry M. Wriston, "Academic Freedom," *The American Scholar*, IX(Summer, 1940), 339ff.; "Tenure: A Symposium," ibid., IX (Autumn, 1940), 419ff.

凡勃伦最入木三分的讽刺是他对热衷于当选美国大学校长的嘲讽。像一个善意的商人，一个"博学的首领"，他对大学校长的刻画是那种擅长以恰当的夸张为特点的最精巧的漫画之一。他所刻画的艾略特、哈珀、怀特和巴特勒校长实际上是一类新型校长，他们更像他们那个时代的洛克菲勒之类的校长，而不像他们上一代的牧师型校长。怀特筹集资金建立了一所巨大的大学，同时在摩根（Morgan）的商业活动和在美国的钢铁行业也取得了卓越的成绩。哈珀校长对克拉克大学教授实行偷袭式掠夺行为的确如大卫·里斯曼（David Riesman）所评论的，在大学史上留下了"不光彩的一页"。[①] 像他们同时代的商人，他们在商业领域是杰出的鼓手。他们凭借着厚颜无耻和说服技巧获得了赞助和支持，提高了他们公司的实力。他们甚至比他们同时代的商人更擅长向公众宣传自己——对于大学，他们采取定期的庆祝活动和新建引人注目的建筑和草地；对他们自己来说，他们不停地发表演讲和举行典礼仪式。凡勃伦认为这些大学校长对大学自由产生了非常有害的影响。他认为除了做广告的人的技巧以外，还有所有做广告的人的怯懦。他认为顾客永远是正确的格言，成为大学重要的座右铭。符合当前已有的观念，关注娱乐设施，满足于现状——所有这些是不可避免的副产品，如果商人管理大学或大学像商业一样经营。

然而，虽然凡勃伦著作中的讽刺十分透彻，但是也引起了误解。这个时期的大学校长有时含糊其辞以隐瞒真相，并常常行事谨慎，他们很少激励教师勇敢地去冒险，这些毫无疑问都是事实。但是如果因为他们接受了商业观念就加以责备，容易产生这种错误的看法即胆怯和顺从是大学校长新出现的个性特点。然而，如果部下比博学的首领更勇敢一些，如果大学校长能够更好地贯彻学术

---

① David Riesman, *Thorstein Veblen* (New York, 1953), p.102.

自由思想,那么历史也就不会记上这一页。实际上,认为勇敢不可能与商业兴趣和能力一致的看法是天真的和错误的。在商业时代,校长的勇敢程度超过了以前的任何一个时期。在那些为了大学理想牺牲财富的大学校长中,任何人都不能与洛厄尔校长相提并论。据说1914年,他拒绝接受以解聘哈佛大学一位教授为条件的1 000万美元的捐赠。① 在大学教师联合会行动方面,没有任何事件可以与安德鲁斯事件相比,当时艾略特,吉尔曼,塞斯·洛(Seth Low)联合起来声援一位遭到董事会指责的同事。② 而且,必须牢记的是,如果这些近代的大学校长是"商人",他们同样也是精力充沛的传教士。这些著名的大学校长像艾略特和哈珀,他们在两个领域之间协调,不仅把大学的理念带到了商业领域,而且也把商业观念引进到了大学。正如我们所见,他们是促进大学改革和传播德国大学理念的先锋。在教育改革的胜利里程碑上不能没有他们的名字。他们不仅促进了大学外部的发展,而且发扬了大学精神;不仅促进了大学表面上的繁荣,而且推动了大学对知识的内在追求、对研究的兴趣以及学术自由思想的理解。如果没有这些大学校长向异教徒传播福音,这些理念很可能会逐渐消失。尽管我们承认那些来自社会地位较低阶层的大学校长,其观念主要受到扶轮社(Rotarian)的影响,但是即使他们在大学举行仪式的过程中不断重复陈词滥调,他们也是一支教育的力量。"文化冲突论"只看到了商人对大学的腐蚀作用,从来没有看到大学对商人的启迪作用。不过,这两种相互冲突的文化在大学校长的调解下相互影响、共同发展,这也是事实。

---

① Henry Aaron Yeomans, *Abbott Lawrence Lowell, 1856—1943* (Cambridge, Mass., 1948), pp. 314-317.
② Elizabeth Donnan, "A Nineteenth-Century Academic Cause Celebre," p. 41.

凡勃伦对商业文化的第三个批评即把大学教授降低到雇员地位，对这种看法需要进行更全面的审视。这种看法的关键原因在于大学的外行管理具有墨渍效益即先入为主的投射效应。大学董事会被牧师看成是教堂，被政治家看成是政府机构，被商人看成是公司的董事会。董事会采取圆滑的态度，不明确这些角色身份，例如：大学校长就是负责大学日常事务的总经理，或者因为教授是由董事会聘用和支付薪水的，所以他们是它的私人雇员。许多董事会董事和商业代言人缺乏这种世故和圆滑。当布朗大学校长安德鲁斯发表的看法引起了董事和学校潜在的捐赠者的不满时，一篇报纸上的文章写道："他只是一个仆人，作为一个仆人必须听命于他的主人，否则就应该被解雇。"[①]西北大学的一位董事，同时也是一位专利法律师和西北铁路协会（Western Railroad Association）的官员[②]，评论道："关于政治学和社会科学应该教什么的问题，他们（教授）应该立即得体地提交给董事会决定，如果董事会认为有必要这样做的话……如果董事会犯了错误，应该由赞助人和所有人而不是雇员，进行政策或董事会成员的调整。"[③]这种评论是正常的，不是偶然的——1900年，当乔治·希伯利（George H. Shibley）对芝加哥、哥伦比亚、普林斯顿、耶鲁、约翰·霍普金斯、宾夕法尼亚以及美国大学的董事进行问卷调查时，他发现所调查的董事几乎无一例外地都同意西北大学那位董事的看法。[④] 也许在这期间，大学董事变得太圆滑了以至于他们现在不常表达这种看法。不过，

---

① St. Louis, *Globe-Democrat* (July 30, 1897), 摘自 Will, "A Menace to Freedom," p. 251。

② Northwestern University, *Alumni Record of the College of Liberal Arts* (Evanston, Ill., 1903), pp. 75, 82, 89-90。

③ 摘自 George H. Shibley, "University and Social Question," *Arena*, XXIII (March, 1900), 293。

④ Ibid., p. 295。

第四章　学术自由与商业大亨

不要认为他们变得如此明智以至于他们很少会这样去做。

然而,需要指出的是大学董事会中的商人并没有背离大学的传统。最初,美国大学董事认为大学教授是雇员,美国内战后与内战前唯一的不同就是,在内战后教授更愿意质疑现有的理论,运用专业的压力抗衡,通过法院寻求补偿。可以肯定地说,当教授把终身教职问题上诉到法院时,大多数情况下法院的判决对教授是不利的。这更加深了这种印象,即商业观念已进入大学并占据了主导地位。但是这种印象在一定程度上是错误的——法院在基本问题上是不会改变立场的。在内战前,那种认为教授是法人社团中享有永久性职位的官员的看法在法院两次被否决。另一方面,内战后,大学教授们自己敦促法院接受他们就是董事会的雇员这一看法。而且,一些读物似是而非地记载了美国大学教授已不再具有过去那么高的社会地位。①

简要回顾一下那些涉及美国大学教授法律地位的案例,可以弥补凡勃伦分析中所缺乏的历史深度。关于"终身职位"(freehold)看法的结局给我们提供了最有启发性的线索。1790 年,在约翰·布来肯(John Bracken)牧师诉威廉玛丽学院监事会的案例中,加罗林(Caroline)的约翰·泰勒(John Taylor)在弗吉尼亚上诉法院提出大学教授在职期间享有"终身职位"的权利,他们享有终身教职保障,没有举行听证会或没有明确的理由不能解聘他们。英国普通法规定:终身职位最初源于自由民作为忠诚和服务于君主的回报而拥有土地,后来演变为一种提供服务并有权收取公众费用的公共职位,如法院的法官。② 泰勒把普通法的衍生物运用到教师职位

---

① 在这一点上,我们不同意柯克帕特里克的看法,他坚持认为大学教授的合同制雇员的地位是美国内战后出现的现象。见 *Academic Organization and Control*, pp. 189-201。

② Richard B. Morris, "Freehold," *Encyclopedia of the Social Sciences*, VI, 461-465; W. S. Holdsworth, *A History of English Law* (Boston, 1922), I, 247-249.

的许多方面。他提出大学教授享有大学土地产权的权益,他指出这样一个事实:威廉玛丽学院的教师投票选举了学院立法机构的代表,因此他们就应该享有职位上的政治公平。此外,他不是十分明确地谈到了教师职位的法律性质。虽然泰勒的分析并非十分清楚,但是他的主要观点是明确的。"监事会似乎完全误解了他们的职责,他们似乎认为自己就是一个法人社团,校长和大学教师是依附于他们的附属物"——也就是说,他们认为自己是雇主,而校长和教师是雇员。"但是,至少在没有经过审查之前,校长和教师作为世俗法人享有不能被剥夺的权利、特权和报酬"。①

约翰·马歇尔(John Marshall)在这个事件中是威廉玛丽学院监事会的代理律师,他反对"终身职位"观点的辩护非常具有时代性。首先,他否认教授可以分享学院的任何财产权。"这是一个私立法人,绝不是属于任何学院成员的私有财产,而是属于法人。把这所学院看成是与所有其他学院不同性质的法人,似乎没有任何理由。"学院的财产是"创建人的捐赠品,是他自愿捐赠的。他在捐赠时可能附加了体现他自己意愿或他的某些奇怪想法的条件。这一点每个人都清楚,对此他可以接受或拒绝。但是,如果他接受了,就视为认可了创建人附加的条件。私立法人附加的条件就是监事会的意愿起决定性作用。"其次,马歇尔否认教授应该被终身聘用,他指出学院的章程和法规中没有这种规定。第三,他否认法院有权审查董事会的法规。"如果监事会只是在他们的立法权限范围内进行立法,法院无权对此进行干预,无论法院的立法正确与否。"最后,他否认上诉的教授享有听证会的权利,尽管他在这个问题上的理由不充分。他认为布来肯先生不是因为自己的不当行为受到指控(即解聘他没有法律依据),而是因为他所在的职位被取

---

① 3 *Call* 587.

消了才解聘他（即解聘他是有合法依据的）。① 法院没有提出异议，表决通过了支持监事会的诉讼请求。

援用"终身职位"观点的第二个案例是1819年韦伯斯特（Webster）在达特茅斯学院一案中的辩护。由于非常有趣的历史巧合，美国联邦最高法院首席大法官马歇尔负责审理此案。这个案件所提出的诉讼理由的形式稍微不同于布来肯案件，因为韦伯斯特不是为捍卫教授的利益去反对董事会，而是捍卫董事会的利益去反对州议会，因为州议会没有经过学院董事会的同意，撤销了达特茅斯学院章程并更改了学院董事会的组成和权限。因此，韦伯斯特承认教授应该对董事会负责，只要理由充分董事会可以聘用或解聘教授。但是，他声称，州议会没有通过董事会而直接行使聘用或解聘教授的权力的行为，剥夺了教授的"终身职位"权利。韦伯斯特说："虽然各方面都认为大学教师享有终身职位的权利，但是教师容易因为他们的不当行为而被他们选举的监事会停职或解聘。"这是无可辩驳的：如果各方面都这样认为，也许泰勒在布来肯案件中就已经胜诉了。事实上，如果有人这样说，韦伯斯特可能会加以引述，很明显他没有这样做。韦伯斯特没有寻求法律上的支持，而是通过引起强烈情感上的共鸣来进行自己的辩护："任何形式的私有财产也比不上学院生活方式神圣不可侵犯。他们是人类社会最有价值的遗产和最高尚的职业。学院的学者自愿舍弃了专业和公共职务方面的优势，投身到科学和学术研究活动以及教育年青一代的事业，过着宁静的学术生活。无论是把他们逐出学校和罢免他们的教职以及剥夺他们的大学生活方式，这些都不属于他们法定的监事会或董事会的权力，而是由立法机关按照相关法规合理处理；无论所有这一切是否严格履行了客观公正的程序，其实涉及

---

① 3 *Call* 592，595，598.

这样一个问题,即应该允许当事人一方聘请律师或学者自己进行辩护。"①

马歇尔完全不理会韦伯斯特的辩护,作出了支持达特茅斯学院履行合同条款规定义务的判决。② 此后,很少再听到关于终身职位的争论。③ 这种看法从来没有得到美国法院立法的承认,关于它在内战前美国法律思想上的地位,至多为律师进行辩护提供了足够的理由。

美国内战前发生的一个具有重要历史意义的事件,在对董事会的行为进行司法限制方面开了先河,后来这种现象开始流行。1827年,安多弗的菲利普斯学院(Phillips Academy)经过听证会解聘了詹姆斯·默多克(James Murdock)的教授职位。默多克声称对他的指控不够明确和具体,并质疑监事会是否有法定权力解聘教授,当他们认为有"充分理由"的时候。马萨诸塞州最高法院根据有关方面的法律规定,认为如果大学当局提供了充分、明确、合理的解聘理由,那么他们就不存在"玩忽职守"的问题。法院仅仅审查受到指控的教师是否享有公正听证会这一基本的法律权利。另一方面,法院确实也认为教授绝不仅仅是雇员:"我们认为……任何人都享有不可剥夺的工作权利,这是宝贵的财产权,如果他没有犯有所指控的错误,'对他的指控必须充分、明确、正式'。"④ 这种

---

① 17 *United States Reports* 584.

② 韦伯斯特关于终身职位简要辩护的文献,可以把阿尔伯特·贝弗里奇(Albert Beveridge)的看法与大卫·罗斯(David Loth)的观点进行对比:贝弗里奇认为韦伯斯特"对主要问题的分析为他的辩护打下了基础",大卫·罗斯认为韦伯斯特"公然讨论那些无关的问题"。*Life of John Marshall*(New York, 1919), IV, 240; *Chief Justice John Marshall*(New York, 1949), p. 293.

③ 这种看法后来又偶尔出现于 *Judge Dent in Hartigan vs. Board of Regents of West Virginia University*, 49 West Virginia 14(1901).

④ James Murdock, *Appellant from a Decree of the Visitors of the Theological Institutions of Phillips Academy, in Andover*, 24 Mass. *Reports*(7 Pick) 303(1828).

观念没有持续到战后。在联合郡学院诉詹姆斯(Union County vs. James,1853)案例中,宾夕法尼亚法院判决认为教授是大学的雇员而不是官员,同样要缴纳税收。①

在内战后的一些案例中,教授认为他们就是雇员,因此要求签订聘用合同防止立法机关或董事会解聘他们或剥夺他们的学术休假权利。1859年,密苏里州法律报刊登了公开招聘州立大学的教授职位信息,一位教授提出这违反了合同规定,因此不符合宪法的精神,但是没有取得成功。海德(B. S. Head)教授为此进行了辩护:"虽然大学是公共机构,但是教授不是公务员,他们只是雇员。他们必须与大学签订具有约束力的聘用合同。他们享有获得报酬和工作的法律权利和合法财产权,解聘他们必须履行法律程序。聘用合同明确规定了薪酬水平和聘期时间,这同样符合宪法规定的权限,禁止通过违反合同条款的立法。"②此外,在1873年的巴特勒诉大学董事会(Butler vs. Regents of the University)案例中,一位教授试图说明自己就是一个雇员,以此提出诉讼要求威斯康星大学董事会恢复停发的工资。法院法官支持了教授的诉讼请求,宣称:"无论如何我们认为大学教授是公务员并不能排除他与聘用他的董事会之间存在合同关系……我们似乎认为他与董事会之间的关系,就如同公立学校教师与聘用他们的学区之间的关系,就是一种纯粹的合同关系。"③在另一个案例中,法院坚持认为教授是公务员,宣称立法机构通过撤销教职的法律并不违反宪法精神。④另一方面,当教授寻求只有政府或私立机构的高级职员才享有的特

---

① *Union County vs. James*, 21 Penn State Reports 525(1853).
② *B. S. Head vs. The Curators of the University of the State of Missouri*, 47 Missouri Reports 220(1871).
③ *Butler vs. Regents of the University*, 32 Wisconsin Reports 124(1873).
④ *Vincenheller vs. Reagan*, 69 Arkansas Reports 460(1901).

许令和训令(quo warranto and mandamus)保护时,他们才愿意承认他们不是雇员。①

那种认为教授的地位已经从官员降低到雇员的看法也是荒谬的。教授遭受的重大损失不在于对他们身份地位的解释,而在于对聘用合同保护条款的破坏,主要通过对州的法律的司法解释以及通过法律和合同规定的"例外条款"的方式。内战后,要求法院裁决州的法律赋予董事会自行决定解聘教授的权力是否使合同中的任期保护条款失效。② 1878 年,在堪萨斯州农学院诉马奇(Mudge)一案中,法院否决了董事会有权违反任何涉及教授利益的协议的诉讼请求。法院宣称:"虽然立法机构打算授予董事会广泛的权力,但是并没有打算授予他们不负责任地玩弄人权的权力。让董事会对他们的行为负责丝毫没有限制他们的权力,只是希望他们在行使权力的时候能够更加谨慎。"③最后,一种不同的看法逐

---

① 特许令是一种允许行使特权或公务的权力,以及解除职务的权力——如果其宣称的理由站不住脚。因此在 C. S. James vs. Phillips[1 Delaware County Reports 41(1880)]案例中,路易斯伯格(Lewisberg)大学董事会没有经过听证会就解聘了一位教授,并颁发特许令反对续聘他。宾夕法尼亚州最高法院宣布颁发的特许令无效,并说:"任何机构都无权颁发不利于公务员、雇员、公司代理人的不利命令。因此,当事人詹姆斯义不容辞的责任就是表明教授职务……是一种具有法人组织性质的职位,学校解聘他既不公正也不合法……设立教授席位时并没有说明固定的任期,也没有说明目前的任期是终身的或好的行为表现。特许状规定了法人组织的职位性质。教授职位显然不属于这种性质。"*Phillips vs. Commonwealth ex rel. James*, 98 Penn. State Reports 394(1881).

签发训令主要是要求有关当局执行法律或履行法律赋予他们应尽的特殊职责。在没有其他适当的补救措施的情况下,训令是帮助那些被非法解聘的人员恢复公职的有效措施。因此,当纽约医学研究生院(New York Post Graduate Medical School)的凯塞(Kelsey)教授试图通过训令要求董事会恢复他的职务时,纽约州立法院上诉庭否决了这个训令:"他的诉讼请求,就训令而言,似乎辩护的前提是被告大学的教授职位是具有公职性质的职位,训令具有恢复并保留他的职位的效力。这对于当事人的真实身份和职务性质来说,都是一种错误的看法。这所大学是一个私立机构,它的教授和讲师仅仅是为了服务于学院的特殊需要而聘用的专业人员。"*The People of the State of New York ex rel. Charles B. Kelsey VS. New York Post Graduate Medical School and Hospital*, 29 Appellate Division 244(1898).

② 见 Edward C. Elliot 和 M. M. Chambers, *The Colleges and the Courts*(New York, 1936), p. 81.

③ 21 *Kansas Reports* 223.

步占了上风,除了大学章程禁止以外,董事会有权任意解聘教师。在吉伦(Gillan)诉师范学校董事会(Board of Regents of Normal Schools,1984)一案中,法院认为董事会可以不经过审讯解聘教授。① 在迪沃尔诉亚利桑那大学董事会(Devol vs. Board of Regents of the University of Arizona,1899)一案中,法院认为"州议会授予董事会聘用和解聘雇员的权力……他们并没有授予董事会签订违反大学章程规定的合同来约束他们自己或别人的权力"。② 在哈廷根(Hartigan)诉西弗吉尼亚大学董事(Board of Regents of West Virginia University,1901)一案中,法院否认具有对董事会的裁决进行司法调查的权力。"尽管董事会的行为可能是错误的,但是董事会享有不受限制进行决策的自由吗?就法院而言应该是的。"③ 在沃德诉堪萨斯州农学院董事会(The Regents of Kansas State Agricultural College,1905)一案中,法院认为大学章程已经授权董事会"任何时候只要是为了大学的利益"可以解聘任何教师,因此大学章程成为聘用教授的先决条件,其他所有违反大学章程的合同条款都没有法律效力。④ 只有在极少数情况下⑤,对于单方面蛮横解聘教师行为的制裁才会诉诸法律。私立院校也受到法院这种思想的影响。在德鲁利(Drury)学院,学院章程明确规定禁止对教师进行教派审查,一名教授因为向学院图书馆捐赠了一本关于通神论(theosophy)的著作而被学院解聘。在达罗诉布里格斯(Darrow vs. Briggs,1914)一案中,法院认为根据合同规定,董事会

---

① 88 *Wisconsin* 7.
② 6 *Arizona Reports* 259.
③ 49 *West Virginia Reports* 14.
④ 138 *Federal Reporter* 372.
⑤ *State Board of Agriculture vs. Meyers*, 20 *Colorado App.* 139(1904). 另外,*Matter of Kay vs. Board of Higher Education*(The "Betrand Russell Case"), 173 *Misc. Reports* 943, 18 N. Y. S.(2d) Sup. Ct.(1940).

可以解聘教授,"当学院的利益要求这样做时"。① 美国教授不是获得了新的法律地位,而是变得更加无助,正是立法导致了大学教授地位的下降。

然而,抹不掉的事实是大学教授确实感到他们的社会地位降低了。虽然这种看法没有充分的根据,但是确实让人感到心酸。虽然这种看法缺乏深刻的历史评价的基础,但是确实是一个重要的历史事实。需要指出的是,就代表社会地位的经济收入情况来看,1893年大学教授的年均收入比普通职员高75%,比卫理公会和公理会牧师高75%,比工人高300%。② 尽管1900年以后开始的通货膨胀导致他们的开支增大,即使如此,19世纪20年代教授的收入仍然高于社会工作者、牧师、新闻记者和图书馆员的收入水平。③ 同样需要指出的是,大学教授过去从来没有像在"一战"前期和"一战"期间这样如此频繁地参与政府咨询活动,或承担如此广泛的研究项目。④ 另外一个事实是,1884至1904年期间毕业于17所著名院校的博士中,1/3的人入选《名人录》(Who's Who)和《美国著名科学家》(American Men of Science)。⑤ 直到1910年,大学的大多数科学家仍然来自牧师家庭、农场主家庭和美国本土富裕的商人家庭或北欧移民后裔——即来自较高社会地位和血统的家庭。⑥

---

① 261 *Missouri Reports* 244.
② John J. Tigert, "Professional Salaries,"为美国学院联合会做的演讲,见:*School and Society*, XV(February, 25, 1922), 208; Paul H. Douglas, *Real Wages in the United States, 1890—1926* (New York, 1930),pp. 382,386,392。
③ Harold F. Clark, *Life Earnings in Selected Occupations in the United States*(New York 1937), p. 6. Cf. 此外, Viva Boothe, *Salaries and the Cost of Living in Twenty-seven State Universities and Colleges*, 1913—1932 (Columbus, Ohio, 1932)。
④ 见 Charles McCarthy, *The Wisconsin Idea* (New York, 1912)。
⑤ Gregory D. Walcott, "Study of Ph. D.'s from American Universities," *School and Society*, I(January 9, 1915), 105。
⑥ J. McKeen Cattell, "Families of American Men of Science," *Popular Science Monthly*, LXXXVI(May, 1915),504-515。

但是,大学教授仍然对于他们已经失去的社会地位感到非常不满。无疑,商业大亨的出现加重了大学教授的不满,但是并不是以"文化冲突论"所指出的方式。美国社会阶层中新产生的大富翁似乎使其他所有的人感到沮丧和自卑。相对于商业获得的巨大回报,大学教授的薪水似乎是太低;相对于金融行业的高风险和工业领域的拼命勇气,大学教授的生活似乎太单调;相对于实干家获得的大量荣誉,给予思想家的奖赏太吝啬和太不值钱。认识上存在的当代社会的巨大差异导致了失乐园的错觉。

第五章

组织、忠诚与战争

> 任何了解美国学术自由历史的人都不能不惊讶于这样的事实,即任何认识到团结和自我保护的重要性的社团组织,都应该有远见去保护自由批判和探究活动,我们目前所拥有的学术自由是人类历史上不同寻常的成果之一。

1915 年美国大学教授协会（AAUP）的建立，对于学术职业的发展来说具有十分重要的意义，标志着学术职业进入一个新的开端。这表明几十年来一直追求的专业自主意识发展到一个新的水平，同时也标志着学术自由原则开始进入制度化阶段，这个时期将对违反学术自由的行为进行系统的调查和处罚。首先，通过分析美国 AAUP 成立的原因，了解自 20 世纪初到第一次世界大战期间美国学术界的动态；其次，考察 AAUP 成立以来所开展的活动及其所取得的成绩，揭示 20 世纪学术自由问题的核心内容；最后，探讨第一次世界大战期间 AAUP 所面临的困难，介绍当前学术自由所处的复杂环境及其困境。

第一节 美国大学教授协会的建立

为什么 AAUP 成立的时间那么晚？历史上曾经有几个时期极有可能成立这种组织，但事实上并没有成立。达尔文主义者曾经对于大学里的极端狂热者所叫嚣的"无论正确与错误，这是我的大学"进行了抨击，这个时期非常有利于成立专业联合组织。然而，19 世纪六七十年代并没有真正考虑建立专业组织。民粹主义（populist）时期的喧嚣与狂热极易引起教授的集体反抗。但是，虽然有些教授建议采取集体行动，经济学家联合会也成立了调查委员会对罗斯事件进行调查，但是没有建立任何常设机构。① 自经济

---

① 威尔写给艾利的信中谈到有必要"成立某种联合会便于相互支持"，约翰·霍普金斯大学的西德尼·舍伍德（Sidney Sherwood）曾经建议艾利必须成立一个专业组织对学术自由事件进行调查。但是并没有采取任何措施落实这些建议。1895 年 10 月 15 日威尔写给艾利的信；1900 年 12 月 22 日舍伍德（Sherwood）写给艾利的信。

学家调查委员会的成立到 AAUP 委员会成立的 15 年间,不能完全用没有学术自由事件来解释。① 虽然这期间发生的事件数量有所下降,但是许多事件足以引起教授们的关注。例如:南方公开报道的一些事件,特别是巴塞特事件;哥伦比亚大学的佩克(Peck)和斯平加恩(Spingarn)事件;宾夕法尼亚大学反对自由主义者和激进主义者的传言;AAUP 委员会成立后两年中所处理的 31 个事件,花了相当长的时间。② 当看到美国其他职业,特别是律师和医生,在这个时期形成了各自的团体来保护他们的特殊利益,教授们才开始对自己的惰性感到吃惊。

究竟有哪些因素导致了教授群体的隔阂,并阻碍了他们采取统一的思想和行动?原因之一就是教授们的工作环境。工厂、办公室、矿山是社会化的场所,而图书馆、实验室、教室使学者与世隔绝,并退守到自己的专业领域。然而,律师和医生能够克服专业上自给自足习性的不利影响。学院和学科所导致的学术群体的分割则是阻碍学术专业组织成立的更为特殊和重要的因素。在美国,学术事务或者由各个单独的学院处理(由于没有全国统一的教育部或统一的教育传统,每个学院都各行其是),或者由全国性的专业协会(主要由那些不是大学教授的专家组成)处理。由于各个大学和学院具有不同的标准和价值观,每位教授具有不同的能力和

---

① 斯坦利·洛尼克(Stanley Rolnick)在"The Development of the Idea of Academic Freedom and Tenure in the United States:1870—1920"中做出了这个判断,威斯康星大学博士论文(未出版),1952 年,第 237 页,第 284 页。
② 南方发生的事件,见 Leon Wipple, *The Story of Civil Liberty in the United States* (New York,1927),第 320 页;Carrol Quenzel, "Academic Freedom in Southern Colleges and Universities,"西弗吉尼亚大学硕士论文(未出版,1933 年)。关于宾夕法尼亚大学的事件,见 Edward P. Cheyney, *History of the University of Pennsylvania*, 1740—1940 (Philadelphia,1940),第 367-369 页。关于佩克(Peck)和斯平加恩(Spingarn)与巴特勒校长的冲突,见 Horace Coon, *Columbia:Coossus on the Hudson* (New York,1947),第 122-125 页;*Columbia Alumni News*, II(May 18,1911),548。

个性,他们的阅历、声望、学术职务也不同,所有这一切导致彼此之间等级上的界限。① 最重要的是学者对于加入具有工会性质的组织尤为反感。学术职业的理想主义追求职业奉献和心理上的满足,排斥任何以获取物质利益为主要目的的活动。学术职业的理想是超越其他所有的世俗观念,不提倡为了自身利益加入某个组织。学术职业的尊严体现为优雅的行为举止,反对借助团体的压力。② 除了上述的原因以外,还包括:担心学校当权者的报复,以及由于长期以来在与世隔离的学院生活中所形成的胆怯、不够活泼的个性。

AAUP成立前的十年,上述许多障碍被破除了。这部分要归功于很久以来一直比较活跃的一股力量即呼吁集体的力量,这主要受科学理想的影响。在1922年AAUP主席就职演讲中谈到协会的目的时,塞利格曼十分重视坚守学术职业的理想,他宣称:"忠诚于我们的大学是令人钦佩的",但是如果我们的大学不幸偏离了科学发展的轨道,甚至走上了阻碍科学发展的道路,我们必须尽我们最大的努力帮助我们的同事和领导改正他们的错误……为了实现这个目的,我们离不开个人和集体的力量,但是,几乎同样重要的离不开来自同行之间的相互激励。③"科学的发展",这个响亮的口号能够激发最懒散的教授的积极性。

---

① 见 Henry Pritchett,"Reasonable Restrictions upon the Scholar's Freedom,"*Publications of American Sociological Society*, IX(April, 1915), 152。

② 关于教授是否应该加入工会的问题始终困扰着学术职业。反对的理由是:教师为公众服务,他们不像工人,金钱不是他们追求的主要目标。对于教师来说,罢工以及其他劳工所采取的胁迫手段是不可取的;传统的价值观必须得到解释并毫无偏见地传递下去;商业组织所强调的竞争氛围对于学术职业来说并不需要,在这里教师和董事都是公众利益的捍卫者。Cf. W. C. Ruediger,"Unionism among Teachers,"*School and Society*, VIII(November 16,1918), 589-591。

③ E. R. A. Seligman, "Our Association-Its Aims and Accomplishments", *Bulletin*, AAUP, VIII(February,1922), 106。

其次,阻碍大学教师成立专业组织的原因是大学管理层与教师之间经常发生的紧张关系。关于谁可以代表高等教育发言问题的争论是影响大学教师之间关系的重要因素。董事、校长、院长认为他们是大学的发言人,专业期刊的编辑对此没有提出任何不同的看法。这引起了大学教师的不满,因为这就公开表明大学校长的声音就代表了大学的声音,大学校长联盟称自己为"美国大学联合会"。在1915年《学校与社会》(School and Society)创刊以前,这一年刚好出版了AAUP第一期公告,只有一种教育类期刊《卡特尔的科学》(Cattell's Science)刊发了大学教师批评大学管理的文章。当大学教授在大众传媒上发表批评资本家的文章时①,《教育》(Education,1881年创刊)在1914年以前发表的关于资本家在大学中的作用的论文只有3篇(包括颂扬方面的文章)。《教育评论》(Education Review,1891年创刊,巴特勒任主编)直到1906年才发表明显抨击资本家的论文。② 大学也不是一个教授可以自由批评他们的上级的地方。这种思想上的束缚可以从AAUP成立之初在关于是否允许大学校长加入AAUP的问题上的激烈争论得到证实。为了反对大学校长入会,霍普金斯大学的教授布卢姆菲尔德(Bloomfield)建议"这是我们第一次拥有自主的机会"。③ 当有人建议校长可以发表意见,但是不能参加表决投票时,卡特尔(Cattell)

---

① Claude C. Bowman, *The College Professor in America* (Philadelphia, 1938), pp. 173-174.

② 在《教育》杂志(Education)发表的论文分别是:Howard A. Bridgman 的"Klark University," X(December, 1889), 239;一篇评论"Peabody Fund," I(March, 1881), 329;克兰斯顿(William Cranston)的"The Decay of Academic Courage"是第一篇猛烈抨击资本家的论文,发表在 *Education Review*, XXXII (November, 1906), 395-404,这篇文章很快得到坎费尔德(J. H. Canfield)的回应,他写了同样题目的论文发表于 *Education Review*, XXXIII (January, 1907), 1-10。

③ H. Carrington Lancaster, "Memories and Suggestions," *Bulletin*, AAUP, XXVI (April, 1940), 220.

提出改为校长有权参加表决投票,但是无权发表意见。① 另外一位教授担心因为校长入会导致校长的投票数超过教师的投票数,因为大学教师可能负担不起入会的费用,而校长入会的费用可以报销。② 最终决定:"在大学中没有完成一定课时教学任务的行政官员都不准入会"。③ 这不是一个公司工会。大学教师希望有一个表达自己观点的平台,一个发表自己思想的刊物,一个自我管理的组织。

还有其他许多因素促进了大学教师联合会的建立。其中之一就是进步主义思想的影响。大学教师和政治家一样为改革热潮所感染。城市中反对工厂老板的运动与大学里反对董事会的管理遥相呼应。政治革新家所提倡的某些手段,如倡议书、施政纲领、公民投票,同样被大学教师用来提高大学管理的绩效。卡特尔借鉴了进步主义思想,他写道:"既然没有任何人愿意一个城市被一小撮自动续任的董事会所控制,由他们任命的独裁者来管理城市,决定哪些人可以生活在这个城市、应该从事哪些工作、获得多少报酬,那么为什么要这样来管理大学呢?"④ 一些大学积极响应这种批评。1916年,在回答大学管理者问卷调查问题时,史蒂芬·达根(Stephen Duggan)认为私立大学董事会构成中出现了校友代表的趋势(特别是在俄亥俄州韦斯利大学和宾夕法尼亚大学);校长在

---

① 1947年3月3日洛夫乔伊写给皮尔森(Gaynor Pearson)的信,见 Gaynor Pearson, "The Decisions of Committee A,"哥伦比亚大学师范学院教育博士论文(未出版),1948年,第28页。

② Lancaster,"Memories and Suggestions", p. 220.

③ *Bulletin*, AAUP, II(March,1916),20. AAUP 的这一规定并没有排斥所有的大学行政官员入会。只要行政官员有一半的时间从事教学或研究工作,他们也可以成为会员。当会员进入到大学的管理岗位,他仍然可以保持作为准会员的资格。Ralph E. Himstead, "The Association: Its Place in Higher Education," *Bulletin*, AAUP,XXX(Summer,1944), 464.

④ J. McKeen Cattell, *University Control*(New York and Garrison, N. Y., 1913), p. 35.

涉及教师聘用、晋升以及授予终身教职事务上会听取院系负责人的意见(例如:伊利诺伊大学、里德大学、堪萨斯州立大学);过去院系的负责人长期掌权,现在实行负责人任期制(哈佛、耶鲁、芝加哥、伊利诺伊大学)。①

但是人们普遍认为这个时期改革步伐太慢、力度不够。这可以从大学对1906年卡特尔首次提出的大学管理方案的反映明显表现出来。卡特尔的方案没有过多地考虑过去大学的管理体系,他提出了全新的大学管理体系。他希望大学的董事会能够包括大学所有的教授、管理者、校友以及所有捐资助学的社区成员。董事会负责选举董事会成员,董事的主要职责就是管理学校的资产。教授会负责选举校长,校长的工资、地位不应该高于教授。教授会由学院评议会和大学评议会选举产生,并提交董事会投票表决。② 卡特尔邀请美国科学家对他的方案提意见,他收到229份回复。大家对他的建议看法不一。有些科学家不赞成他所提出的改革主张;一些科学家建议对方案进行详细的修改;有些科学家提出要警惕大学的民主改革可能滋生某些政党的政治阴谋;还有的科学家认为应该重视发挥教授评议会的作用、保护教师不同的意见和争鸣,他们认为这是教师自我管理的主要特点。但是大多数被调查者都认为应该限制董事会的权力,扩大教师的权力。大约85%的被调查者支持大学改革,这表明关于这个问题已经形成了高度的共识。③ 在这个进步主义时代,为了改善大学的管理,必然会产生专业同盟来推动大学的管理改革。

---

① Stephen P. Duggan, "Present Tendencies in College Administration," *School and Society*, IV(August 12, 1916), 233-234.

② Cattell, "University Control," *Science*, XXIII(March 23, 1996), 475-477.

③ Cattell, *University Control*, pp. 23-24. 卡特尔把调查问卷寄给自己的朋友和熟人,因此这个结论可能不一定十分可靠。但同时调查问卷也寄给了自然科学家,他们深得大学管理者的偏爱,因此他们不会像社会科学家那样反对现存的大学制度。

进步主义也促进了学术职业与终身教职理论和实践的制度化。正如经济学家开始认识到商业企业缺乏规范将会增加社会成本,因此大学教师也开始认识到学术系统缺乏协调所具有的局限性。就学术自由而言,人们对学术自由的原则和范围就有许多不同的看法,提出了不同的保护学术自由的方法和手段。对于其他含糊不清的自由,如言论和出版自由,联邦宪法已经作了解释。但是,事实上还没有关于学术自由的法律解释。① 在其他院校,已经形成了一些有关学术自由方面的惯例,但是由于我们的大学刚刚完成转型的任务,因此不允许用传统来取代大学的政策。于是,为了提出一些基本的学术自由标准供大家讨论,1913 年 3 个学术团体联合提出了关于学术自由和终身教职的基本原则,并成立了联合委员会,成员包括美国经济学联合会(AEA)、美国社会学学会(ASS)、美国政治科学联合会(APSS),联合委员会用了一年的时间解决了比较棘手的学术自由和终身教职的原则问题。② 委员会经过慎重的考虑,最后认为"由于这个问题太复杂,以委员会目前的地位只能提交一个初步的报告"。关于学术自由,委员会不敢肯定学术自由和终身教职的原则究竟是适用于学院还是大学?适用于年轻教师还是高年级学生?适用于那些在自己专业领域以外问题发表看法的教师还是那些在自己专业领域以内的问题发表看法的教师?适用于教师在校外发表的言论还是教师在校内发表的言论?委员会同样不能确定合理的界限:"言论自由保护自我宣扬或

---

① 到目前为止,"学术自由"的概念还不曾独自出现于《法律文摘》(*Legal Digests*)或《词汇》(*Words and Phrases*)。最近关于学术自由事件的调查表明"联邦法院似乎没有通过处理大学违反学术自由解聘教师事件方面的法律条款"。托马斯·爱默生(Thomas I. Emerson)和大卫·哈伯(David Haber)主编的 *Political and Civil Rights in the United States* (Buffalo,1952),p.890。

② 成员包括 8 名著名的教授和 1 名资深新闻记者,他们是:塞利格曼,艾利,费特(Fetter),韦斯利(Weatherly),里奇滕伯格(Lichtenberger),庞德(Pound),贾德森(Judson),迪利(Dealey),赫伯特·克罗利(Herbert Croly)。

出风头的行为吗？"关于终身教职，委员会提出了一些无法回答的问题，如：是否美国大学教授不能被解聘？"在学院和大学之间、高级管理人员和低级管理人员之间、任职时间长的管理人员和刚被任用的管理人员之间"是否应该有所区别？在每次解聘教师之前是否应该举行听证会？即使为了保护当事人的利益，解聘教师的理由是否应该保密？① 显然，召开一次会议是不够的，必须不断加强各个学科之间的磋商，明确基本的原则，结合所发生的学术自由事件的情况制定一套学术规范，从而为将来的发展指明方向。

最后，一个著名的事件使人们认识到完善学术自由事件调查机制的必要性。② 1913年拉法耶特学院专横的正统长老会校长强迫一位直言的自由哲学家约翰·麦克林辞职。③ 根据罗斯事件确定的范例，麦克林把自己的事件（他形象地称之为加尔文对塞尔维特的胜利④）告诉了自己所参加的两个专业协会，一个是美国哲学协会，一个是美国心理学协会。于是这两个协会成立了一个调查委员会。然而十分不幸的是，事件调查的经过与罗斯事件十分相似：调查委员会希望向沃菲尔德（Warfield）校长了解事件的情况，结果正如14年前罗斯事件中乔丹校长的表现一样，沃菲尔德校长十分傲慢并极力推脱。调查委员会谦逊地提出："不知您能否告诉我们

---

① *Preliminary Report of the Committee on Academic Freedom and Academic Tenure* (December,1914), pp. 1-6, 7.

② Cf. H. W. Tyler. "Comments on the Address by Dr. Capen," *Bullein*, AAUP, XXIII(March,1937), 204.

③ 拉法耶特学院在麦克林任期（1905—1913）内正朝两个方向发展：一个是早期的非教派理想主义，另一个是普林斯顿神学院及其独裁校长的极端正统的加尔文主义。由于学校向两个方向发展的愿望都非常迫切，引起了教学思想的混乱，教师不知道应该教哪些内容。麦克林坚持哲学相对主义，热衷于进步主义哲学，并教授进化论，从而引起了校长的不满，要求麦克林辞职。麦克林辞职后到匹兹堡大学任教，在那里发生了关于经济哲学的论战，严重威胁到学术自由。1920年，麦克林获得了达特茅斯学院教授席位。John M. Mecklin, *My Quest for Freedom*(New York, 1945), pp. 129ff.

④ Ibid., p. 164.

关于这个事件的详细情况？"结果沃菲尔德校长回答道："如果我说你们的调查委员会与我没有任何关系，因此我没有必要向你们介绍有关这个事件的情况，我相信会得到你们的谅解。"调查委员会对于大学校长中普遍存在的这种官腔进行了全面的谴责：

"校长对待调查委员会的这种态度，似乎不应该是任何学院和大学的官员在面对学院和大学教师或其他学者的全国性专业组织代表的质询时所应该表现出来的态度。我们相信哲学和心理学教授协会完全有权全面了解他们学科领域实行教授终身教职的任何情况；他们以及支持大学的公众同样有权了解任何一所大学究竟采取了哪些保护教学自由的措施，并在教师负责任地公开宣称受到宗教限制的事件中有权知晓事件的详细情况，而不是仅仅听取学院官方代表的委员会的情况汇报。任何大学都不可能做得完美无缺，都不敢保证在大学教师职业方面不会出现上述这些问题。"①

这种强烈的谴责非常值得肯定，但是也显示出学术团体缺乏足够的权威去影响大学行政管理者来配合他们的调查工作。

总之，上述几个方面的因素导致20世纪前10年以及半个世纪以来大学教师的联合。尽管这些因素的影响力非常强大，但是如果没有一些教授的积极倡议和奔走呼吁，能否建立大学教授组织仍然值得怀疑。约翰·霍普金斯大学的18位全职教授最早倡议召开会议成立全国性联合会。这个倡议发给了9所美国著名大学的教授，得到了包括克拉克大学、哥伦比亚大学、康奈尔大学、哈佛大学、普林斯顿大学、威斯康星大学以及耶鲁大学的积极响应，这7所大学派出了会议代表。第一次会议在霍普金斯大学俱乐部召

---

① Report of the Committee of Inqury, "The Case of Professor Mecklin," *Journal of Philosophy, Psychology and Scientific Method*, XI(Janary, 1914), 70-81. 事件调查委员会的报告公布两周后，沃菲尔德校长被拉法耶特学院董事会解聘。

开,汇聚了一些著名的学者。其中包括哥伦比亚大学的代表杜威(John Dewey)和卡特尔(J. McKeen Cattell),康奈尔大学的代表查尔斯·贝内特(Charles E. Bennett)和尼克尔斯(E. L. Nichols),约翰·霍普金斯大学的代表莫里斯·布卢姆菲尔德(Maurice Bloomfield)和洛夫乔伊(A. O. Lovejoy),普林斯顿大学的代表爱德华·卡普斯(Edward Capps)、卡墨尔(E. M. Kammerer)和沃伦(H. C. Warren),哈佛大学的代表迈诺特(C. S. Minot)。① 然后,这些会议代表选举成立了组织委员会,包括一个由34名成员组成的遴选委员会,成员包括学术新秀,例如:哈佛大学的罗斯科·庞德(Roscoe Pound)和蒙罗(W. B. Munro),芝加哥大学的威廉·多德(William E. Dodd),康奈尔大学的弗兰克·梯利(Frank Thilly)和阿尔文·约翰逊(Alvin S. Johnson)。② 最后,当大学教授组织成立以后,向"遴选委员会提交的各个主要学科领域杰出学者名单中的全职教授"③发出入会邀请,60所院校的867位教授收到入会邀请,因此成为美国大学教授协会(AAUP)的初创会员。AAUP的精英主义思想和会员构成反映在第一次大会通过的章程中,会议章程关于会员入会的条款规定:"任何大学或学院的教师只要取得了获得认可的学术或科研成果,且从事教学或科研10年以上",都可以申请入会。④ AAUP入会条件后来逐渐放宽:1920年,会员入会要求从事教学或科研的年限减少到3年;1929年允许研究生成为初级会员,有权参加年会,而无投票权。AAUP并不像开始设想的那样是"一个所有大学教师的大联盟",而是学术界贵族的联盟。

---

① *Science*, New Series, Vol. XXXIX(March 27,1914),p.459.
② Pearson, "Decisions of Committee A," p. 22.
③ A. O. Lovejoy, "Organization of the American Association of University Professor," *Science*, New Series, Vol. XLI(January 29, 1915), p.154.
④ *Bulletin*, AAUP, I (March, 1916),20.

AAUP 的成立被看成是卓有远见和理想主义的举措,尽管得到 AAUP 的创立者的极力推崇,但是仍然有一些知名人士对于加入 AAUP 持保留意见。康奈尔大学的克莱顿(J. E. Creighton)写信给洛夫乔伊:

"一两个我们特别希望他们加入协会的最著名人士,急于了解成立 AAUP 的主要宗旨。虽然他们对于 J. H. U. 三个人的签名有深刻的印象,但是他们希望得到一些确切的答复,即这一举动不会对现有秩序产生任何破坏性或对抗性的抨击。"①

在 AAUP 第二届会议上,没有征求查尔斯·比尔德的意见,就批准他为协会会员。② 两年后,当比尔德被要求缴纳会费时,他写给协会秘书长的信中说道:"我非常抱歉地说,就我所知,我非常肯定地说我从来没有加入协会。当协会刚刚成立的时候,我就认为这是一项徒劳无益的事情,结果证明了我的怀疑。"③一些才华横溢的人士如巴雷特·温德尔(Barrett Wendell)和阿尔伯特·布什内尔·哈特(Albert Bushnell Hart)也没有立即入会④,哈佛大学医学院的康西尔曼(W. T. Councilman)也为自己的固执辩护道:"我对此不感兴趣。我反对成立任何形式的组织或社团,我认为目前组织所开展的活动是有害的。当前大学中存在的不合理现象并不能通过成立组织的方式加以彻底解决,而只能通过有才华的人不要进入大学的方式来解决。"⑤尽管大学中那些不拘成规的、保守的、激进的教师对于加入协会都非常谨慎,但是协会的会员人数仍然

---

① 克莱顿(J. E. Creighton)写给洛夫乔伊的信, May 23, 1913, in Pearson, "Decisions of Committee A," p. 21.
② 泰勒(H. W. Tyler)写给比尔德的信, June 21, 1917, 见塞利格曼的论文。
③ 比尔德写给泰勒的信, June 16, 1917, 见塞利格曼的论文。
④ Pearson, "Decisions of Committee A," p. 24. 直到 1921 年哈特才成为 AAUP 会员。
⑤ Councilman 写给 Lovejoy 的信, December 4, 1914, in Pearson, "Decisions of Committee A," p. 24. 直到 1921 年,康西尔曼才成为 AAUP 的会员。

持续增长。不到六个月的时间,协会已经在75所院校中发展了1 362名会员;到1922年1月,协会从183所院校中发展了4 046名会员。①

由于AAUP所能发挥的作用受到人们的怀疑,同时它也遭到了普通公众的敌视,因此,AAUP早期的领导者主要致力于提高自身的声望。它对待大学董事会的强硬态度,捍卫学术自由的坚强立场,以及表现出来的工会组织的姿态,引起了美国大多数教授的警觉和反感。因此,约翰·霍普金斯大学教授最初倡导召开的会议只是偶尔提到学术自由或"教师聘用不公平"等方面的问题。AAUP的主要目的是捍卫教授作为专业人员而不是雇员的地位。②杜威在AAUP代表大会上的发言驳斥了那种认为调查和制裁侵犯学术自由行为将成为协会关注的重点的看法:"我相信任何学院的教师都会认为对学术自由的侵犯危及我们崇高的使命。但是这种情况太少见,因此不至于建议成立这种协会组织……无论如何,我深信AAUP工作的重点是制定大学教师的职业标准。"③

但是从这方面来看,杜威作为一个哲学家并不具备预言家的天赋。全国各地的大学教授呼吁AAUP对他们与大学行政管理者之间势单力薄的抗争进行声援,使AAUP感到惊讶和沮丧。全国各地的大学传来了令人失望的消息:犹他(Utah)大学17名教授因为抗议学校无端解聘4同事而辞职;科罗拉多(Colorado)大学的一名法学教授认为因为自己为政府的委员会提供证据而被学校解聘;卫斯理(Wesleyan)大学的一名教授提出因为在附近的俱乐部发表了反犹太人的演讲而被学校解聘;宾夕法尼亚大学的斯科特·尼

---

① *Bulletin*, AAUP, II(April, 1916), 3-4; ibid., VIII(January, 1922), 51.
② Ibid., II(March, 1916), 12.
③ Thilly, "American Association of University Professor," p. 200.

尔林（Scott Nearing）被沃顿（Wharton）学院解聘的事件引起了广泛的关注；华盛顿大学的3名教授遭到解聘。① 虽然AAUP的大多数创立者希望自身致力于有助于专业社团长期发展的建设性工作，但是他们又无法回避这样一个事实，即陷于困境的大学教授把他们看成是一个可以倾诉委屈的委员会，可以最终为他们申冤的力量。杜威后来评论说："如果不能满足这些需要，就会显得我们太懦弱，这将会挫伤人们对于AAUP的信心，认为它仅仅是一个空谈的组织……对于某些事件的调查的确是我们无法推卸的责任。"②

这些压力导致AAUP工作兴趣和任务的转移。即使是关于学术自由和教授终身教职的学术自由与终身教职最初的主要任务是制定指导学术职业发展的一般原则，也开始向全国各地派出特别调查小组，倾听大学教授的抱怨，调查事件的真实情况，撰写调查报告。因此，一方面，AAUP组织的主要作用是制定学术职业标准，关注更广泛的学术自由问题和大学教师职业的其他问题；另一方面，它作为一个学术团体组织，发挥压力团体的作用，对于大学教授反映的问题进行调查和处理。对于研究AAUP和大学教师职业的历史学家来说，AAUP长期以来所开展的工作是卓有成效的。但是，毫无疑问的是，由于它直接插手大学的内部冲突，它作为一

---

① "Report of the Committee of Inquiry on Conditions at the University of Utah," *Bulletin*, AAUP, I(July, 1915); "Reports of Committees concerning Charges of Violation of Academic Freedom at the University of Colorado and at Wesleyan University," ibid., II(April, 1916); "Report of the Committee of Inquiry on the Case of Professor Scott Nearing of University of Pennsylvania," ibid., II(May, 1916); "Report of the Sub-Committee on the Case of Professor Joseph K. Hart of the University of Washington," ibid., III(April, 1917).

② John Dewey, "Presidential Address,", *Bulletin*, AAUP, I(December, 1915), 11-12. 由于学术自由与终身教职委员会的督促，有3个事件被提交到专业协会：一个是发生在达特茅斯学院的事件被提交到了美国哲学联合会（APA）；第二个是发生在杜兰（Tulane）大学的事件被提交到美国心理学会（APS）；第三个是发生在俄克拉何马大学的事件被提交到美国化学学会。Ibid., p.18.

个保护大学教师利益的专业组织要同时处理专业领域和专业领域以外的问题，因此它的发展受到了影响。在以后的日子里，无论AAUP还能够取得哪些成绩，它的声望主要取决于能否认识到和防止滥用职权。

第二节　美国大学教授协会在制定学术职业标准方面取得的成就

AAUP初次试图明确学术自由的范围和界限是学术自由与终身教职委员会在1915年《关于学术自由和教授终身教职的报告》，其主要思想我们在前一章已经作了介绍。简单地说，《报告》基本的思想是：学术自由是大学存在的必要条件；大学董事作为公职人员负责处理公益信托，唯一例外的是当他们服务于私立院校，在这种情况下必须明确说明学校的办学目标；在教室里，大学教授必须保持中立的立场，并且能够胜任教学任务；在大学之外，教授与其他公民一样享有言论和行动自由，但是必须遵守教师的职业道德。这些观点并不激进或过分。《报告》特别强调权利和义务是对等的，学术自由并不是学者的特权。《报告》中的观点力求中肯。对于某些董事把大学教授看成他们的雇员以及把大学看成他们的私人财产的观点，《报告》根据人们对这个问题的普遍看法以及《AAUP章程》中的有关规定予以了反驳。注意到某些富裕的捐助者和董事的不法行为，《报告》呼吁要防止社会革新运动所带来的政治压力的威胁。

但是，《报告》并非泛泛而谈，它也提出了切实可行的建议。《报告》不仅提出了明确的指导思想，而且提出当前主要的任务是开展反对大学董事和行政管理者的斗争。它所提出的实际对策包括两个方面:首先,限制董事解聘教师的权力。学术自由与终身教职委员会谨慎地建议大学教师的观点离经叛道不应该作为解聘的理由。然而,委员会也认识到由于历史传统以及各个院校实际情况的差异,因此事实上很难实行统一的要求。但是,它坚持认为实行程序上的统一要求应该是切实可行的。于是,学术自由与终身教职委员会提出了一个最具争议的建议:解聘教师的裁决必须经过教师委员会的审查。

"每个大学或学院的教师(副教授或副教授以上职务)在被解聘或降级之前,都有权获得详细的书面指控材料,并且有权要求由教授会、理事会或多数教师选举成立的特别审查委员会或永久性的审查委员会对这些指控进行公正的审查。

在审查的过程中,教师享有提供证据的权利,如果指控教师的教学工作能力,首先必须由其同事或大学的专业同行出示有关该教师工作能力的正式评价报告。如果被指控的教师愿意,也可以由主管当局聘请其他高校的同行专家委员会出示其工作能力的评价报告。"①

《报告》提出的另一个对策就是通过制定大学教授终身教职的有关规定,保障大学教授的职业安全和尊严:"每所院校都必须明确规定教师任期的时间……在州立大学,由于法律规定教师聘用合同中的教师任期不能超过一定的年限,因此董事会应该针对某些岗位制定教师续聘的规定,尽管这些规定不具有法律强制力,但也应视为具有道德约束力。"②

---

① "Report," Committee on Academic Freedom and Academic Tenure, *Bulletin*, AAUP, I(December, 1915), 41-42.

② Ibid., p.41.

学术自由是最终目的,正当程序、教授终身教职、教师评价机构是保障条件。

这些实际对策不仅表明大学教授开始认识到组织制度保障对他们是多么重要,而且反映出他们非常看重自己的精英地位。从各个方面来看,这些建议措施体现了对待高级职务的教师和低级职务教师的双重标准。解聘讲师以上职务的教师需要提前一年通知,而解聘讲师只需要在学年结束提前三个月通知。解聘副教授和全职教授必须举行公开的听证会,而解聘副教授以下职务的任何教师只需要得到教师委员会的批准即可。所有讲师以上职务的教师工作满10年必须授予终身教职,但是对于董事必须做出晋升或解聘教师决定时没有做任何说明。终身教职与教师职务相关,但是没有明确规定教师晋升职务所需要的任职年限。① 这些差异并非完全是AAUP固执己见的结果。在1915年,美国高等院校中高级职员和初级职员之间的比率远远高于后一个时期,特别是大萧条时期,高校非常容易聘用到廉价的员工从事低级职务的工作。只重视高级职员而不为低级职员提供进入高级职员的正常渠道,这种做法是有缺陷的。最能说明这一点的是人们对AAUP的有关规定的敌视和误解。《纽约时报》的一位评论员写道:"有组织的大学教授呼吁学术自由是每一位大学教师的不可剥夺的权利,通过这种权利,教授们就太阳底下的各种鸡毛蒜皮的事情向学生和公众说一大堆幼稚可笑、无法无天、耸人听闻的废话,他们愚弄了自己,也愚弄了学校,而就算这样,他们也照领工资不误,将其除名却非得经过繁杂的程序才行。"②

某些大学管理者对AAUP的批判并不比这位新闻记者客气,

---

① 同前文注,pp.40-41.
② "The Professor's Union,"摘自 *School and Society*, II(January 29, 1916), 17.

第五章 组织、忠诚与战争

据说锡拉丘兹(Syracuse)大学校长戴在1895年解聘了约翰·康芒斯,他说:"如果大学教授为了自己的良知和信念有权辞职,那么大学董事难道就没有自己的良知和信念吗?难道他们就不能像大学教授一样享有根据自己的良知而行动的权利吗?难道他们就不能在核实了各种事实的情况下做出自己最佳的判断吗?"

对于这种压制言论表达自由的看法,杜威十分反感,他说:"这种对于学术和科学研究的侮辱来自普通公众就已经是非常糟糕,然而更为可怕的是这种侮辱竟然出自大学的校长,如果照此下去,就意味着美国学术的终结。"①

这引起了美国学院联合会(Association of American Colleges, AAC)的学术自由与终身教职委员会办公室的激烈反应,AAC是1915年美国学院院长建立的组织。美国学院院长联合会在没有对AAUP的原则声明进行讨论的前提下,就认为AAUP所提出的实际对策是不切实际的,并自以为是地断言:"没有提出任何解决问题的对策,因此不具有实际的指导意义。"他们认为AAUP提出的对策更多地代表了大学教授而不是AAUP的利益,因为他们观察到AAUP排斥大学中的重要成员校长以及大学中的大多数教师成为协会的会员,"这些人所从事的工作与AAUP成员的工作同样重要"。AAC认为"如果一个人真正热爱教学工作,他就会认识到分工的重要性,除非在极其特殊的情况下,他一般不愿意参与学校管理工作"。因为对于一个有理智的人来说,充分发挥自身现有的优势"远远要比从事比较普通的、分散的、令人分心的权益分配工作更有吸引力"。② AAC采用了保守派人士经常提出的观点,即尽可

---

① "Is the College Professor a 'Hired Man'" *Literary Digest*, LI(July 10, 1915), 65.
② "Report," Committee on Academic Freedom and Tenure of Office, *Bulletin*, Association of American Colleges, III(April, 1917), 49-50.

能地考虑所有群体的基本利益。

同时，AAC认为由于大学教授的愚钝而没有认识到这个问题可能会损害到群体利益，在这种情况下，教授辞职是最好的办法。他们认为和谐的大学环境对于大学生活的重要性要远远高于正当程序的保护。因此为了保护大学的和谐氛围，董事要求解聘教师也是合理的，并没有违反大学管理的原则："如果一个人明显知道自己在一所基督教学院任职，他也知道可能会有一些行为规范的要求，并且在签订聘用合同时可能会被问及宗教信仰这样的私密问题，他绝不能提出享有包括私下破坏或公开抨击基督教这样的言论自由要求。如果他公开宣称或承认自己信奉性爱自由，那么他绝对不能要求那些提倡一夫一妻制并认为这是培养学生个性的重要内容的学院在解聘他的时候履行一系列复杂的司法程序。教育机构中存在不和谐的因素如同在婚姻中一样是一个非常严重的问题，因为任何一个公正的公司都不会与一个新教师签订终身聘用合同，只要大学解聘教师的理由合理合法，并不会遭到人们的公开反对。"①

如同"婚姻"关系一样脆弱，大学教授因为学校没有履行承诺或为了获得某种赔偿而将大学告上法庭，直到他们达到自己的目的。

关于终身教职的问题，AAC认为："我们非常愿意把聘用大学教师的权力交给教授，但是存在一个大问题即如果一位教师明显不能胜任自己的工作，AAUP还要强迫大学无限期地保留他的职位吗？"②

显然，AAUP从来没有提出这种主张。它一直主张按程序解聘那些明显不合格的教师，只不过主张要由专业的权威人士来做

---

① 同前文注，p.51.
② Ibid., p.54.

出"不合格"的评价结论。它也不主张由自己来制定教授的标准。AAUP 也没有必要在意这些误解造成的敌视。

关于大学教授和大学管理者之间是否存在共同利益问题的争论,大学校长在他们的报告中有所体现:"既然你们认为大学教授享有言论自由的权利,大学教授也会承认在教育界发生的一些著名事件中,大学管理者采取果断措施,甚至不顾个人安危,使大学免受丑闻、贿赂等其他各种威胁的影响……"①

"大学的董事必须尽最大努力为大学教师提供安全感,但同时他们也必须注意到当大学教师面临更好的发展机会和更高薪水的诱惑时,他们可能偶尔也会危及他所服务大学的安全感或者不考虑大学的整体利益。事实上,没有人会否认许多人只是把教师职业作为一个寻求自我发展或尊严的跳板。"②

"几乎所有的院校时常要面对的其他问题,被康奈尔大学的一位董事称之为'搬弄是非的人',这些人影响了大学的持续发展,长期妨碍大学实现自己的目标。由于他们知道这样一个事实,即一些优秀的大学负责人有时提出大学无论如何要与那些被称为难缠的人相处好,从而使他们的气焰更为嚣张,影响了管理的效率。这种情况在一个组织管理得很好的公司中是不可能存在的。"③

学院院长联合会似乎认为 AAUP 的报告更像一个革命宣言,而不是真正试图解决教师专业方面的问题。它无论在语言表达还是在见识方面都没有学院院长联合会的报告有影响。

非常有趣的是,不到 6 年的时间 AAC 的学院院长对 AAUP 的报告的态度发生了根本性的变化。也许是由于在美国参加第一次

---

① 同前文注,p.53.
② Ibid,p.55.
③ Ibid.,p.51.

世界大战期间,这两个组织的合作缓解了彼此的敌意。另一个方面的原因是 AAC 的学术自由委员会的重组,在 1922 年奥柏林学院(Oberlin)杰出的院长查尔斯·科尔(Charles N. Cole)担任学术自由委员会主席,成员包括西储大学校长、著名的教育历史学家特温(C. F. Thwing),罗伯特·梅纳德·赫钦斯(Robert Maynard Hutchins)的父亲、伯里亚学院(Berea College)的院长威廉·赫钦斯(William J. Hutchins)。① 当然,这也要归功于 AAUP《报告》的作用,尽管它引起了人们的批判,但是它也发挥了重要的作用。无论如何,事实证明美国高等院校的校长是可以改变的。1922 年,AAC 学术自由委员会的报告认为 AAUP 的工作是"卓有成效的和非常重要的"。AAC 开始接受 AAUP《报告》提出的几乎所有观点。AAC 也同意教师的教学自由的观点,但是教师必须保持中立的立场,并且具有胜任教学的能力;大学教师在校外的言行享有与其他公民"同等的自由和责任,但是必须防止严重损害学校的声望和利益"。② 更为重要的是这两个组织在教师参与大学管理以及教授终身教职问题上达成了广泛的共识。AAC 的委员会同意所有大学教师的聘用和解聘都应该征求教师所在院系的意见,并要得到全体教师委员会或教授会的批准。此外,考虑到"一战"后期的情况,还宣布如果大学教师道德沦丧或"叛国"可以被解聘。但是,在所有其他情况以及存在争议的情况下,被解聘的教师有权要求在负责处理此事的各种委员会面前为自己进行辩护。在审理教师不

---

① 1922 年以前委员会成员包括俄亥俄韦斯利大学(Ohio Wesleyan)校长韦尔奇(Herbert Welch)、霍巴特大学(Hobart)校长莱曼·鲍威尔(Lyman P. Powell)、科罗拉多大学校长威廉·斯洛克姆(William F. Slocum)、拉姆学院(Earlham)院长罗伯特·凯利(Robert J. Kelly)、阿默斯特学院(Amherst)院长亚历山大·米克尔约翰(Alexander Meiklejohn)。1922 年委员会的其他成员包括寇伊学院(Coe College)的盖奇(H. M. Gage)、西北大学的校长罗伊·弗利金格(C. Flickinger)。

② "Report," Commission on Academic Freedom and Academic Tenure, *Bulletin*, AAC, VIII(March,1922), 100.

称职的指控的过程中,应该提供教师所在的大学或其他大学专业同行出示的证据。①

教师经过一段时间的试用期以后,学校必须明确是否授予教师终身教职,这是一种长期的、无限期的或永久性的聘用合同。解聘教师必须提前通知,聘用合同必须书面写明任职的时间和要求。AAC 与 AAUP 关于这个问题的规定的具体差别表现在:AAC 增加了另外一个不经过审理就可以立即解聘教师的理由,即由于财政危机导致必须大幅裁员,因此省略了 AAUP 报告中提出的正当程序保护的环节。②

初期,AAUP 一直不愿意与学院院长联合会共同制定学术自由的原则。AAUP 的第三任主席弗兰克·梯利提到"联合并保持独立","我们的影响力是很大的。但是在一个充满隔阂甚至是敌意的联合体中,我们极易失去影响力……目前我们在各个方面正逐步取得一些成绩……如果与我们的朋友、敌人的联合代表谈判破裂,难免不会导致他们形成共同反对我们的统一战线……有时候我情不自禁地感到,如果我们不纠缠于同外界的联合,我们会更加强大,虽然我们的发展会缓慢一些"。③

这种顾虑同样反映在 AAC 的第一份报告中。但是,AAC 的第二份报告作了一定的妥协,从而平息了大学教授的不满。经过多次的前期协商,1925 年,美国教育理事会(American Council on Education)召开大会,参会的包括:美国大学女教师联合会(American Association of University Women)、AAUP(AAUP)、大学董事会联合会(Association of Governing Boards)、赠地学院联合会(Associa-

---

① 同前文注,p.103.
② Ibid., pp.102-103.
③ 梯利写给泰勒的信,1917 年 3 月 21 日,见塞利格曼的文章。

tion of Land Grant Colleges)、城市大学联合会(Association of Urban University)、全国州立大学联合会(the National Association of State University)、美国学院联合会(ACC)、美国大学联合会(Association of American University)。经过简单的文字调整,大会通过了 AAC1922 年的声明,虽然只有 AAUP 和 AAC 签署了这个声明。① 但是 AAUP 和 AAC 之间的坚冰开始融化了。

学院和大学在制定规章制度的时候很少考虑 1925 年声明的原则。从声明的原则规定来看,一个个大学董事会以违背大学宪章的条款为由拒绝执行;同样,对于声明提出的原则和程序也遭到大学校长和董事会的抵制,他们虽然表示可以接受其中的思想,但是在实际中尽量回避执行。据估计到 1939 年全美只有 6 或 7 所大学的董事会正式接受了声明的原则规定。② 当务之急是促使学院和大学认可声明的原则规定,而不是要求学院和大学接受声明中的一系列的规定,这种观念导致 1938 年 AAUP 和 AAC 重新修改《报告》中的原则规定。为此又召开了会议,讨论修改过去一直存在的歧视低级职务教师的有关规定。同时明确规定教师试用期为 6 年,此后如果学院和大学继续聘用教师,必须授予教师终身教职。解聘所有教师即使是试用期中的教师也必须提前 1 年通知。最后,1938 年的《报告》提出"试用期中的教师享有与其他所有教师同等的学术自由权利"。大学教师职业的另一个分歧弥合了。

经过 AAUP 和 AAC 两个组织的进一步协商,AAC 签署了经

---

① H. W. Tyler, "The Defense of Freedom by Educational Organization," in *Educational Freedom and Documentary* (Second Yearbook of the John Dewey Society, New York, 1938), pp. 229-239.

② 见 Henry M. Wriston, "Academic Freedom and Tenure," *Bulletin*, AAUP, XXV (June, 1939), 329。

过修改的1938年《报告》,并于1940年双方达成新的共识,教师试用期由6年改为7年,原来对教师行为举止方面的强制规定被取消了。

作为长达15年的思索和努力的成果,1940年《声明》有必要全文转载:

本条例旨在促进公众对学术自由和终身教职的理解和支持,以及取得高校对确保履行这一原则的认同。高校是为了社会的共同利益而存在,并非追求教师个人或学校自身的利益。为了社会的共同利益,就必须保障高校教师对真理的自由探索和阐释。

学术自由对于高校实现这些目的来说是必不可少的,并且同样适用于高校的教学和研究。研究自由是发展真理的重要条件,而学术自由对于教学的重要性主要体现在保护教师的教学权利和学生学习的自由权利方面。当然,责任和权利应该是统一的。

终身教职是为了达到特定目的的一种手段,特别是:(1)教学和研究自由及校外活动的自由;(2)足够的经济保障使教师职业能够吸引人才。因此,自由、经济上的保障,即终身教职,对于学校成功地履行对社会和学生的义务而言,是不可或缺的。

学术自由:

(a)教师在充分履行了其他的学术上的责任的条件下,有权享有完全的研究自由和出版研究成果的自由。但是以金钱为目的的研究应取得所在学校权力当局的同意。

(b)教师有权享有在教室中进行专业讨论的自由,但必须尽量避免在教学中涉及与其专业无关的争议性问题。因为宗教或学校其他目的而要求限制学术自由,必须在聘任教师时的书面材料上陈述清楚。

(c) 大学教师既是公民和学术职业的成员,也是教育机构的职员。当教师作为一个公民发表言论或写作时,他应享有免受学校审查或惩罚的自由,但他在社会上的特殊地位要求其承担相应的义务。作为一个学者和教育工作者,他应牢记公众会根据他的言论来评论其职业和所任职的学校。所以,他应该始终注意适当地约束自己,尊重他人的意见,努力表明自己非校方发言人的身份,正确地表现自己。

学术终身教职:

(a) 教师或研究人员在试用期满后,应该获得永久的或连续性的任职,不得无故解除他们的职务。除非由于年龄缘故退休或财政极度危机,否则终止任期必须有适当的原因。

下列实施意见可以帮助进一步理解这一宗旨:

(1) 终身教职的具体任期和条件应该有书面陈述,并在聘任工作结束之前送到校方和教师手中。

(2) 自受聘为全日制讲师或高级职务之日起,试用期不应超过7年(包括在其他高校担任全日制教师的服务时间在内)。如果教师在一个或多个学校的试用期服务已超过3年,后被另一所学校聘任,该校可以书面同意其新任职的试用期不超过4年。当然,这会造成该教师的试用期超过正常情况下的7年最长期限。此外,如果教师在试用期满后不被续聘,则至少在试用期结束前提前1年给予通知。

(3) 在试用期内,教师应享有其他所有教师拥有的学术自由。

(4) 教师任期结束不被续聘,或因故需要提前解聘教师,可能的话，应该经过学校的教授会和董事会研究决定。在有争议的情况下，被指控的教师有权要求在公开的听证会举行之前书面告知指控的原因，教师应该有机会在所有审查他的案件的机构团体前进行自我辩护，也允许他自己选择一位顾问像律师那样为自己辩护，且应有速记记录可供有关团体参考。若教师被指控不能胜任工作，则证人应该包括本校或外校其他（同行）教师和学者。任期内的教师由于非道德败坏原因而被解聘，不论其是否继续在该校履行他的义务，则应被支付从通知解雇之日起至少一年的工资。

（5）由于财政危机终止教师的终身教职，应该有确凿的论证。

尽管无法准确评价这个《声明》究竟产生了多大的作用，但是毫无疑问的是它发挥了积极的影响。① 总之，《声明》所发挥的积极作用主要表现在三个方面：第一，澄清了对于学术自由观念的模糊认识，例如，它为大学教授指明了应该如何争取学术自由，同时又必须接受教派学院存在的现实。《声明》指出大学教授会在涉及教师选聘的人事安排方面应该与大学董事协商的重要性，因为这是大学宪章赋予董事的特权。它还指出有能力的大学教师只有不断进取才能胜任自己的工作。尽管人们对学术自由的某些方面仍然存在一些模糊认识，新的时期也对学术自由提出了新的挑战，但是一直以来人们对学术自由的争论相对于1915年以前显得越来越令人信服和清晰。AAUP所做的这些工作值得高度赞扬，它是开拓者，它所取得的成绩也激发了其他组织，例如美国教育联合会（Na-

---

① 由于AAUP的核心档案无法获取，加之档案保存不是太完备，所以评价AAUP的工作比较困难。此外，AAUP的内部消息在没有向历史学家公开以前，也不能引用。

tional Educational Association)、美国进步教育协会(the Progressive Educational Association)、美国公民自由联盟(American Civil Liberties Union)、美国教师联合会(American Federation of Teachers)以及我们所了解的美国学院联合会(AAC)也开始参与制定学术自由原则的工作。①

第二,《声明》的有关规定为评价大学宣称的改革提供了尺度。由于1915年宾夕法尼亚大学在处理斯科特·尼尔林事件中遭到公众的公开批判,于是该校开始调整处理教师的有关规定。AAUP运用《声明》中的规定对此进行了评价。虽然宾夕法尼亚大学规定在解聘教师的问题上教授会和董事会要相互协商,但是AAUP委员会发现学校没有规定如何根据明确的指控对教师进行审查,也没有规定要履行哪些司法程序,对于如何进行同行专家的评议也没有明确规定。② 因此,可以认为宾夕法尼亚大学的有关规定徒有其表并没有发挥实质性的作用。

第三,AAUP在促使大学管理者接受他们的原则规定方面比较成功,虽然不是接受AAUP的所有规定,也不是每一个大学管理者都接受AAUP的规定。1925年《声明》中关于大学教师在校外发表言论的问题应该提交到教授会讨论的规定没有引起多少人注意,因此在1940年《声明》中就不再提到这个问题。我们也发现立法机构很少正式认可这些原则规定。尽管如此,这些规定对于引导大学管理实践非常有价值,例如,由于1938年明尼苏达大学撤销了其在"一战"期间解聘沙尔佩教授的决定,学校发布的声明就

---

① H. W. Tyler, "Defense of Freedom by Educational Organizations", pp. 243-248. 有趣的是美国大学联合会(AAU)还没有建立学术自由委员会,除了参加了1925年的华盛顿会议以外,它没有尝试在这个问题上制定具体的规定。

② "Report," Committee of Inquiry on the Case of Scott Nearing, *Bulletin*, AAUP, II (May, 1916), 42-57.

引用了 AAUP 报告中的内容。① 因此,当学院和大学变得比较开明的时候,他们就可以参考 AAUP 报告中的内容。

第三节　美国大学教授协会在调查处理学术自由事件方面取得的成就

　　AAUP 开展的另外一个方面的工作相对来说不太成功。AAUP 一开始开展的调查工作引起了大学教授的兴趣,然而这项工作对于 AAUP 来说非常艰难。因为 AAUP 既不可能像警察一样去查案,像大法官一样审案,也不可能像审判法庭一样对大学中所有的不公正事件进行审查。虽然存在这些困难,但是 AAUP 的使命和理想促使它不得不面对这些问题。它不希望因为与大学管理者发生正面冲突而遭到他们坚决的抵制,它更愿意引导大学改变基本的环境而不是去谴责大学所犯的错误。② 但是,尽管它满怀希望,它不可能充当学术界的警察、法官、陪审团的角色。如果没有外界的捐赠和资助,完全依靠会员缴纳的会费(1940 年以前会员不到 15 000 人),AAUP 无法负担支付律师费以及实地调查人员的费用。除了要支付行政秘书和法律顾问(1926 年才聘用)的报酬以外,AAUP 的工作主要依靠会员的无偿服务。这就是问题的症结所在。为了调查一所陌生的大学所发生的事件,调查者需要具有心理学家、律师、哲学家那样超凡的才能和见识。那些教育改革家

---

　　①　见 F. S. Deibler, "The Principles of Academic Freedom and Tenure of the American Association of University Professors," *The Annals of the American Academy of Political and Social Science*, CI(May,1922), 136-137。

　　②　"Higher Learning in Time of Crisis," *Bulletin*, AAUP, XXVI(October,1940), 542-546。

或易于上当受骗的人士显然不能胜任这项工作,因此两类教授立即就可以被排除,即那些认为所有的大学管理者都不是好人的教授或太容易受到他们的魅力所感染的教授。在做出这种判断的基础上,AAUP不得不考虑地域的因素。因为调查者要不断地到大学去调查,因此相隔的距离不能太远,但是调查者又必须是公正的、独立的,因此距离大学太近也不合适。最终,这个麻烦的问题自我消解了:因为让一个学者走出平静的书斋去调查那些专业领域之外的烦心问题非常困难。

　　AAUP别无选择,只有分别派人调查处理所受理的事件。只要是按规定必须处理的事件,它就试图派出精干的人员从中斡旋,促成当事人双方和解。据估计,1934年在AAUP公告中每公布1个事件,就有3件是通过非正式的方式或私下协商的方式解决的。① 如果这种方法不起作用,AAUP就对那些违反学术自由基本原则的事件或涉及解聘教师的事件以及滥用职权的事件,展开全面调查。据估计,1934年在经过协商未能解决的事件中只有一半得到了全面的调查。② 结果,AAUP的调查仅仅发挥了有限的作用即起到了警示和曝光的作用,而不是替教师报仇申冤的作用。③ 因此,在AAUP公告栏中公布的事件情况并不能准确反映学术事件的状况。一方面,它所描述的只是引起AAUP关注的那部分情况,不能反映事件的整体情况(对于协商处理的事件和不太紧迫的事件只公布统计数字方面的情况);另一方面,只对那

---

① Committee A, "Report for 1934," *Bulletin*, AAUP, XX (February, 1934), 99.
② Ibid.
③ A. M. Withers, "Professors and Their Association," *Journal of Higher Education*, XI(March, 1940), 126-128, 129; Walter W. Cook, "Address of the Retiring President," *Bulletin*, AAUP, XX(January, 1934), 85-87; Report of Committee A, "Academic Freedom and Tenure," *Bulletin*, AAUP, XX(February, 1934), 98-102; Ralph E. Himstead, "The Association: Its Place in Higher Education," pp. 463-465.

些不愿意接受调停和协商处理的事件大肆渲染,以此表明事态的严重性。①

然而,AAUP公告栏中公布的事件截至1953年共有124件,经过归类可以得出以下有趣的结论。结论发现只有极少数的事件明显侵犯了教师的自由言论权利。在AAUP认为大学行政当局处理不当的94个事件中,只有20个事件存在严重的思想压制的问题。在94个事件中只有17件是因为大学教师的校外活动导致被解聘。另一方面,在57个事件中,或几乎2/3的事件中,涉及内容主要是校内的和个人方面的问题,包括校长和教授之间的妒忌,不同个性教师之间的冲突,或者上级的打击报复,以及特别是在经济危机时期为了减少开支裁减职员。在52个事件中,调查小组发现存在校长专制独裁的问题。一种情况下,1名大学教授和4名同事因为建议扩大教师参与学校管理而被解聘,调查小组还发现校长存在"严重的管理能力不强"②的问题。另一种情况下,1名教授因为支持一位被解聘的教授而被解聘,调查小组认为校长和董事会存在严重的错误。③ 还有一种情况,1名大学教授因为指控项目负责人侵吞了大笔的资金,因此拒绝签署建立商学院的项目经费报告而被解聘。④ 另外的情况是由于校长强硬粗暴地解聘教师所引起的。在迪堡(Depauw)大学,布鲁姆利·奥克斯纳姆(G. Bromley Oxnam)校长任职的5年中,共有60名大学教授辞职或没有被续聘

---

① 所有教师,无论是初级学院、四年制学院或大学的教师,也不管他们的职务高低,无论他们是否是AAUP会员,都有权要求AAUP对他们的事件进行调查。
② "Report of the Committee of Inquiry on Conditions in Washburn College," *Bulletin*, AAUP, VII(January-February, 1921), 126.
③ "Report on the University of Louisville," *Bulletin*, AAUP, XIII(October, 1927), 443-457.
④ Report of Committee A, "Academic Freedom and Tenure," *Bulletin*, AAUP, XV (April, 1929),270-276. 这所院校是波士顿大学。

或解聘。① 在1934—1935年匹兹堡(Pittsburgh)大学特纳(Turner)事件的调查中,调查小组发现过去的5年中,共有84名大学教师离开了学校,学校的管理方式"给男女大学教师的生活及其家人的生活带来了极度的焦虑、担心和恐惧"。② 如果这些事件进入诉讼程序而曝光,人们可能认为有损大学的体面。事实并非如此,正如公开报道犯罪行为也并不代表每个人的行为方式,但是这些事件确实使人们认为大学管理者不懂专业、能力不强是大学亟须解决的严重问题。

公布的事件也证明了学术自由离不开终身教职和正当程序这一观点的正确性。在大学行政当局受到谴责的94个事件中,其中有63个事件是因为大学缺乏终身教职的保护以及在解聘教师时只是稍微提前几天通知。实际上,没有制定大学教师管理的法规和明确程序是这些大学普遍存在的问题。虽然各个院校的规模、地理位置、管理方式各不相同,甚至他们对学术的重视程度也会不同。不过,除了宾夕法尼亚大学、耶鲁大学、史密斯学院,没有任何一所著名的私立或州立大学因为被列入AAUP谴责的院校名单而给学校带来耻辱。显然,这里首要的问题是如何保护自由,解决问题的关键是政府立法,这绝不是突发奇想。③

一个比较棘手的问题是如何制裁违反学术自由原则的大学行政当局。其他行业所采用的罢工、抗议、警戒线等有效的反抗手段对于大学教授并不合适。于是有人建议除了在AAUP公告曝光事实真相以外(这种方式所能发挥的警示作用有限),还应该辅以公

---

① Report of Committee A, "Academic Freedom and Tenure," *Bulletin*, AAUP, XX (May, 1934),295-302.
② Report of Committee A, "Academic Freedom and Tenure," *Bulletin*, AAUP, XXI (March, 1935), 248-256.
③ Frank Thilly, "Presidential Address," *Bulletin*, AAUP, III(February, 1917), 8-9.

布受到 AAUP 谴责的"黑名单"。这个建议引起了长期的争论。一种观点认为 AAUP 不具备评价大学的资格,这样做不太公平和合理,并且可能会伤及无辜的教师和学生,而作为真正元凶的大学行政当局并没有受到制裁,因为他们常常是厚颜无耻的。① 另一种观点认为 AAUP 除了运用道德谴责和曝光的制裁方式以外,还需要更加有力的武器。AAUP 应该采取相应策略提醒大学教师候选人不要到那些名声不好的院校任教。② 最后,AAUP 折中了这两种观点,于 1931 年公布了"不推荐"院校的名单(既不是具有工会性质的"黑名单",也不是评价院校好坏的院校排行榜)③,AAUP 在名单之后的附录中作出声明:"AAUP 的任何谴责并不是针对整个大学或所有教师,而是针对大学目前的行政当局。"④

只有 AAUP 最狂热的崇拜者才会肯定 AAUP 开展调查工作的高效率。由于从 AAUP 受理教师的投诉到公布最终调查报告之间的时间如此漫长,因此让大学改正错误非常困难,更不要说对大学教师进行补偿。调查报告有时写得也不够专业,抓不住问题的要害。受到谴责的院校长时间曝光在 AAUP 公告栏的现象,表明 AAUP 采取的这种措施并没有取得预期的效果(不过这些被曝光的院校往往是那些知错不改、冥顽不化的顽固分子)。⑤ 通常,AAUP 的调查让大学行政当局如此恼火,以至于他们干脆顽抗到

---

① 见 S. P. Cape, "Privileges and Immunities," in *The Management of Universities* (Buffalo, 1953), pp. 46-49。
② 见 L. L. Thurstone, "Academic Freedom," *Journal of Higher Education*, I (March, 1930), 136-138。
③ 1935 年改为"不合格院校"(ineligible institutions),但是由于被列入不合格院校名单的大学教师不能成为 AAUP 的会员,因此 1938 年又改为"受到谴责的大学行政当局" (censured administrations),允许受到谴责院校的教师加入 AAUP。
④ 见 H. W. Tyler, "Defense of Freedom of Educational Organization," pp. 254-255。
⑤ 7 所院校被列入名单曝光的时间将近 5 年,5 所院校被曝光的时间从 5 年到 10 年不等,8 所院校从 10 到 15 年不等。

底,而不是自我反省。① 不过,考虑到 40 年来 AAUP 不断努力,还是作出了积极的贡献。AAUP 采用了调查取证的方法,解决了这个领域过去一直不重视证据的问题。它对某些院校长期所犯的不为人知的错误进行了公开曝光。它所开展的调查也常常促使大学行政当局在采取有争议的行动时不得不三思而行。从某种意义上来看,AAUP 存在的不足反而激发了每一个大学教师的勇气。AAUP 发挥了极大的感召作用:如果美国是一个自由的国度,就必须是一个勇敢者的家园。

第四节 第一次世界大战、忠诚和美国大学教授协会

1917 年的战争危机使大学教师面临巨大的前所未有的新困境。战争引发的狂热使所有的自由受到威胁。美国的大学始终易受公众舆论的影响,因此不可能逃避这种狂热思想的影响。实际上,虽然大学教师职业具有远离世俗纷扰的天性,但是大学教师往往成为社会狂热和焦躁的重点目标。整个国家、大学董事会、社区以及大学教师中的爱国主义狂热分子对于那些反对美国参战的大学教师进行骚扰。突然之间,经过艰苦努力逐渐赢得的学术自由成果,包括学术自由原则的广泛认同、大学立法的启动,都被搁置一边。随着可怕狂热的迅速蔓延,艰难养成的宽容品行让位于粗

---

① 例如:1917 年 11 月 5 日,犹他大学校长金斯伯里(J. T. Kingsbury)写给巴特勒的信中说道:"哥伦比亚大学的塞利格曼教授带领的教授调查委员会在公布的蓝皮书中抨击我和我的学校,导致全国的大学教授不愿意到我的学校来求职,他们还认为这种做法对我和我的学校非常公平……现在回想起我们所受到的影响,有时我甚至后悔我和董事会不应该尊重并配合洛夫乔伊先生的调查工作。"见卡特尔的论文,哥伦比亚大学图书馆。

俗原始的禁忌本能。大学教师职业和新成立的 AAUP 刚刚形成的职业伦理和保障制度几乎面临完全崩溃。

  大学教师完全不具有处理国家危急时刻忠诚问题的经验。任何其他正统观念也没有关于忠诚问题的规定。对于其他任何正统观念的抵制也不像对于这个问题那样如此难以把握。既不像公众所了解的其他异端一样,如"逃避兵役者"、"亲德分子"、"反战主义者"要受到国家的控告,也不像搜寻其他的异端,如对于叛国者的搜查并不限于指定的某些种族,而是在整个国家范围内进行搜查。这种新的正统思想的影响力和影响范围超过了以往任何其他正统思想。它超过了宗教正统思想,因为它不受固定不变的教条的限制;它也超过了经济学的传统观念,因为它不允许不同观点的存在。它把人群分为应该得到拯救或遭到诅咒的两类人,不仅引起了宗教教派的关注,而且为社会上各个群体所关注。

  1917年,对于国家忠诚的狂热有了新的发现。美国普遍担心新移民对于国家不够忠诚,担心许多美国人受到了反战主义思想的影响,对于美国参战的态度不够积极。虽然一个人对于国家的发自内心的真正的忠诚不需要宣传,但是美国由于担心国家处于危险之中,因此要求公众展示他们对国家的忠诚。因此,要求国民举行庄严的忠诚宣誓仪式,集会呼吁购买战争债券(凝结公众的集体主义精神),成立爱国主义社团(充当其他人公共道德的审查员)。总之,美国按照自己的需要错误地解释忠诚的含义。美国不再满足于搜查公开从事叛国活动的不忠诚行为,而且试图刺探人们内心的思想观念。这样做非常危险,尤其在我们这种传统的国家更加危险。美国精神的实质是什么?哪一种社会或政治立场才是对国家明显的忠诚或不忠诚?最终的结果,忠诚就是相信调查者所宣扬的观念,如果不相信他们的观念就是不忠诚。

仅仅浏览以下第一次世界大战期间发生的几起学术自由事件就可以发现,这种新的正统思想内容的模糊以及它所产生的狂热。1918年,内布拉斯加州(Nebraska)防务委员会(State Council of Defense)向内布拉斯加大学提交了一个名单,指控名单中的12名教授或多或少地存在"试图引导校内外那些受其影响的人士对于这场战争采取消极、漠视、反对的态度,并且发表有关战争基本问题的不当言论"。① 经过调查发现确实有3名教授不同程度地相信国际主义,阻碍销售自由债券,批判他们比较爱国的同事。因为这些方面的错误,董事会经过审判,那3名教授被解聘。② 在弗吉尼亚大学,新闻学院的院长利昂·惠普尔(Leon R. Whipple)被指控对国家不忠诚,因为他在演讲中宣称"只有解放德国友好人士的民主精神,我们才能赢得战争的胜利","战争并不能解除独裁的威胁,也不能保障世界民主的安全",俄国将成为下一个世纪的精神领袖。虽然弗吉尼亚大学的校长佩服惠普尔院长的热情、才能和作为教师的责任,但是认为他的演讲是"不忠于国家的表现"。经过董事会的审查,惠普尔院长被解聘。③ 明尼苏达大学董事会对于不忠诚的含义还有另一种理解。它解聘了政治科学系主任威廉·沙佩尔(William A. Schaper)教授,因为这位教授曾经说过不愿意看到"霍亨索伦王朝(Hohenzollerns)……把他们彻底覆灭"。④ 沙佩尔教授在明尼苏达大学心中具有举足轻重的地位:20年后董事会重新聘用了他,并授予他名誉退休教授,同时撤销了以前的指控记录。新的一代人对这个事件及其证词的看法反映在1938年董

---

① *The Nation*, CVI(June 1, 1918), 639.
② Charles Angoff, "The Higher Learning Goes to War," *American Mercury*, XI (March, 1927), 188.
③ 惠普尔写给《国家》杂志社的信, CN(December 20, 1917), 690-691.
④ James Gray, *University of Minnesota* (Minnesota, 1951), p.247.

事会的书面声明中:"1938年出席的董事会成员遗憾地并且不是带着谴责其前辈的态度认识到:当时国家危机表现为社会思想的普遍丧失以及对正常情况下流行价值观的压制。这表明在和平时代以及国家处于动荡岁月的危急时刻,尤其需要坚守传统的价值观和制度,特别是对高等教育机构来说,这一点显得尤为必要。"① 在哥伦比亚大学发生的忠诚调查事件震惊了整个学术界,当事人包括1名过度热心的大学董事、1名独裁的校长、1名个性鲜明的著名教授。哥伦比亚大学董事会作为第一个私立大学董事会遭到人们的怀疑,为了对此加以澄清,于是董事会展开了一项调查活动,随着调查的深入,调查记录对此作了记载:"无论这些理论是企图破坏或违反、漠视美国宪法和法律或纽约州的法律,或者试图煽动不忠诚于美国政府的情绪或者违反美国基本原则的行为,都是哥伦比亚大学官员唆使和散布的。"②董事会成立了一个由5名系主任和4名教师组成的9人委员会,帮助董事会对哥伦比亚大学开展教学的基本情况进行调查,这引起了学校教师的极大反感。政治科学系的教授们认为"思想审查"的做法违反了学术自由的基本原则。③ 哥伦比亚大学许多权威人士,包括韦斯利·米切尔(Wesley C. Mitchell)、赫伯特·奥斯古德(Herbert L. Osgood)、詹姆斯·肖特韦尔(James T. Shotwell)、约翰·厄斯金(John Erskine),给哥伦比亚大学董事会写了一份非常愤怒的抗议信:"董事会的行为实际上造成了哥伦比亚大学教师大肆传播不忠诚国家的理论的印象,董事会似乎认为仅仅制裁个别不忠教师还不够,还要考虑干预

---

① "Higher Learning in Times of Crisis," *Bulletin*, AAUP, XXVI(October, 1940),544.
② *Minutes of the Trustees of Columbia University*, XXXVII(March 5, 1917), 208.
③ Charles A. Beard, "A Statement," *New Republic*, XIII(December 29, 1917), 250.

教师的教学活动以完全杜绝教师的不忠行为。这种看法是不公平的，也是有害的。它是不公平的，因为哥伦比亚大学并不是不忠行为的温床。……它是有害的，因为它败坏了哥伦比亚大学忠诚于国家的名声，也威胁到学校的自由。"①

美国《国家》杂志认识到这种无限制地侦查人们思想上犯罪的做法是荒谬的。"调查委员会如何开展调查？难道调查委员会向所有大学教授发放可怕的调查问卷吗？或许可以安排董事会的工作人员去监听教授的演讲，但是如果有讨厌的人监听怎么可能发现教授的不忠言论呢？……如果董事会坚持实行严厉审讯，然而他们发现毫无结果。教授会派出委员会对此进行调查，以便'调查核实'董事会是否神志不清。"②

哥伦比亚大学校长巴特勒给学校造成了另一个不好的影响：他是公开宣称战争期间取消学术自由权利的极少数大学校长之一。1917年6月6日，在校友参加的毕业典礼大会上，他宣称："只要国家的政策还处于讨论之中，我们允许充分的自由，包括大学所有教师享有的集会自由、言论自由、出版自由，我们可以通过合理合法的方式讨论和引导政府的政策。虽然我们对于错误和愚蠢的言行可以进行批判，但是我们必须容忍它们。然而，后来美国总统和国会公开宣称每一个公民都有义务保护和捍卫公民自由和自治政府，情况就完全变了。以前被认为可以原谅的言行现在则不可容忍，过去被认为是错误的言行则被认为是煽动叛乱，以前被认为是愚蠢的言行现在则可能是叛国行为。"

巴特勒校长关于哪些是可以容忍的言行而不是煽动叛乱和叛国行为的观点非常有趣："这是我们大学对所有教师最后一次也是

---

① 给董事会的请愿书（没有注明日期），见塞利格曼的论文。
② "Trustees and College Teaching," *The Nation*, CIV(March 15, 1917), 305.

第五章 组织、忠诚与战争

唯一的忠告,如果你们不能与我们一起全身心地投入到捍卫这个世界民主安全的战斗中,就是不忠诚。"①

巴特勒校长对于忠诚的解释实际上就是是否表现出积极支持美国参战的热情。②

卡特尔教授是当时最著名的心理学家之一,但是他的专长是实验心理学,而不是应用心理学。因为他长期反对校长,在校长看来他傲慢无礼、爱得罪人、令人讨厌,但是对于塞利格曼(E. R. A. Seligman)和杜威来说,他是一个非常仁慈和有耐心的同事。早在1910年,巴特勒校长就因为卡特尔教授指控他专制独裁而非常恼火,并用事实反驳卡特尔教授的指控,而且向董事会建议解聘卡特尔教授或采取措施制止他的污蔑。③ 当时董事会并没有采取行动。1913年董事会没有经过卡特尔教授的同意,就要求他退休,但是经过一些大学教授的调解最终没有让他退休。④ 1917年他在写给教授会的信中提到校长"才能卓著、大有作为",同时他建议应该没收校长的房产,为教师使用。⑤ 这一次,董事会得到许多教授的同意打算解聘他,但因为他写信道歉而作罢。然而,他仍然不思改正,他在写给塞利格曼的一封信中因为他的同事冒犯他的观点而对他们大肆指责,认为他们的态度"传统保守,缺乏思想和幽默感,这将

---

① 1917年6月6日,毕业典礼演讲,见哥伦比亚大学档案。
② 巴特勒校长主要受到战争冲击的困扰,绝不是他没有能力,他在战后一份年度报告中对于私人捐赠问题的论述被广泛引用就是最好的证明。作为一个与富人关系密切的政治保守主义者,他坚决反对任何附加条件的捐赠。"任何有尊严的大学绝不能接受限制或妨碍大学充分实现自己教育目标的捐赠……任何贫穷的大学也不能接受限制学校自主权的捐赠,任何富裕的大学如果仅仅依靠董事会争取资源,也会变穷。"巴特勒校长,年度报告(1919),pp. 7-8。
③ 摘自 Minutes of the Committee on Education (trustees)(December 22, 1910),见卡特尔的论文。
④ 1913年5月20日,埃德蒙·威尔逊写给巴特勒的信;1913年5月19日 M. I. Pupin 写给巴特勒的信,见卡特尔论文。
⑤ J. McKeen Cattell, "Confidential Memorandum to Resident Members of the Faculty Club," January 10, 1917,见卡特尔论文。

使大学生活死气沉沉"。① 很明显,他信中的语言极其刻薄和张狂。

校长和董事会的软弱导致卡特尔教授更加放肆。当他们最终解聘他时,不是因为他的个性问题,而是因为他对国家的忠诚问题。人们可能认为在思想贫乏的战争时期,这个问题似乎是最充分的理由,也最能够引起公众的关注,他们已经为战争和威尔逊之流的花言巧语所痴狂。但是,如果出于这种目的,那是十分错误的。因为这样一来就可能把解聘有人格缺陷的教师的合法事件,变成了肆意侵犯学术自由的行为。卡特尔教授向三位国会议员递交请愿书(用哥伦比亚大学信笺纸),要求他们不要批准允许美国征兵进入欧洲战场的议案,卡特尔教授的这一举动最终导致他被解聘。② 三位国会议员严重违反《宪法》规定的公民具有请愿自由的权利,把请愿信的内容告诉了巴特勒校长,其中的一位国会议员抱怨卡特尔教授"以学校的名义散布反动叛国言论"。③ 这对卡特尔教授来说是致命一击,哥伦比亚大学董事会的工作人员兴奋地说:"我们这次终于抓住了这个无赖!"④ 董事会因为急于指控卡特尔教授不忠诚,所以不顾教授会的反对,没有说明任何理由就让卡特尔教授退休。同时,董事会还公开解聘了一名比较文学专业的助教达纳,他同样被指控教唆煽动学生反对通过征兵法案。⑤ 更为糟糕的是,董事会在报刊上发布声明错误地宣称大学教授会采取

---

① 卡特尔写给塞利格曼的信,1917年3月8日,见卡特尔的论文。
② 卡特尔的请愿信分别写给:加利福尼亚州国会议员朱利叶斯·卡恩(Julius Kahn),纽约州国会议员华莱士·邓普西(S. Wallace Dempsey),俄亥俄州国会议员巴思瑞克(E. R. Bathrick),1917年8月23日,见卡特尔的论文。
③ 朱利叶斯·卡恩写给巴特勒的信,1917年8月27日,见卡特尔的论文。
④ 董事会职员约翰·派因(John B. Pine)写给巴特勒校长的信,1917年9月21日,见卡特尔的论文。
⑤ 9人调查委员会要求董事会不要公开解聘达纳,当年仍然留用并允许他休假但不发给他薪水。董事会在这个事件和卡特尔事件上拒绝了教授会和系主任的建议。9人委员会的报告(1917年10月9日),p.5。

了另一个举动。① 不称职往往是大学解聘教师最好的理由,相对于指控教师不忠,这个理由比较充分。

不久,不忠诚的指控使比较温顺的哥伦比亚大学教授陷于困境。1916年,哥伦比亚大学政治学院讲师利昂·弗雷泽(Leon Fraser)博士发表言论批评普拉斯堡(Plattsburg)军营,他因此被董事会的一个调查委员会所传唤,第二年他就被解聘。具有讽刺意味的是,弗雷泽曾经在一个反战主义组织国际调解联合会(Association for International Conciliation)工作,这个组织的发起人正是巴特勒校长,不过这是在反战主义观念不受欢迎之前,而这位年青的讲师不够灵活,没有随着时代的变化迅速改变立场。② 此后不久,杰出的历史学家查尔斯·比尔德受到董事会的传唤。一篇新闻报道大肆指控比尔德容忍别人承认说过"让国旗见鬼去吧"。尽管他公开予以否认,但是他不得不让董事会相信他从来没有容忍别人说这种话,因此他想办法说服董事会相信自己。但是,董事会不可能没有对他的同事进行批评教育就放过他。为了防止类似情况的发生,董事会要求比尔德提醒哥伦比亚大学其他的历史学家在教学中"反复灌输对美国习俗不满思想的行为是无法容忍的"。比尔德写道,"我反复向我的同事重复这个要求","结果遭到他们的大声嘲笑,一位同事问我塔麦勒会堂(Tammany Hall,位于纽约市,因为政府官员腐败而臭名昭著——译者注)和地方建设费是否也是美国的习俗"。③ 达纳和卡特尔被解聘后的一个星期,比尔德向巴特

---

① 1917年10月2日的《纽约时报》。董事会正式收到的来自大学教授的唯一支持是矿业、工程和化学学院教学委员会的8名成员的一份声明;1917年9月19日写给巴特勒校长的信,见卡特尔的论文。虽然9人委员会建议卡特尔退休,但是没有提到他的爱国主义;塞利格曼写给董事会联合委员会主席乔治·英格拉姆(George L. Ingraham)的信,1917年9月24日,见塞利格曼的文章。

② Minutes of the Trustees of Columbia University, XXXVI(May 1, 1916), 292-293; Beard, "A Statement," p. 250.

③ Beard, "A Statement," p. 249.

勒校长递交了辞职报告:"经过多年来我对哥伦比亚大学内部生活的仔细观察,我不得不认为学校实际上控制在少数活跃的董事会成员手中,他们在教育领域毫无影响,在政治上反动、没有远见,在宗教方面狭隘陈腐……从一开始我就相信德意志帝国的胜利将会使我们所有的人都陷入残酷的军事战争的黑暗之中……但是成千上万的美国人并不都持这种看法,通过诅咒和压制的方式是不可能改变他们的看法。我们能够采取的最好的办法就是向他们讲清道理,帮助他们理解。"①

在哥伦比亚大学大量发生不忠诚事件之前,其他两名教授也辞职了,一位是经济学助理教授亨利·缪西(Henry R. Mussey),另一位是国际法副教授艾勒里·斯托威尔(Ellery C. Stowell)。②

第一次世界大战期间学术自由面临的残酷现实至少因为一位校长的道德勇气和一位大学董事的沉着冷静而稍感宽慰。1916年,据新闻报道一位哈佛大学的校友提出每年向哈佛捐赠1千万,但前提是学校必须解聘公开支持德国的雨果·明斯特伯格(Hugo Munsterberg)教授。哈佛大学董事会公开发表声明:"哈佛大学不会接受以限制言论自由、解聘教授或接受教授辞职为附加条件的任何捐款。"③洛厄尔(Lowell)校长在第二年的年度报告中提出了关于战争时期学术自由的四个方面的原则:"如果大学或学院限制大学教授的言论,阻止大学教授发表学校不赞同的言论,那么学校必须为此承担责任,因为教授享有言论自由的权利。虽然这是理所当然的事情,但是学校教育机构往往不够明智而不愿意承担这

---

① 比尔德写给巴特勒的信,*Minutes of the Trustees*, XXXVIII(1917年10月8日), 89-90.

② 缪西写给塞利格曼的信,1917年11月6日,见卡特尔的文章;*Minutes of the Trustees*, XXXVIII, 145-146, 299.

③ Henry Aaron Yeomans, *Abbott Lawrence Lowell*, 1856—1943(Cambridge, Mass., 1948), p.316.

种责任。有时有人提出战争时期应该对此有不同的要求,于是董事会也认为对那些不利于国家的不忠言论应该加以限制。但是这个问题无论是在战争时期还是和平年代都出现过。如果大学对教授的约束是正当的,那么它有权利这样做,同时必须为自己所做的一切承担责任。这里没有中间路线。要么大学因为允许教授公开发表言论而承担全部责任,要么让政府当局根据国家的法律像对待其他公民一样对待教授。"① 亨利·邓斯特(Henry Dunster)的学院(即哈佛学院)花了几个世纪的时间才达到这种认识高度。

对于 AAUP 来说,战争的危害导致了内部的激烈冲突。AAUP 为了不违背立场,不得不承认自由是和平年代的奢侈品。它所保存的学术自由事件档案充斥着自称为爱国主义审查的肮脏证据以及打着忠诚旗号所进行的陷害。同时,AAUP 对于这些战争的印记和美国参战的悲观情绪没有感到丝毫的懊恼。它的历史学家会员放弃研究,开始为公共信息委员会(Committee on Public Information)撰写宣传册,它的科学家会员投身于解决各种战争问题。② AAUP 的多数领导人,如亚瑟·洛夫乔伊,约翰·杜威,富兰克林·吉丁斯(Franklin Giddings),只列出几个,他们都非常高兴地加入向美国人兜售战争的运动之中。1918 年,AAUP 向美国总统寄去了公函表达它"衷心拥护您所追求的呼吁全国人民反对敌人的事业,因为它粗暴地侵犯了遵纪守法和爱好和平的人们的权利"。③ 可见,忠诚包括两个方面而不是一个方面,需要解决的问题是哪一个应该优先考虑。

---

① 同前文注,pp. 311-312.

② Merle Curti, "The American Scholar in Three Wars," *Journal of the History of Ideas*. III(1942 年 6 月),241;Guy Stanton Ford, On and Off the Campus (Minneapolis, 1938), pp. 73-100;F. P. Kepple, "American Scholarship in the War," *Columbia University Quarterly*, XXI(1919 年 7 月),171.

③ *Bulletin*, AAUP, IV(1918 年 1 月),8.

战争时期 AAUP 学术自由委员会的报告反映了 AAUP 的决定。报告说："战争时期公民有两方面的责任。"最紧迫的责任是帮助赢得战争的胜利,其次是保护民主制度。但是,报告宣称支持忠诚问题的立场,在战争期间所有的民主进程将被停止。"当一个民主国家为了捍卫国家法律的尊严和权力以及全世界民主的安全,不得不参与战争时,任何明智务实的国家都会暂时调整政治策略和统治方式以适应当前面临的紧迫形势的需要。"

这个关于学术自由权宜之计的思想很快就被加以运用。AAUP 学术自由委员会提出了大学当局合法解聘教授的 4 种情况,只有其中一种情况首先必须由政府优先进行处罚。这 4 种情况包括:(1)"违反与战争有关的任何法令或合法的行政法规";(2)"蓄意散布或打算唆使他人抵制或逃避义务兵役法或军事机构的规定";(3)"劝阻他人自愿援助政府工作";(4)对于具有日耳曼血统或同情德意志民族的教授,违反规定"公开讨论战争问题,在他们与邻居、同事、学生的个人交往中,发表对于美国或美国政府敌意的或攻击性的言论"。① 学术自由委员会提出了各种要求:董事会在处理反战分子时应该宽宏大量;不要对初次违反这些规定的教师实施最严厉的解聘处罚;严格履行解聘教师的司法程序相对不太重要。正如美国《国家》杂志指出的,学术自由委员会"把城堡的钥匙交给了敌人"。② 可见,战争已经完全改变了学术自由的状况。哈佛校长洛厄尔否认大学应该为其教授校外的言论负责,其前提是大学对其成员言论的限制应该比政府对公民言论的限制更加严格。学术自由委员会中气馁的教授亲眼目睹了并非在战场

---

① "Report," Committee on Academic Freedom in Wartime, *Bulletin*, AAUP, IV (1918 年 2—3 月),30。委员会成员包括洛夫乔伊,爱德华·卡普斯,杨。

② "The Professors in Battle Array," *The Nation*, CVI(1918 年 3 月 7 日),255。

上才会有牺牲者这一现象。

虽然战后公民自由受到了打击，但是学术自由在战争期间受到了最沉重的打击。从这个方面看，当时的审查方式与今天大不相同：学术自由在第二次世界大战期间受到的影响较小，但是在"二战"后的"冷战"氛围中受到了严厉的审查。不过，如果我们把二者进行对比，也会发现存在其他一些不同点和相似点。[①] 第一次世界大战后，据当时记载，在国家处于危机的时刻，不忠诚于国家是核心问题。在两次世界大战期间，对于忠诚的解释都非常模糊。在这两次世界大战中，因为社会组织开始产生怀疑，某些病态的事情成为国家的突出任务：告密者不断要求政府清除政敌；诽谤者对其同事的污蔑为公众所接受；调查者有权不通过正常的司法程序进行刺探和控告。最后，这两次世界大战中，公众在判断某人是否有罪这个难题上，采取消极幼稚的看法即哪里冒烟就必然失火，没有认识到实际上这可能是烟幕弹。以上这些是在这两次世界大战中存在的一些相同风格。

但是，更重要的是二者存在的不同。在某些方面，当前学术自由面临更大的威胁。当然，对于两次世界大战情况的比较，最重要的事实是"二战"后世界还没有赢得和平，因此不能给狂热的爱国主义以喘息的机会，也不允许自由主义者进行反击。

虽然在这些方面当前的危机比过去的危机更加严重，但是在其他方面似乎要比过去好得多。当前，学术自由得到了大学教师、大学行政当局和董事会的广泛认同和深刻理解，这一点远远超过了1917年的情况。学术自由的保障机制也更为健全。终身教职制度的广泛推行和 AAUP 建立的调查机制成为当前学术自由的重要保障。当前，AAUP 作为一个拥有 42 000 名会员的组织，成为学术界

---

① Robert M. MacIver, *Academic Freedom in Our Time* (New York, 1955).

的一支重要影响力量。尽管在当前的言论自由氛围下，这些因素不足以激发谨慎和胆怯的教授的勇气，但是至少为教授提供了一定程度的安全感，使他们能够坚持自己的主张。

任何了解美国学术自由历史的人都不能不惊讶于这样的事实，即任何认识到团结和自我保护的重要性的社团组织，都应该有远见去保护自由批判和探究活动，我们目前所拥有的学术自由是人类历史上不同寻常的成果之一。同时，我们不能不为学术自由的脆弱以及各个大学在重视和保护学术自由方面存在的巨大差异感到忧心忡忡，我们也不能不为那些需要安全和自由的人的懦弱和自欺感到失望。因为这种矛盾心理，我们时而感到信心十足，时而感到悲观失望。

译 后 记

　　学术自由不仅是高等教育的重要理论问题,而且是高等教育发展面临的实践问题。自 19 世纪后期以来,美国现代大学发展过程中就不断面临学术自由的冲突,最终导致了 1915 年美国大学教授协会的建立。经过美国大学教授协会的大力提倡和推广,美国大学逐步建立了保护学术自由的原则和制度体系。同时,在学术自由理论研究方面,美国自 20 世纪三四十年代开始学术自由理论研究,出现了早期的学术自由研究成果。① 20 世纪 50 年代以来,美国学术自由研究进入一个新的阶段,产生了一批具有代表性的研究成果。1951 年,美国哥伦比亚大学组织策划了"美国学术自由研究计划",并成立了以哥伦比亚大学著名历史学家霍夫施塔特教授以及哲学和社会学家麦基弗教授为主要成员的研究计划执行委员会。作为历时四年的研究成果,1955 年,霍夫施塔特和梅茨格合著的《学术自由在美国的发展》(*The Development of Academic Freedom in the United States*,1955),以及麦基弗所著的《美国当代的学术自由》(*Academic Freedom in Our Time*,1955)同时出版。前者从历史的角度考察了美国学术自由发展演变的过程,后者则从理

---

① Richard Hofstadter, *Academic Freedom in the Age of the College*, Columbia University press, 1955, p. vi.

论的高度论述了美国当代学术自由的特点及其意义。两者相互支撑，相得益彰，成为这个时期美国学术自由研究的代表性成果。

随着近些年来我国高等教育的快速发展，如何保障大学的学术自由权利，已经成为我国建设世界一流大学刻不容缓的重要任务。美国大学在学术自由理论研究方面具有丰富的研究成果，在保障大学的学术自由权利方面积累了一些成功经验和做法。因此，介绍美国学术自由研究的理论成果，借鉴美国大学保障学术自由权利的成功经验，对于我国建设世界一流大学具有十分重要的意义。

2001年，我进入北京师范大学教育学院攻读外国教育史专业博士学位，并以"美国学术自由思想与制度变迁研究"作为博士论文选题。2004年，我顺利通过博士论文答辩，博士论文获得"联校教育及社会科学应用研究论文奖计划"二等奖。毕业以后，我一直在北京师范大学教育学院从事美国高等教育史的教学和研究工作。几年来，我先后发表学术自由研究的论文10余篇，出版学术自由研究的专著2部，其中《美国大学学术自由的特色》研究论文获"北京市第五届教育科学研究优秀成果奖"。为了进一步推动学术自由研究的深化，我初步确定了一系列美国大学学术自由经典著作的翻译出版计划，本书就是其中之一。本书由北京师范大学教育学院李子江博士翻译，中国外文局对外传播研究中心的罗慧芳同志参与了第一章、第二章、第三章的初译工作，李子江校对了全书。本套丛书得到了北京大学教育出版中心主任周雁翎博士的大力支持，在此深表谢意。我还要特别感谢北京师范大学教育学院张斌贤教授多年来的教育和培养以及他所营造的良好学术研究氛围，在他的"西方大学史"研究团队中，我感受到了严谨治学、诚实做人的学术精神。此外，我的爱人陆玉霞女士也给予了极大的鼓励和支持。

  本书也是我申报的全国教育科学规划"十一五"课题"美国大学学术自由的历史变迁研究"的阶段性成果之一（课题编号为：EAA070266）。由于译者水平有限，本书翻译中的不当之处恳请读者批评指正。

北京师范大学教育学院 李子江